盲派命理

干支奧義

맹파명리
간지오의

단건업 著
박형규 譯

가산

盲派命理

干支奧義

맹파명리 간지오의

■ **제1판 3쇄 발행** 2020년 04월

■ **지은이**　단건업
■ **옮긴이**　박형규

■ **펴낸곳**　학산출판사
■ **등 록**　2017. 12. 29
■ **주 소**　서울 종로구 종로 127–2 영흥빌딩 502호
■ **전 화**　010. 7143. 0543

■ **정 가**　36,000원

ISBN : 979-11-962938-0-2 13180
Korean translation copyright ©2018 by 학산출판사

盲派命理

干支奧義

맹파명리

간지오의

차례

차례

 서언(序言)

인류 문명이 발전하여 오늘에 이르러 과학적인 사유로 세계를 인식하는 방법이 체계적으로 이루어졌다. 현대의 과학적 사유는 매우 막강하여 그 밖의 인식법은 과학 이론체계로 받아들여지지 못하고 기본적으로 부정되었다.

일찍이 고대 중국에는 세계를 다르게 인식하는 방식이 있었다. 그것이 바로『역경(易經)』의 사유방식이다.『역경(易經)』에는 음양(陰陽), 간지(干支), 오행(五行), 팔괘(八卦) 등의 내용이 내포되어 있다. "옛사람들의 인식 방법이 원시적이고 시대에 뒤떨어진 것이라, 어떻게 현대 과학과 서로 비교할 수 있겠는가?" 이러한 표현은 현대 과학주의에 대해 너무 지나친 표현이라 하겠다. 중국 고인(古人)들이 창립하여 체계적으로 세계를 인식하는 사상과 방법을 깊이 연구한 후에 다시 현대 과학과 서로 비교하려고 한다. 이렇게 해야만 비로소 과학적인 정확성을 유지하면서 한 두 가지 오류가 있다 하여 모든 것을 부정하지 않게 된다.

현대인들이『역경(易經)』사상에 대해 오해와 편견을 가지는 것은 모두 근원을 알지 못하기 때문이다. 어떤 사람은 호기심 때문에 역경(易經)을 배우지만 깊이 들어가지 못해『역경(易經)』의 사유방식을 체득하거나 인식하지 못한다. 여러분 또한 깊이 들어가지 못하였으므로 과학적인 방법을 사용하여 중국 고인(古人)들이 어떻게 이 세계를 인식했는지 살펴보고자 한다.

먼저, 우리는 세계에 대한 인식이 서로 다른 면이 있고, 단일(單一)하지 않음도 인정해야 한다. 예를 들면 종교(宗敎)는 사람의 정신적인 방면에 대한 문제를 해결하기 위한 것이어서 당연히 과학과는 다르다. 과학적으로 인식하여 해결하려는 것은 사회현상에 대한 상관성에 관한 문제이고, 『역경(易經)』에서 인식하여 해결하려는 것은 사람 자신에 관한 문제라 말할 수 있다. 하나는 물(物)의 문제이고, 하나는 인(人)의 문제이다.

그런 까닭에 과학에서 연구하는 대상은 반드시 관측할 수 있는 객관적인 실재이어야 하며, 그 안에 내재(內在)된 관련성을 연구하고, 검증과 증명을 통하여 그 정확성을 파악해야 한다.

『역경(易經)』에서 연구하는 대상은 첫째로 사람 자신이다. 둘째는 사람과 자연과의 관계나 사람과 사회와의 관계, 그리고 사람과 사람 간의 관계이다. 그것들 사이에 내재된 관련성에 영향을 미치는 것은 윤리학이 아니다. 윤리학과 가장 큰 차이점은 윤리학은 검증을 못 하는데『역경(易經)』에서 추연(推衍)하는 방식은 오히려 효과적인 검증을 할 수 있다는 것이다.

이와 같은 관계를 어떻게 세울 수 있겠는가? 중국 고인(古人)들은 이러한 복잡한 관계와 내재적 관련의 통일성을 천도(天道)에서 끌어왔다.

그 내재적인 논리는 바로 천도(天道)의 운행이 일체 이 세상의 연화(演化)와 변천(變遷)을 결정한다는 것이다. 따라서 천도가 운행하는 규율을 알아서 깨닫는다면 사람과 사회에 대한 인식을 깨닫게 될 것이다. 그리하여 특수한 천도의 운행을 대표하는 부호를 발명하게 되었는데, 그것이 시간의 운행과 관련이 있는 음양오행과 간지(干支) 등이다.

시간에 대한 과학자의 견해는 변함없이 흘러가고 물리적으로 변화하지 않는다는 것이지만, 역경의 입장에서 보면 오히려 일체의 변화에 대한 근원이라고 본다. 과학과 역경에서 세계를 인식하는 근본적인 차이가 바로 여기에 있다. 봄이 되면 초목이 생장하고 대지(大地)에 봄이 이른 것을 보지만, 우리는 시간 때문에 일체가 발생하고 변화한다는 것을 깨닫지 못한다.

그러나 오늘내일, 지난달 다음 달, 금년 내년 하는 식으로 시간을 측정하는 것이 가능하지 않겠는가? 우리 생명도 매일매일 늙어가 금년과 내년이 같지 않다. 이러한 차이를 과학으로는 측정하기가 쉽지 않다. 어떤 사람은 과학(科學)의 변량(變量)으로 시간이 변함을 구별하기가 불가능하다고 한다.

그렇다고 과학이 사용하는 잣대가 잘못된 것이라 비판하면 안 된다. 그러한 편견을 품지 않고 『역경(易經)』을 받아들여 이용한다면, 하나의 새로운 세계를 인식하는 방법이 될 것이다. 과학자들은 과학이 물리 세계에 존재하는 법칙을 제시해주므로 자연에 질서가 있다고 믿고, 인류는 이성(理性)을 통하여 세계의 목적을 이룰 수 있는 존재라 믿는다. 같은 이치로 중국 고인(古人)들 또한 세계에는 엄격한 질서가 있다고 굳게 믿었는데, 그것이 바로 도(道)이다. 단지 이러한 세계는 물(物)의 세계를 대표하는 것이 아니고, 인(人)의 세계를 대표한다고 하였다.

사람은 주관성이 무척 강하여 자유롭게 생활하고자 한다. 그런데 왜 사람들은 엄격한 규율과 질서 아래 살아가는가? 그것은 곧 중국 전통 문화의 특별한 천인합일(天人合一) 사상에 있다. 이러한 이념에는 두 가지 뜻이 내포되어 있다.

첫째는, 천(天)과 인(人)이 합하여 하나가 되고 제3의 존재는 없다는 것이며, 신(神)이 없다면 또한 물(物)도 없으니 행동하고 인식하는 주체적인 사람과 외부 세계가 나누어지거나 막힘이 없다는 것이다. 그런 까닭에 중국의 이러한 문화로는 현대에 맞는 과학을 만들어 낼 수 없으며, 또한 신학과 종교를 만들어내지 못하였던 것이다.

둘째는, 천인합일(天人合一)은 관념일 뿐만 아니라 하나의 체계적인 세계를 인식하는 완벽한 체계로써, 천도(天道)에는 질서적인 운행이 있어서 사람과 세계의 일체 변화를 결정한다고 하였다.

사실상 중국 문화를 연구하는 대다수의 학자들은 한 가지를 소홀히 하고 있다. 천인합일이 바로 중화 전통문화 사상임을 받아들여 그 문화에서 발전해 나온 정치학과 윤리학은 인정하지만, 그중에 위대한 철학이 포함되어 있다는 것을 받아들이지 않는 것이다. 이 같은 오류는 모두 천인합일에 대한 알맹이를 몰랐기 때문이다. 천인합일은 철학이 가지고 있는 세계관과 방법론을 갖추고 있다. 또한, 세계의 본원에 대한 확신과 궁극적 질문을 포함하고, 심지어는 철학의 범주를 벗어나 초월적인 검증 계통을 갖추고 있다. 그런데 그것은 완전히 과학적인 검증은 아니다.

천인합일의 알맹이는 천(天)에 대한 인식이다. 고인(古人)의 천(天)에 대한 인식은 스스로 관측을 통한 것이 아니라, 모종의 신기한 설정(設定)을 통해서 한 것이다. 우리는 어쩔 수 없이 중국 문화의 최초 기원이 인류의 보편적 인식능력을 초월한 성인(聖人)으로부터 나온 것임을 인정하지 않을 수 없다. 그것은 천문을 관측하여 나온 것이 아니고, 하늘에 대한 설정(設定)을 통하여 나온 것인데, 그것은 무엇인가? 인식을 어떻게 설정하고 그것이 어떻게 정확하다고 할 수 있겠는가?

먼저 성인(聖人)의 천(天)에 대한 설정(設定)이 무엇인지부터 살펴보자. 그것은 곧 사람들이 느끼는 시간(時間)이 전화(轉化)하는 특정한 부호로써 음양오행(陰陽五行)과 천간지지(天干地支) 및 팔괘(八卦) 등이다. 여기서 시간이란 우주적인 시간이 아니고 지구상에 있는 시간으로, 순환하여 왕복하고, 겨울과 여름이 왕래하는 작용을 한다. 또한 자연계의 모든 생명에 영향을 주어 생멸(生滅)을 좌우하는 시간을 말한다.

이러한 설정(設定)이 반드시 맞는 것인지 묻는 사람이 있다. 과학의 입장은 설정(設定)된 물건을 관측하지 못할 경우에는 존재하지 않는 것으로 본다. 그러나 하느님도 또한 관측할 수 없는데 많은 사람이 하느

님을 신봉하고 유명한 과학자들도 하느님을 믿는다.[1]

　중국 고인(古人)들은 천도(天道)의 질서를 믿었는데, 그것은 서방 사람들이 하느님을 믿는 것과 같이 관측과 실험을 통하여 증험하는 것이 필요하지 않은 것과 같다. 한 가지 만족스러운 것은 스스로 체계를 검사하여 증명하는 방법이 있다는 것이다. 곧 중의(中醫)에서 말하는 인체의 경락(經絡)은 해부하거나 관찰하여도 경락의 모든 존재를 알 수가 없는데, 경락학(經絡學)은 스스로 검사하여 증명하는 방법을 가지고 있으며, 그 이론을 배운 의사는 사람의 질병을 잘 치료할 수 있는 것이다. 그러한 검증력은 다른 것과는 비교가 안 될 정도로 뛰어나다.

　육안(肉眼)과 해부(解剖)로 관측이 불가능한 경락학을 어떻게 터득하게 되었는가? 당연히 성인(聖人)의 혜안(慧眼)으로부터 나왔을 것이다. 그렇다면, 천도의 음양과 오행, 천간과 지지의 설정(設定)도 당연히 혜안을 갖춘 성인(聖人)의 깨달음에서 나온 것이다. 그 당시의 인식 수준은 당연히 원시적인 고인(古人)의 수준이었을 것이며, 그것은 바로 절대 신성(神聖)의 공통된 인식이었던 것이다. 이 같은 세계의 시스템을 인식하는 체계가 어떻게 부합되고 증명될 수 있는지를 이 책에서 중점을 두고 밝히려는 내용이다.

2017년 2월 태원에서

단 건 업

---

1) 그들은 물질세계의 질서에 대하여 경탄하면서 전능한 하느님의 정묘한 설계로부터 나온 것이라 한다.

역자서문(譯者序文)

한국에 『맹파명리』를 출간한지 어느덧 7년이 흘러갔다. 이제 명리를 하는 사람이라면 맹파명리를 모르는 사람이 없을 정도로 널리 회자되고 있다. 동시에 독자들에 대한 책임감도 증가되고 있다. 이 또한 나의 공부를 성장시키기 위한 인내와 수련을 주는 긍정적인 요소로 독자들에게 감사드린다.

"사주를 어떻게 하면 정확하게 풀어낼 수 있는가?" 하는 이 화두는 명리를 공부하는 사람은 누구나 다 가지고 있을 것이다. 『맹파명리 간지오의』에 기록되어 있는 내용을 통하여 궁금점이 조금이나마 해소되고 나아가 정확하게 사주를 풀어낼 수 있는 능력이 배양되었으면 좋겠다.

이 책에 서술되어 있는 형(形)과 기(氣), 체(體)와 용(用), 간지허실(干支虛實), 십신과 육친, 십간과 십이지지의 활용, 천(穿)과 파(破), 지지의 묘(墓) 등은 기존 명리와 다른 맹파명리만의 특성을 볼 수 있을 것이다. 명리 초보자뿐만 아니라 오랫동안 명리를 공부하시는 분들에게 시원한 청량제가 될 것으로 보인다.

2017년 2월 15일경 일주론(日主論) 공부를 위해 중국 태원에 계시는 단사부(段師父)를 직접 찾아뵈었다. 이때 단사부(段師父)가 이 책을 한국에 번역하여 출판을 부탁하기에 흔쾌히 수락했다. 이 귀중한 책을 한국에 번역하여 출판할 수 있도록 해주신 단사부(段師父)께 거듭 감사를 드린다.

책을 번역하여 출판하는 데 있어 여러 선생님과 주변 지인들 도움을 받았다. 특히 유정식 형님과 이민열 박사, 그리고 세밀하게 윤문과 교정을 봐주신 손명숙, 주성민, 김은희 선생님께 거듭 감사의 말씀을 드린다. 부족한 강의를 묵묵히 들어주신 선생님들께도 감사의 말씀을 올린다.

2018년 2월 종로에서
박 형 규 올림

일러두기

1. 책의 내용이 어렵다고 느껴지는 분은 『맹파명리』와 『손에 잡히는 맹파명리 상·하』, 『명리진보』를 참고하여 보시면 이해에 도움이 될 것이다.

2. 가능한 원문의 뜻을 살리고자 했고, 어려운 원문 및 한문은 각주로 풀이하였다. 각주의 풀이는 인터넷 [네이버 사전]을 주로 참고하였다.

3. 책의 내용 중에 나오는 명조는 주로 『맹파명리』 강의 교재인 「고급교재」에서 가져왔고, 일부는 『건상비술』 및 상담한 명조에서 발췌하였다.

4. 2부 맹파명리의 실전응용 부분에 나오는 명조는 저자의 의도와는 무관하게 독자들의 이해를 돕고자 역자가 임의로 추가하였다.

盲派命理 干支奧義

맹파명리 간지오의

1부

—

맹파명리의
철학적 원리

제1절

천도의 깨우침
(天道)

역경(易經)은 신비한 것이 아니고 우리 생활과 아주 가까운 것이다. 우리의 목적은 여러분에게 역경의 사상을 이해시켜 자기 생명의 이치를 제고(提高)시키려는 것이다.

우리는 고대 중국인들의 사고와 세계에 대한 이해를 잃어버린 지 오래되었다. 왜냐하면, 우리가 현재 받아들이는 것은 모두 과학사상이기 때문이다. 과학적인 생각은 서양의 학문이다. 우리는 우리의 유산을 모두 잃어버렸다. 과학은 진보를 대표하는 것인가? 중국의 전통문화는 낙후되었는가? 당연히 낙후되지 않았다. 모든 것은 이런 편견으로 인하여 우리의 유산을 알지 못하고 이해하지 못한 것으로, 깨달은 후에야 곧 명백해지는 것이니, 중국의 전통문화는 넓고 크며 정밀하고 깊은 것이다.

우리는 선조(先祖)들이 창조한 모든 것들을 이해하여야 하며, 그런 후에 세계에 대해 전에 몰랐던 것들을 깨닫게 될 것이다. 더욱 힘쓴다면 미래에 대한 예지도 가능할 것이다. 그런 까닭에, 가슴을 열고, 자신을 새롭게 하며, 미처 몰랐던 자연과 생명에 대해 몸으로 깨달아 체득(體得)하게 되면, 고인(古人)이 말한 득도(得道)의 경지에 이르게 될 것이다. 도(道)는 공무(空無)한 것이 아니며, 우리가 감지(感知)하고 실천할 수 있는 것이다.

그렇다면 중국의 고대 사상은 어떠한 특별한 것이 있는가? 무엇 때문에 그것을 낙후된 사상이 아니라 하는가? 이러한 말을 하는 근거는 무엇인가? 여러분이 잘 모르는 것이 있는데, 그것은 중국의 고대 사상은 사람이 창조한 것이 아니고 성인(聖人)이 창조했다는 것이다.

성인과 사람은 구별해야 한다. 왜냐하면 성인은 천지와 소통하는 특수한 능력을 가진 사람이기 때문이다. 우리가 이렇게 말하는 것에는 근거가 있다.

황제내경에서 말한 경락(經絡)은 보통 사람은 볼 수 있는 것이 아닌데, 볼 수 없는 것을 어떻게 발견하게 되었을까? 반드시 보통 사람보다 뛰어난 사람이 있었으니 그러한 성인(聖人)이 경락의 존재를 알았을 것이다.

다음에서 성인(聖人)과 보통 사람의 구별이 명백해질 것이다. 지금의 중국 문화 사상은 모두 성인의 사상으로부터 나왔다. 그런 까닭에 고대 그리스 철학자들의 사상과는 다르며, 아주 높은 수준의 신성한 것으로 시작되었다. 공자나 노자도 가장 높은 성인이 아니며, 간지(干支)와 팔괘(八卦), 음양오행(陰陽五行)을 창조한 분들이 비로소 대성인(大聖人)인 것이다. 고대 그리스에는 없었는데 어째서 중국에서 그렇게 많은 성인(聖人)들이 탄생하였을까? 그것은 중국의 농경(農耕)문화와 관련이 있다.

농경문화에는 사람 자신이 야수(野獸)와 대적할 수 없었으며 달아나는 것도 빠르지 못하고 각종 자연재해(自然災害)를 어떻게든 피해야 했다. 텔레비전 드라마인 『화월전(華月傳)』에 나오는 의거(義渠) 부락의 늙은 무당이 그러한 부류의 사람인데, 옛날 씨족 부락에는 어디든 그러한 사람들이 있었다.

그러한 사람들은 감지(感知)하는 능력이 특별히 뛰어난데, 비교하자면 전설 중의 인물인 복희씨(伏羲氏)와 같은 위대한 선지자였다.

농경문화에는 두 가지가 필요한데, 하나는 시절을 알아 역법(曆法)을 정하는 것이다. 그것은 성인(聖人)들의 몫이었다. 시절을 알아 보통 사람을 지도하여 씨를 뿌리게 하고, 재화(災禍)와 길흉(吉凶)을 미리 예단하여 신체를 보양(保養)하게 하며, 질병을 치료하는 것이 성인(聖人)들이 해야 할 주된 일이었다. 그리하여 천인합일(天人合一)이란 사상이 형성된 것이다.

천인합일 사상이 우리 현대인들의 사상과 가장 크게 다른 점은 무엇인가? 바로 하늘에 관한 인식에 차이가 있다. 하늘은 우리가 보는 천공(天空)을 말하는 것이 아니고 하나의 추상적인 개념으로, 일월(日月)이 운행하고, 한서(寒暑)가 왕래하는 시간적인 개념으로서 그것은 곧 천도(天道)의 개념이다. 그러한 천도(天道)가 우리 인류의 생활과 생존을 지배하고 있는 것이다. 여기에는 일종의 사상뿐만 아니라 고대 성인의 위대함이 배어있다. 이러한 사상을 가지고 증험할 수 있는 하나의 계통이 태동했으니, 『역경(易經)』이란 학설이 바로 이 사상(思想) 아래서 생겨난 것이다.

관념 자체가 신기한 것이 아니고, 관념을 통해 증험한 것이 맞았다는 사실을 알았을 때 신기한 것이다. 그런 까닭에 중국 문화는 사상일 뿐 아니라 증험할 수 있는 실용적 관념이라는 점이다. 만일 어떤 관념이 실용성이 없고 증험할 수도 없는 것이라면 진정으로 가치 있는 것이 아니다. 또한, 농경문화와 관련지어보자면, 농경문화는 실용성이 중요하며, 실용성이 없다면 고인(古人)들은 흥미를 느끼지 못했을 것이다. 고대 속담인 기인우천(杞人憂天)[2]에 비유해 보건대, 자기에게 필요하지 않으면 흥취가 나지 않는다는 것이다.

장자(莊子)가 말한 "육합(六合)의 밖에 있는 것은 있어도 말하지 않는다."라는 것 또한 이러한 사상을 말한 것이다. 그런 까닭에 중국 고대에는 수학(數學)이라는 것을 만들지 않고 단지 산술(算術)만 만

---

2) 기(杞)나라 사람이 하늘이 무너질까 걱정하다. 앞일에 대해 쓸데없는 걱정을 하다.

들어냈다. 왜냐하면, 수학(數學)은 유용함이 없었기 때문인데 서양의 수학도 처음에는 널리 사용할 수 있는 유용성이 없었으나 후에 물리학과 과학의 발전으로 그 유용성이 발견되었다.

여러분이 대학(大學)에서도 배웠겠지만, 중고등학교 이후에 배운 수학은 일생 동안 거의 써먹지 못하고 대개 초등학교에서 배운 산수만 쓸 뿐이다. 다만 대학에서 다루는 과학(科學)과 공정(工程)은 예외이다.

그러나 중국에서는 오히려 술수(術數)가 발전하였는데, 술수와 수학은 근본적으로 다르며, 술수(術數)에서 수(數)의 목적은 오직 하나이다. 그것은 바로 미래를 예지(預知)하는 것이다. 그렇기 때문에 우리는 중국철학을 논하고, 역경(易經)과 중의(中醫), 간지명리(干支命理)를 말하는데, 어느 것 하나 실용적이지 아닌 것이 없으며 생활을 벗어난 것이 없다.

여러분은 현재 쉽게 이해 가지 않을 것인데, 왜냐하면 우리 머리가 현대 과학의 사유방식을 따르기 때문이다. 사유방식을 바꾸어 일체가 모두 변하게 되면 쉽게 알게 될 것이다. 『역전(易傳)』은 공자(孔子)가 지은 것으로, 천도(天道)를 깨달음이 인륜(人倫)에 미치고, 양(陽)은 존귀하고 음(陰)은 비천함을 통하여 사회인륜(社會人倫)에 영향을 미치게 된다는 내용을 강의한 것이다 공자(孔子)에 대해 서양인이 말한다면 "공자는 철학자가 아니고 사회학자나 윤리학자이다"라고 하였을 것이다. 그는 역경을 배워 크게 깨달았는데, 역경은 먼 옛날 성인의 사상이며 가장 심오한 철학이다. 그러나 서양인은 역경(易經)을 알지 못하는 까닭에 중국에는 철학이 없다고 말한다. 철학은 세계와 사람에 대한 종극(終極)적 사고인데, 역경(易經)은 이러한 모든 문제에 해답을 가지고 있다. 사실 이 단락은 중국 철학을 개괄하여 말한 것이다.

음양(陰陽)이란 천지의 도(道)이며, 만물의 강기(綱紀)이며, 변화의 부모이며, 신명(神明)의 고을이다. 이러한 말들을 어떻게 이해해야 할까?

먼저 고인(古人)이 말한 천지는 현대인이 이해하는 천지가 아니다. 천(天)이란 무엇인가? 우리가 매일 연구하는 것이 간지(干支)와 시간(時間)인데, 시간이 곧 천(天)이다. 그런 까닭에 천(天)에 도(道)가 있으니 천(天)의 도는 곧 시간의 왕래(往來)로써 멈추지 않는 주기적인 운행이다. 그것은 우주도 아니고, 공간적 개념도 아니며, 주기적인 시간적 개념이다.

천(天)에 도(道)가 있다는 것을 고대의 위대한 성인(聖人)들이 우리에게 알려 준 것이다. 만약 그들이 간지(干支)나 역법(曆法)을 만들어 내지 않았더라면, 우리가 어떻게 천도(天道)가 있다는 것을 알았을 것이며, 그것이 무엇인지 알았겠는가? 천(天)은 추상적이며 알 수 없는 것이 아니라 바로 우리가 그 내용을 알 수 있는 것이다. 이러한 말이 당신의 가슴을 열어주는 것이 아니겠는가?

천(天)에 도가 있다고 말하는 데에는 당연히 무슨 뜻이 있다. 천인합일(天人合一)은 곧 천도(天道)에 인도(人道)를 합하는 것으로 사람의 행위나 인류의 행위가 모두 천도(天道)의 규범에 맞추는 것이다. 그렇다면 우리가 어떻게 사람의 미래를 예지하고, 인류 사회의 미래를 예측하지 못하겠는가? 그것이 일체 술수(術數)를 만들어낸 근원이다.

천(天)에 있는 도(道)의 두 번째 뜻은 사람에게 경외(敬畏)하는 마음이 있어야 한다는 것이다. 공자는 세 가지 두려움을 말했는데, 천명(天命)을 두려워하고, 대인(大人)을 두려워하고, 성인(聖人)의 말씀을 두려워하라는 것이다.

첫 번째 두려움은 곧 천명(天命)으로 실제로 이것은 천도(天道)를 말하는 것이다. 천도(天道)가 사람에게 작용하면 명(命)을 형성한다. 중국인에게는 서양의 신학이나 신앙과 비슷한 것이 없고 자신의 신앙이 있었는데, 현대인들은 그것을 모두 잊어버렸다. 중국인에게는 하느님의 신앙도 없고 신(神)에 대한 신앙도 없는데 어째서 없는 것인가? 천인합일이기 때문에 단지 천(天)과 인(人)만이 있고, 중간에 신(神)이 없으며, 신(神)은 그 설 자리가 없다. 만일 천(天)이 우주적인 개념의 천(天)뿐이라면 우리는 무엇 때문에 그것을 신앙하겠는가?

천(天)은 곧 천도의 개념으로 일체는 모두 천도의 지배 아래에 있으므로 우리는 그것을 당연히 경외(敬畏)하고 신앙(信仰)해야 한다. 그러나 그것은 단순한 신(神)이 아니며 전능한 신도 아니다. 사람 이외, 즉 인간의 지혜에 대한 신(神)보다 더 높은 신(神)의 존재는 없다. 그것이 중국인의 신앙이다.

장재(張載)[3]의 명언이 한 구절 있는데, "위천지입심, 위생민입명(爲天地立心 爲生民立命)[4]하고, 옛 성인의 절학(絶學)을 이어 만세에 태평을 연다." 하였는데, 가장 신성한 것은 첫째 구절로 이것이 중국인의 천지에 대한 신앙이다. 중국인의 이러한 천(天)의 개념이 어떻게 세계에 대한 인식을 만들어 내었으며, 왜 과학을 만들어 내지 못했는가? 왜냐하면, 과학적 인식은 천(天)을 초탈하는 것이고, 우주에 대한 인식은 물(物)에 대한 인식이기 때문이다.

뉴턴의 물리학이 무엇을 인식한 것인지를 보면, 그것은 힘의 개념을 발견한 것이다. 그 힘이 이 세계에 연계된 모든 것들을 지배하는

---

3) 장재 (張載 : 1020년 ~ 1077년)는 중국 송나라 시대의 사상가이다. 성리학의 기초를 닦았다. 자는 자후(子厚)이다. 봉상미현의 횡거진(橫渠鎭) 출신이었기 때문에 횡거 선생(橫渠先生)이라고 호칭된다. 존칭하여 장자(張子)라고 불린다.'이정(二程)'의 외종사촌이기도 한 그도 역시 이학(理學)의 창시자 중 하나로서 주돈이(周敦頤), 소옹(邵雍), 정호(程顥), 정이(程頤)와 더불어 '북송오자(北宋五子)'로 불렸고, 명 · 청 시대에는 그의 저작이 과거(科擧) 시험의 필독서로 간주되기도 했다. 그 자신은 1057년 진사(進士)에 급제한 뒤에 숭문원교서(崇文院校書) 등의 벼슬을 지냈다.
그는 우주의 근본이 기(氣)라고 생각하면서 사물의 대립적인 변화를 '둘이면서 하나[兩與一]'로 서로 의존적인 관계로 파악했다. 인식론에서는 '견문(見聞)의 지혜'와 '덕성(德性)의 지혜'를 구별하여 설명하면서 도덕의 수양과 인식 능력을 확충함으로써 '진성(盡性)'을 추구해야 한다고 강조했다.
또한 인류는 동포(同胞)이고 만물은 벗이니 사람과 만물의 본성은 하나라는 '민포물여(民胞物與)'를 주장하기도 했다. 저작으로 후세 사람들이 편찬한 『장재집(張載集)』이 남아 있으며, 시호(諡號)는 명공(明公)이다.
[네이버지식백과] 장재 [張載] (홍루몽 : 인명, 용어사전, 솔출판사)
4) 천지를 위해서 마음을 세우고, 백성을 위해서는 생활을 안정시킴

데, 그가 본 것은 바로 물리적이거나 물질적인 세계이다. 그 이후로 서방에서는 진정한 과학적 인식이 시작되었다. 물리적 세계는 지구를 초월한 것이며, 천(天)의 개념 안에 있는 것이 아니며, 사람의 본신(本身)과는 어떠한 관계도 없다.

사람 이외의 것이 바로 물리(物理)인 것이다. 과학과 고인(古人)의 역학(易學)을 연구하는 대상, 목적, 방법, 이념, 이런 것들과는 일체 서로 통하는 것이 없다. 과학과 역학은 서로 전혀 관계가 없다.

천도(天道)의 입장에서 돌이켜보면, 지구상의 모든 것들이 중국인들에게 흥취를 느끼게 한다. 이른바 만물에 대한 개념은 반드시 지구에 있는 만물이어야 비로소 그 의의가 있다.

중국인은 무엇을 연구하는가? 만물과 천지의 관계를 연구하고, 사람과 천지의 관계를 연구하고, 인륜과 사회관계를 연구하고, 그리고 세간의 일체 물(物)의 관계성을 연구한다. 연구는 아주 깊이 있고, 아주 철저하게 이루어진다. 서서히 하나씩 살펴보도록 하자.

제2절

음양의 도
(陰陽)　　　(道)

중국 상고문화의 연구대상은 태양 아래에 있는 지구상의 사물들인데, 고인(古人)들은 그것을 "천지만물(天地萬物)"이라 하였다. 그 외에도 사물(事物)과 천간(天干)을 연구하였는데, 앞의 제1절에서 말한 중국 문화 사상의 핵심은 바로 성인(聖人)이 만들어낸 것으로, 그것은 관찰과 실천을 통하여 만든 것이 아니다. 보통 사람의 인식 수준을 초월한 매우 높은 수준의 인식을 통해 만들어진 것이다. 음양 사상 또한 그러한 큰 배경에서 만들어졌다.

음양이란 무엇인가? 황제내경에서 정의한 것을 보면, "음양이란 천지의 도(道)이며, 만물의 강기(綱紀)이고, 변화의 부모이며, 생살(生殺)의 본시(本始)이고, 신명(神明)의 고을이다."라고 하였다. 한 구절씩 살펴보자.

첫째, 천지의 도(道)에는 무슨 뜻이 있는지 알아보자.
천(天)이란 무엇인지에 대해서 앞 절(節)에서 말했듯이, 천(天)은 천

공(天空)을 가리키는 것이 아니라, 일월(日月)이 운행하는 시간을 가리킨다. 그것은 주기적으로 운행하는 시간 개념이다.

천지의 도(道)는 어디에 있는가? 그것은 곧 태양이 지구를 운행하는 것으로, 태양이 지구를 운행하여 음양이 만들어지는데, 그것이 곧 음양의 근본이 된다.

태양이 지구를 운행하는 것은 지구가 태양을 돌며 공전(公轉)하는 것과 지구가 자전(自轉)하여 1년의 한난(寒暖)이 교체하고 하루의 새벽과 밤이 교체하는 것을 만들어내는데, 이것이 바로 음양인 것이다.

고인(古人)이 천원지방(天圓地方)이란 말을 왜 사용하였는지에 대하여 현대인들은 글자만 보고 그 뜻은 깊이 생각하지 못했다. 고인(古人)은 과학을 알지 못한 관계로 천(天)은 둥글고 지(地)는 네모지다고 말하였는데, 그것은 잘못된 것이다. 천원지방이란 그러한 뜻이 아니다. 그러면 무슨 뜻인가? 원(圓)은 시간의 순환을 대표하고, 방(方)은 사방을 나타낸다. 그런 까닭에 천지의 도에서 천도(天道)는 시간의 순환을 위주하고, 지도(地道)는 사방의 방역(方域)을 대표한다.

지구가 공전함에 따라 지축(地軸)과 태양의 황도(黃道)에는 66도 34분이 있는데, 그런 이유로 인해 태양은 반년간은 북반구를 직사(直射)하고, 나머지 반년간은 남반구를 직사(直射)한다. 태양이 북반구를 직사(直射)할 때 우리는 양지(陽地)에 머무는 거고 남반구를 직사할 때는 음지(陰地)에 머문다. 하루의 상황을 보면 낮은 양이 되고 밤은 음이 되는데, 이것은 지구가 자전(自轉)함으로 인해 만들어진다. 이것을 여러분은 모두 쉽게 이해할 것이다. 그러나 고인(古人)들이 사유하여 말한 것은 이러한 것이 아니다. 만일 이 정도뿐이라면, 그것은 애초부터 알고 있는 것으로 우리가 학습할 가치가 없는 것이다.

둘째, 그다음 구절을 보면 음양은 만물의 강기(綱紀)라 하였는데, 만물은 무엇인가?

그것은 물리학에서 말하는 분자(分子)나 원자(原子)를 말하는 것이 아니고, 지구상에 있는 일체의 생물(生物)과 산천(山川), 하류(河流), 대지(大地) 등을 가리키며, 그것들이 바로 만물인 것이다.

강기(綱紀)란 무엇을 가리키는가? 그것은 세상에 있는 물(物)에는 모두 음양이란 규정(規定)과 약속(約束)이 있다는 것이다. 그렇다면 이것이야말로 의미심장하다. 한 번 생각해 보라. 세상의 일체는 모두 음양의 규율 아래 질서 정연한 운행을 하고 있으며, 음양이 바로 천지(天地)의 도(道)인 것이다. 이러한 논리로 당신이 천지의 도를 안다면, 만물의 규율과 연관성을 알게 될 것이다.

그것은 고인(古人)이 생각하는 일종의 관념이 아니고, 진실로 실현할 수 있는 것이다. 우리가 고인(古人)이 무엇을 실현하였는지를 보면, 성인(聖人)은 간지(干支)를 만들어냈고, 그것을 가지고 천지의 도를 표시하였으며, 그러한 간지(干支)는 곧 만물의 규범이 된다. 그리고 그 규범은 우리 인류의 행위를 포괄한다. 따라서 간지(干支) 연구를 통하여 천하 만물의 일체 상관성과 규율도 연구할 수 있다.

고인(古人)이 천지인(天地人)의 관계를 연구한 것이 이 정도로 이르렀다는 것은 참으로 놀랍고 경탄할 만하다. 마음을 열고 이러한 문제를 생각해보자.

이러한 천지의 도로 천하 만물의 운행을 규정할 수 있다. 또 성인(聖人)은 괘(卦)를 세우고, 간지(干支)를 세워 우리에게 증험하게 한 것이다. 그렇다면 우리가 현실에서 보는 세상의 인과(因果)라는 것은 표상의 일종이 아니겠는가?

예를 들면 당신과 당신의 부인이 서로 사귀고 결혼한 것은 하나의 사건인데, 이 사건 배후의 진정한 인과(因果)는 당신이 당신 부인을 만난 연후에 서로 사랑한 것이 아니고, 바로 천지 도의 설계를 따라 사랑하고 결혼한 것이며, 우리는 단지 연기자에 불과한 것뿐이다.

세상에 있는 사건은 모두 이런 식으로 이해할 수 있다. 그러면 머리가 크게 열릴 것이다. 은성인과(隱性因果)란 말을 만들어 보았는데, 이는 우리가 평상시에 보는 현성인과(顯性因果)와는 다른 배후의 인과인 것이다. 우리가 은성인과(隱性因果)를 깨닫는다면 곧 일체의 미래를 예견할 수 있을 것이다.

중국 문화의 핵심은 바로 이런 종류의 사상이며, 당대 학자들이 말하는 인륜 관계나 제왕의 도(道)와 같은 것이 아니다. 공자 이후로의 유학(儒學)은 사회와 인륜(人倫)을 기본으로 현세의 실용성에 관해서만 말하였다. 형태적인 것은 포기하고 형이하(形而下)의 물건만 보유(保留)하였다. 그러나 공자는 이것을 알고 있었다. 그 자신이 곧 점복(占卜)의 고수였으며, 이는 사기(史記)에도 상세하게 기록되어 있다.

생각해 보건대, 이러한 논리가 진실로 성립하는 것일까? 지구상의 일체는 모두 태양과 지구의 운행으로 형성된 것인데, 이 한 가지 사실만은 명백히 해야 할 것이다. 이에 천지가 세간의 일체를 창생(創生)했음을 이해할 것이다. 여기에서 창생(創生)은 하느님이 창생한 것이 아니고, 태양과 지구의 운행이 없으면 세상에 일체가 없다는 것을 말한다.

화성(火星)에는 생물(生物)이 없고 오직 지구에만 존재하고 있다. 이미 이와 같다면 천지가 창생(創生)한 일체에 대한 규범(規範)이 되며 이치에 합당한 것이다. 봄이 오면 초목이 다시 소생하는데, 이러한 추동력(推動力)은 무엇인가? 바로 음양이고 천지인 것이다.

셋째, 음양은 "변화의 부모"라는 구절을 인용하여 논해보자.

변화의 부모라는 말을 어떻게 이해해야 할지를 생각해 보라. 변(變)과 화(化)는 다른데, 변(變)은 변(變)이고, 화(化)는 화(化)이다. 같은 성질은 변(變)이고, 바뀌는 다른 성질은 화(化)이다.

벼 이삭이 자라서 작물이 되는 것이 변(變)이고, 번데기가 나비가 되는 것은 바로 화(化)이다. 이러한 구절이나 말의 요점은 우리에게 음양이 바로 사물의 변화를 추동(推動)하는 근본임을 알려주는 데 있고, 또한 세상 일체의 변화가 모두 천지의 도가 추동(推動)하는 것에서 비롯됨을 알려주는 데 있다. 고인(古人)은 초목이 1년 4계절을 통해 생(生)에서 사(死)에 이르는 윤회 과정을 거치는 것을 보고 추연(推衍)하여 세상의 일체 물(物)의 변화는 모두 이 추동(推動)에서 비롯되는 것으로 보았다. 음양은 역량(力量)이며 능량(能量)으로, 강대하여 일체의 정도(程度)에 맞추어 주재한다고 설명하였다.

다음으로 우리가 살펴볼 것은 이른바 오행(五行)인데, 이것은 음양이 화생(化生)하여 나온 것이다. 오행은 다섯 가지 물질이 아니다. 그것은 잘 알지 못하는 사람들이 고인(古人)의 뜻을 곡해한 것이다. 행(行)이란 바로 행동, 운행(運行), 행사(行使)로 역량(力量)이란 뜻이다. 오행사상은 곧 존재하는 다섯 가지에 다른 역량이 작용하여 세계와 만물을 지배한다는 것이다.

넷째로, 음양은 바로 "생살(生殺)의 본시(本始)"라는 구절이다.
생살(生殺)이란 말에 대해 여러분은 알고 있을 것이다. 생명에는 생(生)도 있고 살(殺)도 있고, 사(死)도 있다.

음양이란 이러한 역량을 교체(交替)하며 운행하는 것이다. 양(陽)은 생(生)을 추동하고, 음(陰)은 살(殺)을 추동한다. 이 세상에는 영원한 생(生)이 없고, 생(生)한 것은 죽는데, 죽은 후에 남겨둔 종자로 다시 생(生)을 한다.

공자는 역(易)을 배워 천지의 이치와 양(陽)은 존귀하고 음(陰)은 비천함을 깨달았으며, 인애(仁愛)를 설(設)하였는데, 이것은 생명에 대한 크나큰 사랑이다. 그러나 세계는 반드시 평형(平衡)이 필요하여, 법가(法家)는 오히려 살벌(殺伐)을 숭상하고 살(殺)로 법을 세웠다. 이것 또한 음양의 법칙을 통해 깨달은 일종의 사상이다.

생살(生殺)의 힘은 음양에서 일어난다. 오행(五行)에는 각기 생사(生死)가 있어, 음(陰)이 생하면 양(陽)이 죽고, 양이 생하면 음이 죽는 것이 자연이 운행하는 도이다. 간지(干支)의 학문은 이러한 과정을 본뜬 것이다. 그것이 바로 십간(十干)이 화작(化作)[5]하여 12궁(宮)을 순환하며 생사(生死)를 추동하는 것이다. 이후에 하나하나 살펴보도록 하자.

마지막 한 구절은 "음양은 신명(神明)의 고을이다."인데, 무엇이 신명(神明)인가?

고인(古人)이 말한 신(神)은 무엇을 가리키는가? 첫째로, 신(神)은 천지와 소통한다는 뜻인데, 천지와 소통하는 것이 바로 신(神)이다. 두 번째 뜻은, 신명(神明)은 곧 우리 사람들의 사상과 의식을 말한다.

---

5) 여러 가지 사물을 변경시켜 나타내는 것

실제로 그 두 가지는 곧 하나의 뜻이다. 즉, 인간의 사상인 신명(神明)은 능히 천지를 소통한다. 신명(神明)의 고을이란 곧 능히 천지와 소통한다는 뜻이다. 그 사상은 곧 천지의 음양을 깨달아 얻는 데 있다. 왕양명은 정신(精神)이 곧 세계이고, 신(神)이 곧 세계라고 주장하였다. 왜냐하면, 중국 문화는 바로 천인합일이기 때문에 사람은 바로 그 정신과 지혜를 가리킨다. 요컨대 천(天)과 합하면 그것이 곧 음양과 합하는 것이다.

이제 우리는 음양을 깨달아 신명(神明)으로 진입해야 한다. 우리가 공부하는 이유는 모두 이 한 가지 목적에 있다. 이렇게 한결같은 지혜를 터득함으로써 천지(天地)와 소통하고, 신명(神明)과 소통하는 지혜를 획득해야 한다.

공자는 "아침에 도를 들으면, 저녁에 죽어도 좋다."라고 하였다. 공자 시대에는 단지 역경(易經)이라는 책만 있었고, 그와 관련된 하도(河圖)나 낙서(洛書)에 대한 얘기만 있었을 뿐, 간지(干支)나 오행(五行)에 대한 기록은 없었다. 현재는 대부분 없는 것이 없고 모두 보존되어 내려오고 있으니, 우리가 무엇 때문에 오도(悟道)하고 득도(得道)하지 못하겠는가? 이에 대해 마땅히 가슴 깊이 새겨야 할 것이다.

음양의 상의
(陰陽)　(象義)

　음양을 말하자면, 하지(夏至) 점은 태양이 북회귀선을 직사(直射)하는 때로, 북반구에서는 양(陽)이 지극하여 음(陰)으로 바뀌는 시간이다. 앞 절에서 음양을 말할 때 도(道)를 말하면서, 음양은 바로 "천지(天地)의 도(道)"라고 하였는데, 이것은 태양과 지구가 운행하면서 한서(寒暑)와 주야(晝夜)를 형성하는 것이다.

　이때 하지(夏至)와 동지(冬至)인 두 지점이 특별히 중요한데, 그것이 음양의 분계 점이다. 동지(冬至)에 일양(一陽)이 생기고, 하지(夏至)에 일음(一陰)이 생긴다.

　하지는 낮이 가장 긴 시간이고, 이른바 양(陽)의 극점(極點)이다. 우리가 음양의 세 가지 속성을 끄집어낸다면 첫째로, 음양은 호근(互根)하고 호존(互存)하며 호용(互用)하고 호장(互藏)한다. 둘째로, 음양은 상호(相互) 소장(消長)한다. 셋째로, 음양은 능히 상호(相互) 전화(轉化)하여 양(陽)이 극해지면 음(陰)으로 되돌아간다는 것이다.

여름은 주로 양(陽)인데 이 시간에 음(陰)은 어디로 갔는가? 음(陰)은 아울러 소실(消失)됨이 없고 감추어진 것이다. 어디에 감추어진 것인가? 생각해보면 여름에는 비교적 어디가 시원한가? 여름에는 땅 아래가 비교적 시원하므로 서북인(西北人)이 머무는 동굴은 곧 이러한 원리를 이용한 것으로 겨울에는 따스하고 여름에는 시원하다.

겨울의 밖은 한랭(寒冷)하지만 지하(地下)의 천수(泉水)는 영원히 얼지 않는데, 양(陽)이 땅 아래에 있기 때문이다.

음양은 실제 생활에서 우리에게 어떤 계시를 주는가? 먼저 음양 사상은 세계와 만물에 대한 전체적인 인식으로 태양 아래에 있는 일체 사물은 전체와 관련을 갖는데, 이러한 관련은 모두 음양을 가지고 이해할 수 있다. 그러나 음양이 무슨 모순이나 대립을 통일하는 것이 아니고 확정적인 지식을 제공해주는 것으로 음양은 절대적인 개념이지 상대적인 개념이 아니다.

양은 곧 양이고, 음은 곧 음이다. 이 때문에 음양은 바로 태양과 지구의 운동으로 말미암아 태양의 능량이 작용하여 지구의 만물이 생겨난 까닭에 분명하게 다른 속성이 나타난다. 비유하자면, 한열(寒熱)의 한(寒)은 음(陰)이고 열(熱)은 양(陽)이며, 승강(升降)의 승(升)은 양이고 강(降)은 음이며, 동정(動靜)의 동(動)은 양이고 정(靜)은 음이며, 좌우의 좌(左)는 영원히 양이고 우(右)는 영원히 음이니 이것들을 바꾸어 말하면 안 된다.

내경(內經)에서 말하기를 "좌우(左右)란 음양의 도로(道路)이다." 하였다. 좌(左)는 간승(肝升)하고 우(右)는 폐강(肺降)한다. 마치 남자는 영원히 양(陽)이고 여자는 영원히 음(陰)인 것과 마찬가지이다.

한 번 생각해보라. 가로와 세로에서 어느 것이 양이고 어느 것이 음인가? 실제로 가로는 양이고, 세로는 음이 된다. 왜 그런가? 동물과 식물이 다름을 보고 관찰하면 안다. 동물은 양이 되는데 가로로 달리고, 식물은 음으로 세로로 자란다. 그런 까닭에 우리 오관(五官)도 양은 움직이고 모두 가로로 커지며, 음은 움직이지 못하고 모두 세로로 커지는데 맞는지 안 맞는지 한 번 관찰해보라.

고대 중국의 글 쓰는 방법도 위에서 아래로 세로로 쓰고, 우(右)에서 좌(左)로 쓴 것도 바로 음(陰)에서 양(陽)에 이르는 서사(書寫) 습관과 열독(閱讀)하는 습관 때문이다. 그것이 지금과는 어떻게 다르며 어떤 것이 이치에 부합하는가? 당연히 고인(古人)의 것이 이치에 부합하는데, 고대 작문(作文)에서 말하는 부(賦), 비(比), 흥(興) 등이 바로 그것이다. 이러한 종류의 글 쓰는 방법은 바로 평담(平淡)한 데서 이끌어 고조(高潮)로 향하는 것인데, 그런 까닭에 글 쓰는 순서도 음을 따라 양으로 이끄는 것이다. 더욱더 세로는 음이며 음은 정(靜)이니, 사람이 세로로 된 판본을 읽으면 다시 안정되고 마음을 집중하게 된다.

가로로 된 판본은 현대인에게 책을 읽는 속도는 빠르게는 하지만 고인(古人)처럼 문자나 내용에 대하여 심도 있게 공부하여 감오(感悟)하게 하지는 못한다. 고인(古人)이 손으로 써서 전해준 서적들은 많은 어려움이 있지만, 이 필사본들은 모두 정품(精品) 중의 정품(精品)인 것이다. 그런 까닭에 마음을 집중하여 읽어야 비로소 감오(感悟)하게 된다. 요즘 사람들이 복사하거나 베끼는 것을 실속 없이 여기는 것과는 같지 않다. 더군다나 우리는 세로로 배열된 판본을 찾아볼 수도 없다.

양이 쌓이면 하늘이 되고, 음이 쌓이면 땅이 된다. 그렇다면 사람은 어떠한가? 사람은 만물의 영장으로 이미 천기(天氣)를 얻고 또한 지기(地氣)를 얻었다. 기타 생물(生物)은 기(氣)를 얻은 것이 온전하지 못하다. 우리가 관찰하면 영장류인 동물 중에서 단지 사람만이 직립(直立)하여 걸어 다니고 달리는데 그것은 무엇을 표시하는가?

사람의 머리에 천기(天氣)를 받아 총명과 지혜를 얻는 것을 표시한다. 인류의 머리는 가장 원(圓)에 접근하여 하늘을 상징하고, 발은 네모나 땅을 상징하는 까닭에 천지의 기(氣)를 가장 온전하게 얻는다.

다시 관찰하면, 짐승들이 울부짖는 것을 보면 성(聲)만 있고 음(音)은 없으며, 조류(鳥類)들이 우는 것은 음(音)은 있는데 성(聲)은 없다. 지기(地氣)를 많이 얻으면 성(聲)이 있고 천기(天氣)를 많이 얻으면 음(音)이 있는데 단지 인류만이 완전한 성(聲)과 음(音)이 있어 언어(語言)를 형성하여 교류(交流)한다. 또한, 사람은 직립(直立)하나 오히려 가로로 다닌다. 세로는 음으로 표시하고 가로는 양으로 표시하는데 이것 또한 천지 음양을 가장 완벽하게 겸하고 있음을 뜻한다.

짐승류는 모두 위 눈꺼풀이 아래 눈꺼풀과 합하고, 조류(鳥類)의 경우는 아래 눈꺼풀이 위 눈꺼풀과 합한다. 지기(地氣)를 많이 받은 것은 위에서 아래로 합하고, 천기를 많이 받은 것은 아래에서 위로 합한다. 단지 인류만이 위아래 눈꺼풀이 함께 움직이고 합한다. 고로 인간은 천지의 기를 온전히 받은 것이다.

인간에게는 오관(五官)이 있는데 귀, 눈, 코, 입, 눈썹으로 이것은 오행(五行)의 기를 온전하게 얻은 것이다. 짐승의 오관(五官)은 온전하지 못하여 눈썹이 보이지 않는다. 생각해보라. 눈썹은 사람의 몸에 무슨 큰 작용을 하는 것도 아닌데 어째서 자라는 것인가? 눈썹은 두발(頭髮)과 다른데, 거기에는 아주 진실한 지혜가 있다. 자라도 어느 정도가 되면 더 이상 자라지 않지만, 만일 조심하지 않아 한 뭉치가 타버리면 원래의 모양대로 다시 자라는데, 털 하나라도 더 많게 자라지 않으니 참으로 기괴하다.

눈썹이 가로로 자라는 것은 주로 양(陽)이지 음을 말하는 것이 아니다. 귀와 코는 세로이니 음에 속하고, 움직임 없이 소리를 듣고 능히 그 소리의 묘미를 득한다. 눈과 입은 움직이면서 보고 먹는데, 오직 눈썹만이 쓸모없는 것 같다. 사관(四官)은 2개의 음과 2개의 양으로 서로 평형(平衡)을 유지하는데 눈썹이 있어 양이 하나 더 많다. 이는 사람의 눈썹이 지혜를 표시한다고 본다. 미모(眉毛)의 최대 공용(功用)은 사람의 얼굴을 미려(美麗)하게 해주는 데 있다.

하늘이 인류와 동물에게 부여해준 것이 달라, 동물은 배부르게 먹고 생식(生殖)하는 것 외에 다른 것을 구하는 것이 없으나, 인류는 오히려 미려(美麗)를 추구하고 또 정신세계의 풍부함을 추구한다. 이는 바로 한 수(首)의 가창(歌唱)과 같은 것인데, 눈앞의 생활이 구차(苟且)하더라도 그에 그치지 않고 멀리 내다보며 시(詩)를 음미하는 것이다. 미모(眉毛)에는 대략 인류의 이러한 추구에 대한 지혜의 뜻이 있다.

다시 음양을 설명하면, 복잡한 사물에는 모두 음양이 있으며 음양의 작용 하에 성장하고 소멸한다. 식물의 생장에는 음(陰)의 수(水)가 필요하며 양(陽)의 광(光)도 필요하다. 생명에도 음양이 필요한데, 중의(中醫)는 음양사상 아래 만들어진 것으로 음양이 없다면 중의(中醫)도 없다. 이 부분에 관하여는 이후의 과목에서 세밀하게 기술할 것이다.

음양에 대한 아주 간단한 비유를 하나 들면, 우리가 주먹을 내어 사람을 때리는 것은 바로 양(陽)의 동작이나, 오히려 먼저 주먹을 거두는 것이 필요하다. 거두는 것이 곧 나아가는 것이 되니, 음(陰)이 바로 양(陽)이 되는 것으로 음양을 호용(互用)하는 예이다. 같은 양상으로, 증권시장도 또한 이와 같다. 한 차례만 주식이 내려가다가 다시 오르고 하는 것이 아니고, 많이 오르면 많이 내리게 되고 많이 내리면 또 오르게 된다. 음양의 도리를 깨닫는다면 그 가운데서 이익을 얻을 수 있을 것이다. 그렇지 않고 영원히 오르기만 추구하다가 빠르게 내려가면 계속하여 손해를 볼 것이다.

가정도 또한 마찬가지인데, 내경(內經)에 있는 구절을 말하면 "음(陰)은 안에 있어 양을 지키고, 양(陽)은 밖에 있으면서 음을 부린다" 하였다. 이 구절을 이해하면 가정을 보호하여 화목(和睦)하고 화해(和諧)할 수 있다. 양은 남자가 되고 음은 여자가 되는데, 이러한 음양의 다름으로 인해 사회에서의 역할이 구분되는 것이다. 부부의 도에 있어서 남자는 밖으로 돌아다니면서 고생하고 여자는 집을 지켜야 남자가 비로소 귀속(歸屬)하는 감정이 있게 된다. 남자는 여인을 부리는 것이 필요한데 밖에 있으면 강한 것이 필요하고 안에 있으면 듣고 따르는 것이 필요하니, 가정은 이에 화목하게 된다.

우리가 감상하는 예술도 음양의 도에 부합하지 않음이 없다. 서법(書法)은 성글기도 하고 빽빽하기도 해야 비로소 좋게 보이며, 음악도 높고 낮음이 조절되어야 비로소 듣기가 좋으며 문장도 길게 달리면서도 절도가 있어야 비로소 우아하고 아름다워진다. 음양의 도(道)로써 내심(內心) 깊이 들어가 이 세계를 이해한다면 분명히 이전과는 다른 인식을 갖게 될 것이다.

음양이 다만 하나의 관념일 뿐이라면 오늘날 우리가 학습할 가치가 없을 것이다. 상고의 성인이 만들어낸 음양은 이미 정성(定性)과 정량(定量)이 있고, 단지 세계의 운행만을 묘술(描術)한 것이 아니라서, 우리에게 계속하여 학습할 가치를 부여한다. 중의(中醫)는 음양을 이용하여 질병을 진단하고 치료하며 명리는 음양을 이용하여 명운(命運)을 예지한다.

무엇이 음양의 정성(定性)이고 무엇이 정량(定量)인가? 성인(聖人)께서는 간지(干支)를 창조하였는데, 이를테면 하지(夏至)라는 시간은 양이 가장 왕성하므로 오(午)로 묘술하여 사용하는데, 이 오(午)는 곧 현재의 천후(天候)[6]의 상태를 묘술 한 것이다. 그것과 대응되는 것은 동지(冬至)라는 시간인데 자(子)라고 표시한다. 양이 극점에 이르면 오(午)가 되고, 음이 극점에 이르면 자(子)가 된다. 이렇게 사용하는 음양은 관념이 아니고 연산(演算)하여 이루는 것이고 아울러 세계의 규칙을 묘사하는 것이다. 이것이 곧 성인의 위대한 점이다.

칸트가 말하기를 "사람의 이성은 자연의 법을 따라 정립하는 것이 중요하다."라고 하였는데, 정작 본인의 철학은 아직 그러한 법을 따라 정립하는 것을 완성하지 못하였다. 간지(干支)를 이해했다면 그는 분명히 중국의 성인이 되었을 것이다.

음양(陰陽)의 간지(干支)는 바로 자연의 법이며, 이러한 법이 있으

---

6) 기후, 날씨, 일기

면 곧 세계가 연화(演化)하는 일체의 규율을 이해하게 되고, 침착하게 그 일체를 대할 수 있을 것이다. 우리는 이제 막 공부를 시작하였으니 천천히 깊이 들어가며 공부하다 보면 평범함에서 벗어나 성인의 반열에 들어갈 수 있을 것이다. 그러면 공자가 말한 "마음이 하고자 하는 바를 따라도 규율을 벗어나지 않는다."라는 경지에 이르게 될 것이다.

제4절

오행의 상의
(五行)　　　(象義)

오행은 금(金), 목(木), 수(水), 화(火), 토(土)를 일컫는다. 앞에서 음양에 대해 살펴보았는데, 오행은 5종의 물질이 아니고, 5질(質)도 아니다. 여러분은 절대로 오행을 5종의 물질이라 하면 안 되며, 그것은 알지 못하는 사람들이나 하는 말이다.

오행의 학술은 단순한 유물주의가 아니다. 왜냐하면, 오행의 근본은 물질이 아니기 때문이다. 그러면 어째서 금(金), 목(木), 수(水), 화(火), 토(土)라고 표시한 것인가? 이는 성인(聖人)이 오행을 만들어 보통 사람들이 이해하기 쉽게 하기 위하여 형상(形象)으로 직관한 것뿐이다.

오행은 무엇을 가리키는가? 행(行)은 행동(行動), 행사(行使), 운행(運行)의 뜻으로, 오행은 5종(種)의 서로 다른 역량이나 능량으로 세계를 지배하고 운행한다는 뜻이다. 5종의 능량(能量)은 어디에서 오는가? 그것은 음양의 두 기(氣)가 화생(化生)하여 온 것이다.

음양(陰陽) 두 기(氣)가 어떻게 화생(化生)하여 오행이 되는 것인가? 음양(陰陽) 두 기(氣)는 태양의 양광(陽光)이 지구를 비출 때 지구상의 다른 위치와 다른 시간에 닿은 태양의 열량(熱量)이 끊임없이 변화하면서 형성된다. 낮은 양이 되고 밤은 음이 되며, 여름은 양이 되고 겨울은 음이 된다. 이것은 누구라도 모두 느끼는 것이다.

음양(陰陽)의 이치를 깨달은 후에 하루 동안 태양의 상황을 예로 들어 보자. 새벽에 태양이 떠오르는데, 이 양기(陽氣)가 위로 올라오는 과정을 오행의 목(木)이라 하고, 정오에 태양이 꼭대기에 오르면 천기(天氣)가 가장 더우므로 오행의 화(火)라고 하며, 오후에 태양이 내려와 양기(陽氣)가 하강하는 과정을 오행의 금(金)이라 하며, 해 질 무렵에 태양이 들어가면 하늘이 칠흑(漆黑)같이 되어 양기(陽氣)가 수장(收藏)하는 시간을 수(水)라고 한다.

1년의 상황도 대략 이와 같다. 봄이 되면 태양이 남반구를 직사(直射)하다가 전환하여 북반구로 이동하는데, 북반구의 양기(陽氣)가 상승하는 과정을 오행의 목(木)이라 하고, 여름에 태양이 북반구를 직사(直射)하면 북반구는 태양의 광(光)을 가장 많이 받으니 화(火)라 하며, 가을에 태양이 남반구를 향하기 시작하면서 전이(轉移)하면 북반구의 양기(陽氣)가 하강을 시작하니 금(金)이라 하고, 겨울에 태양이 남반구를 직사(直射)하면 북반구가 태양의 광(光)을 가장 적게 받으므로 수(水)라 한다.

봄(春)은 양(陽)의 시작이고, 여름(夏)은 양(陽)이 지극한 것이며, 가을(秋)은 금(金)으로 음의 시작이고, 겨울(冬)은 수(水)로 음이 지극한 것이다.

양(陽)은 따뜻한 것으로 양(陽)이 지극해지면 덥고, 음이 시작하면 서늘해지며, 음이 지극해지면 차가워진다. 따뜻하면 물(物)이 태어나고, 더우면 물(物)이 자라며, 서늘해지면 물(物)을 거두고, 차가우면 물(物)이 감추어진다. 이것은 여러분이 느끼는 네 가지 다른 능량(能量)이다.

그러면 토(土)는 어디로부터 오는 것이며, 어떻게 토(土)를 체현하는가? 혹자는 토(土)가 어떻게 존재하는지를 묻곤 하는데, 다음의 해석을 참고하기 바란다.

토(土)는 지구 본신을 대표하는데, 우리 인류가 지구의 토(土)에 발을 디뎌야 비로소 나머지 4종(種)이 태양으로부터 다른 능량을 갖고 오는 것을 알 수 있다. 그런 까닭에 고인(古人)은 토(土)는 중앙에 처하여 나머지 4행(行)을 아우른다고 하였다. 만일 토(土)가 없으면 사람은 서 있을 수가 없고, 나머지 4행(行)도 발붙일 곳이 없다. 또 말하기를 "토(土)는 사계절의 중간에 감추어져 있으면서 아울러 4계절인 목(木), 화(火), 금(金), 수(水)의 여기(餘氣)를 이룬다."라고 했다.

중국 고인(古人)의 위대한 지혜가 여기에 있다. 그들은 사람들이 사기(四氣)를 느껴 정량(定量)이 화(化)하는 척도를 이용하여 기(氣)를 규정하려 하였다. 봄(春) 3개월은 목(木)에 속하고, 여름 3개월은 화(火)에 속하며, 가을 3개월은 금(金)에 속하고, 겨울 3개월은 수(水)에 속한다. 토(土)는 감추어져 사계(四季)의 중간에 있으며, 겸하여 4계의 목(木), 화(火), 금(金), 수(水)의 여기(餘氣)로 토(土)를 이룬다. 그러면 토(土)가 사계(四季)의 월(月)에 감춰져 있다는 것은 무슨 뜻인가?

매 계절에는 각기 맹중계(孟仲季)의 3개월이 있는데, 각 계절의 마지막 1개월을 계월(季月)이라 한다. 토(土)는 각 계절의 마지막 1개월에 있다.

다음으론 오행의 뜻과 오행의 상(象)에 대하여 살펴보고자 한다. 이 5종(種)의 능량이나 역량에는 어떠한 특징이 있는가?

먼저 상(象)이라는 글자를 제시하는데 상(象)이란 무엇인가? 당장은 이해하지 못할 수 있겠지만, 오행을 공부하고 나면 서서히 상(象)에 대한 뜻을 이해할 수 있을 것이다.

올라가는 기(氣)는 목(木)으로써 세상에 있는 것 중 올라가거나 위로 향하거나, 승등(升騰)하고 생장(生長)하는 것은 모두 목(木)이다. 뜻을 좀 더 확장해보면, 급여(給予), 석방(釋放), 팽창(膨脹), 인애(仁愛), 관애(關愛), 온정(溫情) 이런 것들은 모두 목의 상(象)이 된다.

열(熱)의 기(氣)는 주로 화(火)인데, 세상에 있는 것 중 양기(陽氣)가 왕성한 상태는 모두 화(火)로 돌아간다. 성장(成長), 성대(盛大), 밝은 빛, 개방, 아름답고 고움, 열정, 문채, 문예, 텔레비전 등은 모두 화(火)의 상(象)이 된다.

내려가는 기(氣)는 주로 금(金)인데, 세상에 있는 것 중 하강하는 것으로, 쇠퇴한 것, 청냉(淸冷)한 것, 간정(干淨)한 것, 청정(淸靜)한 것은 모두 금(金)이며, 뜻을 확장하면, 살벌(殺伐)[7], 수회(收回)[8], 담축(坍縮)[9], 율령(律令), 이성(理性) 등으로 모두 금(金)의 상(象)이 된다.

차가운 기(氣)는 주로 수(水)인데, 세상에 있는 것 중 음기가 왕성한 상태는 모두 수(水)로 돌아간다. 한랭(寒冷)하거나, 아래로 내려가는 것, 돌아가 숨는 것, 폐장(閉藏)한 것, 생기(生機)가 없는 것, 음험한 것, 깊이 감추어져 드러나지 않는 것 등이다. 또 확장해보면, 기교(機巧), 계산, 모략 등이 수(水)이다.

마지막으로 토(土)를 말하면, 중기(中氣)가 토(土)이며, 치우치거나 기대지 않는 것이 중(中)이다. 토(土)는 승재(承載)[10], 양육, 운화(運化), 중화(中和), 포용, 용납이며, 인신(引伸)하면 후중(厚重), 충성(忠

---

7) 정벌, 토벌하다.
8) 회수, 철회하다.
9) 천체의 체적이 축소되어 밀도가 높아지고 중력이 붕괴되다.
10) 지탱하다, 견디다, 이기다.

誠), 분졸(笨拙)[11], 중용(中庸), 자족(自足), 원만, 화해, 평대(平臺)[12], 중개(仲介), 과도(過渡)[13], 유대(紐帶)[14] 등이다.

중국 고인(古人)은 오행사상을 이용하여 자연계와 사람을 묘술하고 발전 시켰다. 오색(五色), 오미(五味), 오음(五音), 오기(五氣), 오화(五化), 오방(五方), 오장(五臟), 오관(五官), 오지(五志), 오덕(五德), 오정지(五情志) 등이다.

몇 가지 핵심적인 것을 말하자면, 오덕(五德)은 인의예지신(仁義禮智信)으로 목(木)은 인(仁)이고, 금(金)은 의(義)이며, 화(火)는 예(禮)이고, 수(水)는 지(智)이며, 토(土)는 신(信)이다. 오덕(五德)은 신(信)을 근본으로 삼는데, 사람이 신(信)이 없으면 설 수가 없다. 예를 들면, 한 사람이 나머지 네 가지가 모두 좋아도 신(信)이 결여되면 개인의 인격에는 엄청난 문제가 있다.

사회도 또한 마찬가지이다. 고대의 제왕이나 궁정의 복식(服飾) 모두 황색(黃色)을 사용하였는데 그것은 토(土)의 색(色)을 취한 것이다. 달리 생각하면 중립적으로 공정하게 집정(執政)한다는 뜻이 있다.

---

11) 서툴고, 굼뜨고, 아둔함을 나타냄
12) 평면작업대, 건조대, 플랫폼
13) 한 단계에서 점점 발전하여 다음 단계로 넘어감을 뜻함
14) 공감, 연결고리, 유대, 연결체

초학자가 알아야 할 한 가지가 있는데, 수(水)는 흑(黑)이라는 것이다. 고대에는 오덕(五德)으로 세상을 다스린다는 말이 있는데, 진나라 사람은 흑색을 숭상하였다. 그것은 수(水)의 색을 취한 것이며, 당시에 역법(曆法)을 바꾸면서 입동(立冬)인 수월(水月)을 1년의 시작으로 삼았는데, 그것은 결과적으로 천도(天道)를 어긴 것으로 몇 년이 안 되어 곧 멸망하였다.

오기(五氣)에 대하여 살펴보자. 목(木)은 바람이며, 화(火)는 열(熱)이고, 토(土)는 습(濕)이며, 금(金)은 조(燥)이고, 수(水)는 냉(冷)이다. 이것은 중의(中醫)에서 가장 중요한 내용이다. 오기(五氣)는 병(病)이 생기는 원인이며 또한 약을 쓰는 법칙인데, 한(寒)하면 열(熱)하게 하고, 열(熱)하면 한(寒)하게 하며, 풍(風)하면 윤(潤)하고 구(驅)하게 하며, 습(濕)하면 조(燥)하고 침(浸)하게 하고, 조(燥)하면 윤(潤)하게 한다.

오장(五臟)을 말하자면, 목(木)은 간(肝)이고, 화(火)는 심장이며, 토(土)는 비장이고, 금(金)은 폐이며, 수(水)는 신장이다. 그런 까닭에 간기(肝氣)는 오르는 것인데, 좌측을 따라 올라가며, 폐기는 내려가는 것인데 우측에서 내려간다. 간기(肝氣)가 제대로 올라가지 못하면 머리가 맑지 못하고, 폐기가 내려가지 못하면 해소가 생긴다. 이것은 서의(西醫)의 해부학과는 다른데 왜냐하면 간은 우측에 있고, 폐는 좌측에 있기 때문이다. 이것은 중의(中醫)와는 맞지 않으며 개념도 다르다. 중의가 말하는 것은 기의 운행이고, 서의가 말하는 것은 장부 기관의 위치이기 때문이다.

오방(五方)은 동, 서, 남, 북, 중(中)에 오행(五行)을 배치하는 것이다. 태양이 동쪽으로 떠오르는 것을 목(木)에 배치하고, 서쪽으로 떨어지는 것을 금(金)에 배속하고, 남쪽은 양(陽)이라 화(火)에 배치하고, 북쪽은 음(陰)이라 수(水)에 배치하며, 토(土)는 중앙을 점유한다. 옛날에 제왕은 토(土)의 황색을 대표색으로 사용하고, 또한 전국에서 중앙을 점유했다.

오미(五味)에서 목(木)은 시고, 화(火)는 쓰며, 토(土)는 달고, 금(金)은 맵고, 수(水)는 짜다. 중의(中醫)에서는 이를 약을 배합할 때 사용하며 매우 중요하다. 어느 날 당신의 미각이 정상적이지 않다면, 예를 들어 입안이 쓰다면, 이는 위장에 화(火)가 있음을 말한다.

목화(木火)는 양이고, 금수(金水)는 음이다. 목화는 춘하(春夏)의 상반년이고, 금수는 추동(秋冬)의 하반년이다. 토(土)는 각 계절에 따라 다른 음양으로 나뉜다. 양은 올라가고 음은 내려오며, 음이 생하면 양은 내려와서 음양이 교체(交替)하며, 찬 것이 가면 더운 것이 오고, 생장수장(生長收藏)하며 만물이 생화(生化)한다. 오행(五行)이 유포(流布)하고, 오기(五氣)가 유통하며, 천지의 기운이 합하여 어리고, 만물이 변화하여 순정해진다. 성인(聖人)이 상(象)을 베풀어 천도가 밝게 나타나고, 감(感)하여 마침내 통하게 하니 신명(神明)을 획득한다.

제5절

오행의 생극
(五行) (生剋)

오행의 상의(象義)에 대한 제2부분으로 오행의 생극(生剋)에 대하여 살펴보고자 한다. 앞 절에서 오행은 음양이 생화(生化)하여 나온 것이라 말하였다. 오행의 본래 뜻은 오종(五種)의 물질이 아니고, 운행(運行)하고 행사(行使)하는 뜻이 있다 하였다. 그렇다면 오행은 어떻게 운행하는 것인가? 오행의 운행방식은 곧 생극(生剋)이다.

먼저 생(生)에 대하여 살펴보자. 오행의 생(生)은 오계(五季)의 근원이 되는가? 무엇이 오계(五季)인가? 춘(春), 하(夏), 장하(長夏), 추(秋), 동(冬)을 말한다. 상대적으로 목(木), 화(火), 토(土), 금(金), 수(水)와 대응한다. 오계(五季)는 우리의 사계(四季)보다 어째서 한 계(季)가 더 있는가? 토(土)가 본래 매 계절의 끝에 기생(奇生)하고 있기 때문이다. 다만 토(土)는 계절을 대표하지 않는데, 고인(古人)은 여름의 마지막 일개월을 계하월(季夏月)이라 정의(定義)하고 토월(土月)이라 하였다. 따라서 계하월(季夏月)이 토(土)를 대표하여 오계(五季)가 된 것이다.

그렇다면 오행의 순서와 운행은 곧 상생(相生)하는 운행인 것이다. 곧 봄의 목(木)은 여름의 화(火)를 생하고, 다시 하계(夏季)의 토(土)를 생하며, 다시 추금(秋金)을 생하고, 다시 겨울의 수(水)를 생하며, 다시 돌아서 봄의 목(木)을 생한다. 이것이 곧 오행의 상생이다. 만일 오행을 오종(五種)의 물질로 이해한다면 금(金)이 어떻게 수(水)를 생하는지와 화(火)가 어떻게 토(土)를 생하는지를 해석할 방법이 없을 것이다. 또한 자연계에도 이러한 종류의 생법(生法)은 없을 것이다.

오행이 상극(相克)하는 것은 어떤 원리인가? 오행이 상극(相克)하는 것은 우선 대응하는 음양의 극(克)관계를 말한다. 봄에는 올라가고, 가을에는 내려온다. 봄에는 생(生)하고 가을에는 사(死)한다. 이것은 곧 금목(金木)이 서로 극하는 것으로, 금(金)이 와서 목(木)을 극하는 것이다. 여름에는 뜨겁고, 겨울에는 차갑다. 찬 것이 뜨거운 것을 극하니 음(陰)이 양(陽)을 극하는 것인데, 이것이 곧 수(水)가 화(火)를 극하는 뜻이다. 그러나 네 가지 극(克)은 원만하지 못하며 평형(平衡)하지 못한데, 토(土)가 더해짐으로써 상생(相生)이 이뤄지고, 격위(隔位)로는 극(克)이 형성된다. 금(金)이 목(木)을 극하고, 목(木)이 토(土)를 극하며, 토(土)가 수(水)를 극하고, 수(水)가 화(火)를 극하며, 화(火)는 금(金)을 극한다.

오행(五行)의 생극(生剋)은 현실적으로 무엇을 뜻하는가? 그것은 전체 세계가 운행하는 법칙이다. 전체 천도(天道) 운행의 논리적인 규칙이며, 또한 우리가 세계를 인식하는 중요한 방법이다. 예를 들면 산술

(算術)에서 사용하는 가(加), 감(減), 승(乘), 제(除)와 같은 것인데, 이러한 사칙연산이 없다면 곧 산술(算術)도 없는 것과 같다. 오행의 생극(生剋)도 술수(術數)의 운산(運算) 법칙인 것이다.

세상에 있는 복잡한 사물들은 모두 각종 생극(生剋) 관계를 통해 균형의 틀 속에서 생긴 것이다. 오행의 생극(生剋) 또한 세상 만물의 상관성이라는 중요한 법칙 위에 세워진 것이다.

실제적으로 생극(生剋)은 음양이 대응하는 것으로, 생(生)은 陽이고 극(剋)은 陰이다. 예를 들면 우리 인체(人體)에도 각종 생극(生剋)과 상호(相互) 작용과 상호(相互) 제약이 있다. 현대 의학이 발견한 것으로 골세포(骨細胞)를 이루는 것이 있는가 하면, 동시에 골세포(骨細胞)를 파괴하는 세포도 있다. 두 가지는 각기 작용하지만 골질(骨質)의 정상적인 성장을 촉진한다. 그래서 골세포(骨細胞)를 파괴하는 세포가 생기지 않는 사람은 괴이한 병을 얻게 되는 것이다. 계속 뼈를 생하기만 하면 나중에는 전신이 모두 굳어진 뼈로 이루어지게 될 것이다.

계통론에서는 촉진과 억제로 반궤계통(反饋系統)[15]을 형성하여야 비로소 복잡한 계통의 운행이 완성된다고 알고 있다. 그렇다면 생(生)은 곧 생장(生長), 촉진(促進), 추진(推進), 방대(放大), 자양(滋養), 조력(助力)이며, 극(克)은 곧 억제, 소멸, 파괴, 타압(打壓), 소모이다. 생명체는 곳곳에서 생(生)과 극(克)의 두 가지 상반되는 역량을 나타내어, 골

---

15) 피이득 시스템. (정보나 반응이) 되돌아오다. 피드백(feedback)

세포(骨細胞)나 골세포를 파괴하는 세포를 만들어 그중의 하나만을 작용시킬 뿐이다.

우리가 말하는 오행은 음양이 화생(化生)하여 온 것인데, 그렇다면 음양과 상대하는 생(生)과 극(克) 또한 화생(化生)하여 오행이 되는 것이다. 어떻게 화생(化生)하는가 생각해보라. 우리는 하나의 주체인 아(我)를 세우는데, 이는 오종(五種) 관계로 형성된다. 즉, 나를 생하는 것, 나를 극하는 것, 내가 생하는 것, 내가 극하는 것, 이것이 모두 나와 동류인 것이다.

오행의 생극(生剋) 또한 세상 만물의 상관성으로 인해 형성되는 중요한 법칙인데, 곧 하나의 아(我)를 세워야 형성되는 것이다. 나를 생하는 것은 부모이고, 내가 생하는 것은 자손이며, 나를 극하는 것은 관귀(官鬼)이고, 내가 극하는 것은 처재(妻財)이며, 나와 동류인 것은 형제이다. 이것이 곧 육친(六親)이다. 점복(占卜)할 때에 이용하는 것이 육친의 개념이다. 팔자(八子)는 이것과 비교하면 좀 복잡하다. 나를 생하는 것은 정인(正印)과 편인(偏印)이고, 내가 생하는 것은 상관(傷官)과 식신(食神)이며, 나를 극하는 것은 정관(正官)과 편관(偏官)이고, 내가 극하는 것은 정재(正財)와 편재(偏財)이며, 나와 동류인 것은 비견(比肩)과 겁재(劫財)이다. 팔자의 십신(十神)에 대한 부분은 두 개의 절(節)로 나누어 전적으로 살펴보려고 한다.

생(生)이 있으면 곧 멸(滅)이 있는데, 이것은 자연계의 규율이다. 하나의 사물에 단지 생(生)만 있고 멸(滅)함이 없으면 다른 면에 임한 것은 영생(永生)이 아니고 철저한 훼멸(毁滅)이다. 예를 들어 보자면, 호주에는 원래 토끼가 없었다. 그런데 사람들이 토끼를 가져다 길렀는데 천적(天敵)이 없어 결과적으로 너무 많아져 재앙이 되었다. 토끼가 많아질수록 풀이 없어지고 풀이 다 없어지니 결과적으로 토끼의 개체가 멸절을 당했다. 호주 정부도 토끼와 그 밖의 동물들을 잡아먹도록 하는 정책을 폈다. 이는 극을 설명한 좋은 예인데, 때로는 많은 극(克)이 생(生)보다 좋을 수 있다.

금(金)이 목(木)을 극하는데, 목(木)에 금(金)의 극(克)이 없으면 동량(棟梁)이 되지 못한다. 목(木)이 토(土)를 극하는데, 토(土)에 목(木)의 극이 없으면 모래가 날리고 돌이 뒹굴게 된다. 토(土)가 수(水)를 극하는데, 수(水)에 토(土)의 극이 없으면 범람하여 재앙이 된다. 수(水)가 화(火)를 극하는데, 화(火)에 수(水)의 극이 없으면 기제(旣濟)가 되지 않는다. 화(火)가 금(金)을 극하는데, 금(金)에 화(火)의 극이 없으면 그릇이 만들어지지 않는다. 만일 단지 생(生)만 있고 극(克)함이 없다면 무엇이 이루어지겠는가? 목(木)이 화(火)를 생하는데, 화(火)가 다시 왕(旺)하다면 반드시 재가 날리고 연기가 되어 사라질 뿐이다. 화(火)가 토(土)를 생하는데, 지나치게 토(土)를 생하게 되면 반드시 초열(焦熱)해지고 만다. 토(土)가 金을 생하는데, 지나치게 생하면 토(土)에 매몰당하게 된다. 금(金)이 수(水)를 생하는데, 지나치게 생하면 생기(生機)가 더 없어진다. 수(水)가 목(木)을 생하는데, 지나치게 생하면 잡초가 더욱 무성해진다.

따라서 우리는 그 가운데서 도리를 깨닫게 된다. 우리가 어떤 사물을 좋아한다면 한 부분만 좋아해서는 안 된다. 한 부분만을 좋아하면 모두 다른 반면(反面)으로 달리게 되는데, 그것은 필연적인 결과이다. 예를 들자면, 개를 좋아하는 어떤 사람이 있는데 비용이 많이 드는 관계로 주인 없는 유기견을 기르고 있다고 하자. 그런데 고양이나 개라는 동물은 생육(生育)하는 능력이 아주 강하여, 열 마리나 백 마리를 길러도 그것은 천 마리나 만 마리로 번성하므로 먹이를 장만하느라 가재(家財)를 모두 소모하게 되고 나중에는 어떻게 할 도리가 없게 될 것이다. 결과적으로 다시 버릴 수도 없게 되는 것이다.

두 사람이 서로 사랑하면 상대방에게 일체를 주게 되는 것과 같다. 만약 일방적으로 한쪽만이 사랑하게 되면, 시간이 오래 가면 반드시 사랑으로 인해 원망(恨)이 생기게 된다. 시간이 지나면서 사랑이 깊어지면 반드시 원망도 절박해지니 보통 친구만도 못하게 된다.

계통론적으로 보자면, 어떠한 복잡한 계통이라도 반드시 억제와 촉진이라는 두 개의 공능(功能)을 형성하고 피드백(feedback)해야 비로소 계통을 편안하게 보존하고 유지하여 붕괴에 이르지 않는다. 이것이 곧 중국 고인(古人)이 생각하는 오행(五行)의 도에 일치하는 것으로 곧 생(生)과 극(克)을 하며 오행이 운행하는 법칙이다. 오행의 생극(生剋) 관계는 바로 세상 만물에 있어 관련성의 중요한 법칙이며, 음양이 연화(演化)하는 순리이며, 음양이 운행하는 내재적 동력(動力)이니, 이것이 바로 천도가 운행하는 통일적인 체계이다.

제6절

형과 기
(形)　(氣)

지금부터 살펴볼 주제는 형(形)과 기(氣)이다. 무엇이 형(形)이며 무엇이 기(氣)인가? 간단하게 말하자면, 형(形)은 실(實)한 것이고, 기(氣)는 허(虛)한 것이다. 우리가 앞에서 살펴보았던 음양오행(陰陽五行)이 곧 기(氣)인데, 만일 그것을 오질(五質)이라고 이해한다면 금(金), 목(木), 수(水), 화(火), 토(土) 다섯 종류의 물질이 곧 형(形)이다.

오행을 형(形)과 기(氣)로 나누어보면, 우리가 동서(東西)[16]를 잡는다고는 말하지만, 남북(南北)을 잡는다고는 말하지 않는다.
동서(東西)는 목(木)과 금(金)이므로 형체가 있어 잡을 수 있지만, 남북은 화(火)와 수(水)로 형체가 없어 잡을 수 없으므로 그것을 기(氣)라 한다.

오행(五行)을 간단하게 분류한다면, 금목(金木)은 형(形)이 되고, 수

---

16) 동서를 잡는다는 것은 卯와 酉를 잡는다는 것이다. 卯와 酉는 형체가 있는 형(形)을 나타내는 관계로 우리는 木과 金의 조합에서 은행의 상을 유추해 내었다.

화(水火)는 기(氣)가 되며, 토(土) 또한 형(形)의 범주에 속한다.

형(形)과 기(氣)를 나누는 것은 어떤 뜻이 있는가? 그 의의가 아주 큰데, 우리 인류의 진화사(進化史)는 곧 형(形)이 기(氣)로 화(化)하는 역사인 것이다.

원시의 선조(先祖)들은 아주 간단한 공구(工具)를 사용하였는데, 예를 들면 목봉(木棒)이나 석두(石頭), 토괴(土塊)[17] 등의 무기로 사냥하거나, 짚을 쌓아 거주하는 것이 모두 가장 일찍 형(形)을 사용한 예이다. 문명이 진화함에 따라 마침내 기(氣)의 방향으로 발전하여 풍부해진 것이다.

기(氣)의 발전에는 두 개의 방향이 있는데, 하나는 화(火)로 향하는 것이고, 하나는 수(水)로 향하는 것이다.

화(火)로 향한 것의 첫 번째는 언어를 발명한 것이고, 수(水)로 향한 것의 첫 번째는 숫자를 발명한 것이다. 화(火)로 향하면 할수록 더욱 풍부해지니, 언어를 통해 발전한 도형, 문자, 예술, 연기, 장식 및 일체 아름다운 사물에 대한 추구를 이른다. 수(水)로 향하면 할수록 풍부해지고 발전하여 산술, 수학, 철학, 과학 그리고 일체의 참 진리에 대한 이성과 사상에 대한 추구를 이른다. 그런 까닭에 형(形)적인 것은 모든 인류가 누려 쓰는 자연의 물(物)을 가리키고, 기(氣)는 인류의 모든 정신 활동의 생산물을 가리킨다.

---

17) 토괴. 흙덩이

따라서 문명의 진보는 수화(水火)의 기(氣)가 발전하는 방향으로 가면 갈수록 많은 정신적 산물을 안겨주는데, 우리가 현재 누리는 물건들은 대부분 인류가 후천적으로 발명한 것이다. 예를 들어보면, 전화기는 그 자체가 유형(有形)한 물건인데 만일 현상(顯像)이 없다면 사용할 수가 없다. 그런 까닭에 전화기의 형(形)은 유용하며, 기(氣)의 측면에서 보면 기(氣)는 곧 그것의 내용이며 내면의 것이다. 이러한 사상은 이후에 공부할 간지(干支) 과목 중 특별히 중요하다. 왜냐하면, 만물은 모두 간지(干支)를 이용하여 그 상(象)을 나눌 수 있고, 형(形)에 그 기(氣)를 더하여 주는 것인데, 예를 들면 병진(丙辰)은 곧 전화기의 상(象)이다.

형(形)과 기(氣)로 인명(人命)의 고저(高低)를 이해할 수 있다.

일반적으로 형(形)이 왕(旺)한 사람은 주로 체격이 건성(健盛)하고, 기(氣)가 왕(旺)한 사람은 주로 지혜가 일반 사람들을 뛰어넘는다. 형(形)을 쓰는 사람은 대부분 물질을 향수(享受)하는 것을 기뻐하고, 기(氣)를 쓰는 사람은 정신생활을 추구한다. 화(火)의 기는 감성적인 사유(思惟)로 치우치고, 수(水)의 기는 이성적인 사유로 치우친다.

형(形)이 기(氣)로 화(化)하는 것이 필요하면 곧 실물(實物)을 보고 정신적인 산품(産品)으로 전화(轉化)시켜 그 등급을 높이 끌어올리면 된다. 예를 들어 돌덩어리 하나를 조각하여 아름다운 공예품을 만드는 것이 곧 형(形)을 기(氣)로 화(化)하게 하는 것이니 가치를 곧바로 귀하게 나타내는 것이다. 사람의 명격(命格)도 또한 이와 같은데 형

(形)이 기(氣)로 화하는 조합이라야 비로소 그 귀중함이 나타난다.

명국(命局)의 고저(高低)는 간지(干支)의 변화에 있는데, 이른바 화(化)란 곧 형기(形氣)의 전화(轉化)를 말한다. 이 점은 이후에 다시 공부할 것이니, 먼저 이 개념을 알아두기 바란다.

구체적으로 형(形)이 기(氣)로 화(化)하는 것이 무엇인가?

예를 들면 금(金)이 수(水)를 생하는 것으로, 경자(庚子)나 신해(辛亥)의 조합이 바로 금(金)의 형(形)이 수(水)의 기(氣)로 화하는 것이다. 목(木)이 화(火)를 생하는 것도 또한 목(木)의 형(形)이 화(火)의 기로 화(化)하는 것이다. 수(水)가 목(木)을 생하고, 화(火)가 토(土)를 생하는 것은 기(氣)가 형(形)으로 화(化)하는 것이다. 토(土)가 금(金)을 생하는 것은 형(形)이 형(形)으로 화하는 것으로 기(氣)가 없는데, 기(氣)로 용(用)을 삼아야 비로소 의의가 있으며, 기(氣)가 형(形)으로 화하면 형(形)을 내가 써야만 비로소 의의가 있다.

형(形)과 기(氣)를 가지고 우리 생활을 생각해보면 깨달음을 줄 것이다. 우리가 자본을 투자하여 상품을 생산하려고 하면, 기(氣)가 형(形)으로 화(化)하는 것으로 생각해야 할까? 아니면, 생산품을 판 연후에 전화(轉化)하여 자금이 흘러 돌아오는 것이므로, 형(形)이 기(氣)로 화하는 것으로 생각해야 할까? 형(形)과 기(氣)의 전화(轉化)가 아닌 것이 없는데, 이것이 중국 현학(玄學) 문화가 연구하는 사물방법(事物方法)과 사유의 방식인 것이다.

우리는 볼 수 있는 것은 형(形)을 이룬다 말하고, 보이지는 않으나 역량과 능량이 있는 것은 기(氣)를 이룬다 말한다.

여러분은 바둑을 알고 있을 것이다. 바둑에는 기(氣)가 있는데, 기(氣)의 역량은 형(形)을 가지고 결정한다. 두 점을 연달아 놓는 것이 한 점을 놓는 것보다 역량이 크다. 바둑을 기(氣)로 보지 않고 쓰임새로 보는 까닭에 바둑에는 살기(殺氣), 단기(斷氣), 긴기(緊氣), 장기(長氣)가 있다. 바둑의 묘미는 전부 기(氣)에 있는데, 무형(無形)의 기가 오히려 유형(有形)한 형(型)을 결정한다. 사람이 능히 형(形)을 보지만 느낌으로 받아들이는 것은 오히려 기(氣)인 것이다.

이러한 종류의 형(形)과 기(氣)의 관계는 바둑 이외에 증권에도 적용된다. 주식이 상승(上升)하고 하강(下降)하는 추동력을 기(氣)에 있다고 파악한다. 기(氣)는 우리가 보지 못하지만, 형(形)으로 이른 것을 볼 수 있다. 그것이 곧 형태(形態)이다. 이 형태가 상승과 하강을 결정하는데, 이것이 또한 주식시장을 이해하는 방법의 하나이다.

다시 한 가지는 주식을 고르는 방법인데, 상장회사의 업종을 기(氣)에 치우친 것과 형(形)에 치우친 것 두 가지로 나눌 수 있다. 형(形)에 치우친 업종의 예를 들면 철강, 목재 등의 회사이고, 기(氣)에 치우친 업종의 예를 들면 영화, 미디어, 정보, 교육, 소프트웨어, 문화, 인터넷 등이다.

결국에는 사람들이 기(氣)로 치우친 주식에 투기하는 것을 볼 수 있는데, 왜냐하면 허(虛)한 상품일수록 상상(想象)할 수 있는 공간이 더욱 크기 때문이다. 주식투기로 주가가 올라가는 상품이 또한 이러한 것이다. 이는 사람이 기(氣)에 대해 누구나 다 편파적으로 좋아한다는 것이다.

마지막으로 중의(中醫)에서의 형(形)과 기(氣)에 대하여 살펴보면 양(陽)은 기(氣)로 화(化)하고, 음(陰)은 형(形)을 이룬다고 한다.

무슨 뜻인가? 형(形)이 있는 육체를 형(形)이라 하고, 육기(肉氣)로 이루어진 까닭에 생명이 있는 사람이 된다. 오히려 기(氣)에 의뢰하는 것이다. 양기(陽氣)의 추동(推動)은 생명이 운행하는 근본이다. 이러한 사상을 바탕으로 중의(中醫)에서 치료하는 원칙이 형성된 것이다. 반대로 서양의학을 보면, 형(形)만을 말하지 기(氣)는 말하지 않고, 실험실에서 시체를 해부하는 수준이 아주 높아, 기관(器官)의 형(形)을 요해(了解)하는 것이 아주 세밀하다. 그러나 기(氣)를 말하지 않기 때문에 생명의 근본을 말하지 못하므로, 전체 서양의학 이론의 기초는 실제로 완전하게 갖추지 못하고 있다.

중의(中醫)에서 말하기를, 오장육부에는 모두 기(氣)가 있고, 氣는 위로 올라가고 아래로 내려가 각기 그 직책을 맡고 있다고 한다. 기(氣)는 신체의 양기(陽氣)가 추동하는 운행으로 말미암는데, 만일 양기(陽氣)가 부족하면 추동(推動)하는 힘이 없어 병(病)이 생기게 된다. 먼저 기(氣)의 병(病)은 치료하지 않으면 천천히 발전하여 병(病)의 형태로 발전하는데, 신체에 하나의 기괴한 것이 자라 나오게 된다. 왜 냐하면 양(陽)은 동(動)을 위주로 하고, 음(陰)은 정(靜)을 위주로 하기 때문이다. 병(病)이란 글자를 보면, 병(病)이 난다는 것이 곧 병양(丙 陽)에 문제가 발생한 것이다. 양기(陽氣)가 있으면 생명이 있고, 양기 가 없으면 사람은 곧 시체가 된다.

사람이 태어날 때 맨 처음 대자연과 호흡하는 기운을 품기(稟氣)라 하는데, 그것은 일생의 명운(命運)을 구성하는 중요한 기초이다. 우 리는 부모에게서 육체의 형(形)을 부여받는데, 이것이 천지(天地)가 우리에게 생명의 기(氣)를 부여한 것이다. 왕충(王充)[18]은 "인생의 성 명(性命)이 부귀(富貴)한 사람은 처음에 선천적으로 자연의 기를 부 여받아 양육(養育)하고 장대(長大)해져 부귀(富貴)의 명(命)이 되는 것 이다."라 하였다. 고로 팔자(八字) 명리를 연구하면 가히 인생의 명운 (命運)을 이해하게 된다.

형(形)과 기(氣)에서, 서양과학과 동양문화가 크게 다른 점을 깨달 아야 한다. 서양에서 연구하는 것은 형(形)과 질(質)이고, 동양에서 연구하는 것은 기(氣)와 태(態)이다. 음양(陰陽)이나 오행(五行), 간지 (干支), 팔괘(八卦)는 모두 기(氣)를 말한 것으로, 그것들의 형(形)과 질(質)이 무엇인지는 볼 수가 없다. 여기서 파생된 중의(中醫)와 술수

---

18) 왕충(王充, 27년~99년?)은 중국 후한의 탁월한 사상가이다. 자는 중임(仲任). 회계군(會稽郡) 상우(上虞 : 현 재의 저장 성에 속함) 출신이다. 왕충은 어려서 고아가 되었는데 훗날 경사(京師)에 가서 태학(太學)에서 공부 하며 반표(班彪)에게 사사하였다. 빈한하여 집안에 책이 없어서 항상 낙양의 서점가를 돌아다니며 책을 읽었 다. 저서로는 『논형(論衡)』, 『양성서(養性書)』가 있다.

학(術數學)은 완전히 기(氣)를 연구하는 학문이다. 하늘에서는 상(象)을 드러내고 땅에 떨어지면 형(形)을 이룬다. 기(氣)는 실제로 통령(統領)[19]하며, 세상의 모든 유형(有形)한 물(物)에 작용하며, 인명(人命)도 또한 그 안에 있다. 이것이 중국 문화의 특별한 세계관과 방법론인 것이다.

---

19) 일체(一切)를 통할(統轄)하여 거느림

제7절

체와 용
(體)　　(用)

체용(體用)은 중국 고전 철학의 특별한 개념이다. 무엇이 체 (體)이고 무엇이 용(用)인가? 간단하게 말하면, 체(體)는 본체 (本體)이고, 용(用)은 공용(功用)이다. 일반적으로 말하자면, 체(體)는 가장 근본적인 것과 내재적인 것이고 용(用)은 바로 체(體)의 외재적 (外在的)인 표현이다.

왜 중국 고전에 특별함이 있는가? 중국철학과 서양과학을 비교하 면, 서양과학은 사물의 구조를 탐구하고 중국철학은 사물의 공능(功 能)에 관심을 갖기 때문이다. 예를 들어보면, 중약(中藥)과 중의(中醫) 는 단지 맛에서 약의 효능을 묻고, 성질과 맛이 어느 경락으로 돌아가 는지를 묻지만, 중약(中藥)의 성분은 분석하지는 않는다. 서양과학은 중약(中藥)의 성분을 분석하는 데 있어 어떤 성분이 무슨 작용을 일으 키는가를 연구한다. 그런 까닭에 아주 많은 정제된 약을 만들 수 있는 데, 예를 들면 청호소(靑蒿素)[20]와 황련소(黃連素)[21] 같은 물질이다.

체용(體用) 사상의 기원은 바로 중국인이 어떠한 사물을 보면 그것의 공용(功用)이 무엇인지를 묻는 데 있다. 체(體)의 내함(內函)은 바로 용(用)의 표현을 거쳐서 얻어진다.

다시 하나의 예를 들어보자. 채소를 자르는 칼은 일반적으로 채소를 써는 데 쓰인다. 그러나 어느 날 한 사람이 그 칼로 사람을 죽이게 되면, 칼의 용도가 살인(殺人)하는 도구로 변하게 되어 법정(法庭)에 서게 된다. 이것이 바로 하나의 체(體)는 많은 용도로 쓸 수가 있다는 것이다.

또 하나의 예를 들면, 만약 당신이 어느 회사의 채용(採用) 시험에 응할 때 면접관이 "당신은 무슨 일을 하는가?"라고 물을 수 있다. 이때 문자(文字)를 편집하는 일을 한다거나, PPT 자료를 만드는 일을 한다고 대답하면, 이는 당신이 회사에 자신의 용(用)을 제공하는 것이 된다. 많은 것을 알수록 많이 응용할 수 있는데 여러분은 이 점을 잘 알지 못한다. 이 예에서 말하는 것은, 체(體)에는 다양한 쓰임새가 많아 아마도 용(用)이 체(體)의 전체적인 내용을 전부 다 아우를 수 없다는 것이다.

---

20) 아터미시닌 Artemisinin(청호소)은 한의학의 전통이 뿌리깊은 중국에서는 자연적인 치료법은 당연한 것으로 받아 들여지고 있다. 따라서 중국인들은 청호소를 개발한 것을 중국과학사의 쾌거로 생각하고 있다. 청호소는 제비쑥 추출물로 최근에 뜨고 있는 항암제인 아터미시닌을 말한다. [네이버지식백과]

21) 베르베린 Berberine(小檗鹼)은 황련소(黃連素)라고도 칭하는 일 종(一種)의 알칼로이드로서 중국 전통 한의학과 인도의 아유르 베다 의학(Ayurvedic medicine)에서 긴요하게 사용해 온 식물성 알칼로이드(alkaloid) 인데 인슐린저항성(insulin resistance)의 치료와 당뇨병(diabetes)의 치료를 비롯하여 여러 가지 질병을 치료하는데 인기를 끌고 있다. [네이버지식백과]

결론적으로 체용(體用)에 대한 세 가지 관계를 나타내면;

1.체(體)에는 정해진 용(用)이 없고, 체(體)는 온전하나 용(用)에는 빠진 것이 있다.

위에서 예를 든 것을 제외하고, 체(體)는 온전한데 용(用)에는 빠진 것이 있다는 것을 예를 들어 증명하고자 한다. 하늘의 사계(四季)는 체(體)가 되는데, 사람이 용(用)하는 것은 세 가지뿐이다. 왜냐하면, 겨울에 얼음이 얼어 땅이 갈라지면 농사(農事)를 지을 수 없어 집에서 쉬어야 하기 때문이다. 땅은 사방(四方)을 체(體)로 삼는데, 사람이 용(用)하는 것 또한 세 가지뿐이다. 왜냐하면, 사람이 서 있으면 단지 세 개의 방향만을 보고, 후면은 영원히 보지 못하기 때문이다. 현재 우리는 일주일을 7일로 체(體)를 삼는데 단지 일하는 것은 5일로 용(用)으로 삼는다. 하루는 24시간인데 8시간을 수면에 사용한다. 이것이 가장 쉽게 이해되는 체용(體用)의 예이다.

2. 체(體)는 고요한데 용(用)은 동(動)한다는 설이다.

바로 체(體)는 일반적으로 정태(情態)인데 용(用)은 동태(動態)이다. 회사에 취직한 직원이 타자(打字)를 치지 않으면 사장은 그 직원이 타자(打字)를 칠 수 있는지 알지 못한다. 이 경우는 용(用)이 체현되지 못한 것이다. 이 의미는 그가 일할 수 있어도 동(動)해야 비로소 그의 작용이 체현된다는 것이다. 비유하자면, 주먹으로 사람을 치려면 반드시 자기의 신체가 안온(安穩)해야 하는데, 신체는 체(體)이고 주먹은 용(用)이다. 새는 날개로 체(體)를 삼고 나는 것이 용(用)이 되는데,

동정(動靜)이 관계된 뜻으로 날개는 본래 고요하나 동(動)하면 날게 되니 이는 용(用)의 뜻이다. 눈은 체(體)가 되고 보는 것은 용(用)이 되는데, 눈동자로 보는 것이며, 눈을 감고 휴식하면 보지 못하니 동정(動靜)이 다르다.

3. 체(體)가 음(陰)이면 용(用)은 양(陽)이라는 설이다.

만물은 양(陽)으로 용(用)을 삼는다. 양(陽)은 사물을 추동하여 발전하게 하는 동력(動力)이다. 그러나 양(陽)을 쓰면 대부분 체(體)는 음(陰)이 되는데, 이는 또한 체(體)의 음(陰)이 없으면 양(陽)에 이르기가 아주 어렵다는 뜻이기도 하다. 이러한 사상은 우리의 통찰력을 활발하게 한다.

중국 고대의 두 성인(聖人)이 공자와 노자라고 알고 있는데, 그들은 모두 공통적으로 우리 전통문화를 창건하였다. 여러분들은 미처 생각하지 못했겠지만, 그들 두 사람의 주장은 놀랍게도 상반된다. 공자는 천지의 도를 감오(感悟)하여 양(陽)은 존귀하고 음(陰)은 비천하다 하였고, 존장(尊長), 존부(尊父), 존군(尊君)하는 강상(綱常)과 윤리를 제시하였으며, 부자(父子), 부부(夫婦), 군신(君臣)의 예를 양(陽)의 사상으로 끄집어내었다. 노자는 오히려 완전히 상반되게, 음(陰)을 존중하여 양(陽)을 폄하하였고, 수(水)는 음(陰)의 물(物)로서 상선(上善)은 물과 같다 하였으며, 또 백(白)을 알고 흑(黑)을 지키는 것이 천하의 방식이라 하였고, 영예로움을 알고 부끄러움을 지키는 것이 천하의 방식이라 하였다.

도리(道理)가 어디 있는지 생각해보라. 마음을 활짝 열어보아라. 체용(體用)의 사상을 이용하여 해석하면 한 가지도 모순된 점이 없다. 음(陰)으로 체(體)를 삼고 양(陽)으로 용(用)을 삼는데, 노자는 음(陰)으로 체(體)를 삼고 공자는 양(陽)으로 용(用)을 삼은 것뿐이다.

이 점은 우리가 십간(十干)의 이론을 공부하면서 증명하게 될 것이다. 간명(看命)해 보면 많은 것을 발견할 수 있는데, 계수(癸水) 일주의 명격(命格)에 귀한 사람이 많고, 갑목(甲木) 일주의 명격에 귀격(貴格)이 적다. 십간(十干)에서 갑(甲)은 귀하고, 계(癸)는 천하다. 어째서 이러한 정황이 생기는 것인가? 체용(體用)의 설(說)을 활용하면 완전한 해석을 얻을 수 있다. 계(癸)는 음(陰)으로 용(用)할 수 있는 글자가 많아서 갑(甲)도 쓰고 무(戊)도 쓴다. 갑(甲)은 양(陽)으로 용(用)할 수 있는 글자가 적은데, 갑(甲)이 많은 글자를 기뻐하지 않는 까닭에 귀격(貴格)을 이루기가 어렵다. 그런 까닭에 중국인이 말하기를 "겸허하면 이익을 얻지만, 가득 차면 손해를 초래한다." 하였다. 겸손하게 칭하여 나 자신을 기(己)라고 한다. 기(己)는 두 가지 뜻을 포함하고 있는데, 중(中)에 처하여 불편불의(不偏不倚)하고, 또 낮은 곳인 음(陰)에 처하여 갑(甲)의 양(陽)을 추구한다. 갑(甲)과 기(己)는 합한다.

노자께서는 "백(白)을 알고(知) 흑(黑)을 지킨다"라 하였다. 관건은 바로 지(知)라는 글자에 있는데, 만일 백(白)을 알고 흑(黑)을 지켜야 하는 것을 알지 못한다면 그것은 궁초사(窮屑絲)[22]일 뿐이니, 영원히 사람들을 앞서지 못할 것이다.

체(體)가 음(陰)이면 양(陽)을 추구하지, 체(體)가 음인데 음(陰)을 용(用)하지 않는다. 이것이 바로 우리들이 인생을 대처하는 태도여야 할 것이다.

체용(體用) 사상을 명리(命理) 중에 활용한다면 사상적인 측면뿐만 아니라 명리(命理)를 연구하는데 중요한 방법이 될 것이다.

명리(命理)의 간지(干支)는 무엇인가? 그것은 아무것도 아니라 할 수도 있고 전부라 할 수도 있다. 왜냐하면, 그것은 체(體)이기 때문인데, 만일 용(用)이 없다면 체(體)의 의미는 없는 것이다. 그것은 체(體)에 정해진 용(用)이 없다는 말이다. 그러면 어떻게 그 용(用)을 알 수 있는가? 동(動)하면 곧 용(用)이 되는 것이다.

간지(干支)가 명중(命中)에서 동(動)하여 다른 지(支)와의 관계가 발생하거나 변화가 있으면, 그 변화를 거쳐 용(用)이 있음을 알게 되고, 그로부터 확정된 상(象)을 취할 수 있다. 상(象)은 바로 이렇게 취하는 것이다.

일반적인 예를 들어, 내가 마(馬)라는 글자 하나를 말하면 여러분은 특정한 동물을 생각할 것이다. 그러나 마(馬)라는 글자에는 다른 내함(內函)이 있다. 내가 마(馬)에다 하나의 하(河)나 하나의 해(海)와

---

22) 자신의 처지를 열등하게 느끼는 사람들의 자조적인 표현을 뜻하는 말

배합하면 하마(河馬)나 해마(海馬)가 될 것인데, 이러한 물건은 변한 것인가 변하지 않은 것인가? 같은 이치로 간지(干支)도 하나의 확정된 상(象)을 취하려면 여러 종류의 배치된 관계 중에서 하나의 확정된 사물을 찾아야 한다.

명리에서 어째서 용신(用神)을 말하면 안 되는가? 왜냐하면 용신(用神)이 완벽하게 우리의 명운(命運)을 표달(表達)하지 못하기 때문이다. 가장 좋은 것은 체용(體用)으로 이해하는 것이다. 체용(體用)을 어떻게 이해하는가? 체(體)는 본신(本身)과 우리가 사용하는 공구(工具)이다. 용(用)은 우리가 실현하려고 하는 목적이다. 우리의 목적은 취재(取財)나 당관(當官) 혹은 양명(揚名)이나 지식을 획득하는 것 등등이다. 그러나 목적에 이르려면 체(體)와 용(用) 사이에 모종의 연관성을 갖는 것이 필요하다. 그것이 바로 팔자(八字)의 주공(做功)이론이다.

하나의 간단한 비유를 들자면 우리가 물을 마시려고 하면 몸의 동작을 이용하는데, 체(體)와 용(用)의 두 가지를 사용한다. 체(體)는 손이고 용(用)은 컵과 물이다. 물을 마시는 일이 완성되는 데는 두 가지 다른 성질의 것이 상호작용하는 것이 필요하다.

어떻게 하나의 용신(用神)을 가지고 인생의 복잡한 명운(命運)을 표현하겠는가? 그런 까닭에 전통 명리 사상은 완벽함을 갖추지 못하였으며 도리(道理)에 통하지 않는다. 서양과학의 목적은 사물에 대한 구조와 분석이고 중국 문화는 오히려 사물의 공능(功能)과 공용(功用)을 중요시하는데 이것이 세계에 대한 서로 다른 인식방법이다. 중의(中醫)는 해부(解剖)를 하지 않으며, 또한 해부할 필요도 없이 알게 되고 질병을 치료하는 목적에 이른다.

우리가 활용해야 할 것은 바로 체용(體用)에 관한 철학이다. 우리는 각 장부(臟府)의 공능(功能)은 알 필요가 있으나 그것들의 구조는 이해하지 않아도 된다. 다시 확실하게 말하면, 그 구조를 안다고 해도 그들의 공능을 결정하지 못한다는 것이다.

체용(體用) 사상에서 마지막으로 해결해야 할 문제는 상(象)의 문제인데, 중의(中醫)는 장기(臟器)의 상학(象學)을 통하여 발전을 이루고, 술수학(術數學)에서도 상(象)을 떠나면 안 된다. 상(象)은 본체(本體)가 전화(轉化)하는 공용(功用)의 한 방식이다. 우리는 간지(干支)가 명리의 핵심 사상임을 공부를 깊이 할수록 깨닫게 될 것이다. 뒤의 과정으로 가면 갈수록 더욱 난도(難度)가 깊어진다.

제8절

명리의 이치
(命理)

여기서는 명리(命理)의 이치에 대하여 살펴보고자 하는데, 먼저 명리의 기원과 중국의 역법(曆法)부터 고찰해보자.

명리에서 쓰는 간지(干支)는 실제로 중국의 오래된 역법으로부터 온 것이다. 고대 중국은 세계에서 가장 먼저 역법(曆法)을 채용하였고, 양력(陽曆)도 있고 음력(陰曆)도 있다. 그래서 삼통력(三通曆)이라고 한다. 양력은 태양의 주기력(周期曆)이고, 음력은 달의 주기력인데, 간지력(干支曆)은 중국 특유의 것으로 가장 기대할 만한 것이다. 비유하자면 상서(尚書)[23]에 기재된 역사 사건이 발생한 시간을 모두 간지(干支)를 써서 기록하였는데, 역서(曆書)를 활용하여 아주 쉽게 어느 날인지를 조사하였다.

---

23) 한대(漢代) 이전까지는 '서(書)'라고 불렸는데, 이후 유가사상의 지위가 상승됨에 따라 소중한 경전이라는 뜻을 포함시켜 한대(漢代)에는 『상서(尚書)』라 하였으며, 송대(宋代)에 와서 『서경(書經)』이라 부르게 되었다. 현재는 『상서』와 『서경』 두 명칭이 혼용되고 있다. 우(虞), 하(夏), 상(商), 주(周) 시대의 역사적 내용들이 기록되어 있다. 오늘날 전해지고 있는 상서는 58편으로 구성되어 있으며 주(周) 당시의 원본이 아니라 위진남북조시대에 나온 위작(僞作)이다. 상서는 진시황(秦始皇)의 분서갱유(焚書坑儒)로 인해 소실되어 전승과정이 복잡하고 진위(眞僞) 여부에 대한 논란이 분분하다. 판본으로는 금문상서(今文尚書)와 고문상서(古文尚書)가 있다. [네이버지식백과] 상서[尚書] (두산백과)

과거에 중국이 음력(陰曆)을 사용한 것으로 알고 있는데, 그것은 농력(農曆)이다. 그렇다면 태양력은 어떻게 있었을까? 중국은 농경 사회여서 태양의 주기력을 농업 생산에 이용하였다. 고대 중국에서는 현대인들이 쓰는 공력(公曆)이 아니라 24절기(節氣)를 사용하여 태양의 주기(周期)를 대표하였다. 명리에서 쓰는 역법(曆法)도 태양 주기인 24절기 중 12절(節)과 간지력(干支曆)을 바탕으로 한다. 음력인 달의 주기는 쓰지 않는다.

중국 상고(上古) 때 간지(干支)를 이용하여 날짜를 기록하였는데, 그것은 갑골문(甲骨文) 시대에도 있었다. 생겨난 때로부터 오늘에 이르기까지 매일 써오고 있는데 하루도 어긋남이 없었다. 그런데 간지(干支)로 날짜를 기록하는 첫날을 갑자(甲子)로 하였는데, 어째서 그렇게 규정(規定)한 것인가?

전설에 의하면 황제(黃帝)의 수하(手下)인 대요(大橈)가 갑자(甲子)를 만들었다고 하는데, 나는 반드시 성인(聖人)께서 설정(設定)하였다고 생각한다. 생각할수록 참으로 신기하다. 만에 하나라도 성인(聖人)께서 잘못 만들었겠는가? 그렇다면 우리가 현재 쓰고 있는 것은 맞지 않았을 것이다. 성인(聖人)은 우리네 보통사람보다 초월하신 분이며, 신기한 능력을 사용하여 천도(天道) 중에 갑자(甲子)가 시작점인 것을 알았을 것이다.

간지(干支)로 년을 기록한 일은 한무제 때에 시작하였는데, 그 이

전에는 년을 기록하는 법이 아주 복잡하였다. 간지(干支)를 쓰지 않고 섭제(攝提)라고 하는 굴원(屈原)[24]의 생년(生年)을 썼는데 그것은 기괴하여 현재에는 모두 쓰이지 않는다.

명리는 간지(干支)로 기년(紀年)하고 기월(紀月)한 이후에야 비로소 만들어졌다. 그런 까닭에 춘추전국과 진한(秦漢) 시기에는 명리학이 없었으며, 이때에는 천명(天命)사상이 있어 공자(孔子)가 천명(天命)을 말하였다. 왕충(王充)[25]도 직접 말하기를 "인생의 성명(性命)이 부귀(富貴)한 사람은 처음에 선천적으로 자연의 기를 부여받아 양육(養育)하고 장대(長大)해져 부귀(富貴)의 명(命)이 된 것이다"라 하였다.

당대(唐代)에 이르러 처음으로 간지(干支)를 이용하여 추명(推命)하는 것을 발명한 사람이 바로 이허중(李虛中)[26]이었다. 그러나 이때 사용한 간지(干支)는 시(時)도 사용하지 않았고, 또한 일(日)을 위주로 하지 않고 년(年)을 위주로 하였다. 대부분 사용한 것이 납음오행(納音五行)이었다. 우리의 분석에 의하면 이허중의 명리술(命理術)은 아주 신령하지 않았는데, 왜냐하면 사용한 것이 처음이라 수준이 얕았

---

24) 중국 전국시대의 정치가이자 비극시인. 학식이 뛰어나 초나라 회왕(懷王)의 좌도(左徒:左相)의 중책을 맡아, 내정·외교에서 활약하기도 했다. 작품은 한부(漢賦)에 영향을 주었고, 문학사에서 뿐만 아니라 오늘날에도 높이 평가된다. 주요 작품에는 『어부사(漁父辭)』 등이 있다. [네이버지식백과] 굴원 [屈原] (두산백과)

25) 후한 시대(25~220)의 유물론자. 사회적으로 불우한 생애를 보내고, 또 최근까지 이단시되어 정당한 평가가 내려지지 못했는데, 그것은 공자, 맹자를 비판했기 때문이었다. 그는 당대에 유행한, '하늘에는 합목적적 의지 활동의 능력이 있고 이것이 사람의 일에 영향을 끼친다'고 하는 천인상관설(天人相關說)이나, 미신적 예언설인 참위설(讖緯說)을 비판하고 부정하였으며, 자연으로서의 천(天)과 제 현상은 '기(氣)'의 작용에 의해 필연적으로 일어난다고 하는 유물론을 주장하였다. [네이버지식백과] 왕충 [王充] (철학사전, 2009., 중원문화)

26) 중국 당(唐) 나라 때의 인물로 명리학(命理學)을 체계화하여 중국고대 명리학의 종사(宗師)로 평가 된다.

기 때문이다.

진정으로 완전한 명리로 발전시킨 사람은 바로 송대(宋代)의 서자평(徐子平)[27]이었다. 서자평이란 사람은 정사서(正史書)에는 기재되어 있지 않다. 그러나 어떤 사람의 고증에 의하면 그는 북송인(北宋人)으로 도가(道家)의 전인(傳人)인 진전(陳抟)과 같은 시대의 사람이며, 두 사람은 함께 수도하였다. 진전은 하도(河圖)와 낙서(洛書)를 발견한 사람이고, 다시 북송(北宋)의 대역술가인 소강절과는 한 시대 면 스승이었다. 명리학의 진정한 기원(起源)과 도가(道家)와는 아주 밀접한 관계가 있다.

중국의 도가(道家) 집단은 중국 술수(術數)의 전승에 아주 중요하다. 거의 천년이라는 긴 시간 동안 도가(道家)의 전승은 중간에 끊이지 않았기 때문이다. 우리가 현재 사용하는 간지(干支) 관계인 형(刑), 충(沖), 합(合), 화(化) 등에 관해서는 중국역사의 문헌 중에 아직까지 기록된 것을 보지 못하였지만, 당시 도가(道家)의 비전(秘傳)으로 서자평이 세상에 공개한 것을 시작으로 응용과 발전에 이르렀던 것이다. 그런 까닭에 명리학을 자평술(子平術)이라고도 하는데, 서자평은 명리를 발전시킨 가장 중요한 사람이다.

이제 명리의 구조에 대하여 살펴보려고 한다. 명리는 년주(年柱),

---

27) 중국 오대(五代)~송(宋) 시대의 인물로 명리학(命理學)을 체계화하여 발전시켰다.

월주(月柱), 일주(日柱), 시주(時柱)의 8글자로 조합되어 있어 이를 팔자(八字)라고도 한다. 년주(年柱)는 년의 간지(干支)를 기록한 것이고, 월주(月柱)는 태양력에 12절(節)을 사용하여 월(月)을 정하는데, 월주의 간(干)은 년(年)을 따라 일어난 것으로 오호둔법(五虎遁法)을 사용한다. 일주(日柱)는 간지력(干支曆)의 간지(干支)로 만세력을 살펴서 찾는다. 시주(時柱)의 시지(時支)는 1일을 12시간으로 나누어 구하고, 다시 오자둔법(五子遁法)을 사용하여 시주(時柱)의 천간(天干)을 찾는다. 현재는 전자 만세력이 있어 손으로 직접 배치하는 것은 필요하지 않다.

이런 가운데 우리가 알 수 있는 것은 사주(四柱)는 년(年)과 월(月)이 일가(一家)이고, 일(日)과 시(時)가 일가(一家)가 된다는 것이다. 일간(日干)을 정하여 나로 삼고, 그 밖의 모든 글자는 모두 일간(日干)을 둘러싸고 있다. 그 밖의 간지(干支)는 모두 일간(日干)과 관계하며, 그 친소(親疏)[28]와 길흉(吉凶)을 정의한다. 맹파명리에서 말하는 빈주(賓主)가 바로 여기에서 파생하여 나온 것이다.

일지(日支)는 일주(日主)와 떨어져 있으면서 가장 가까이서 자기와 가장 친근한 관계를 맺으려한다는 것이다. 일간(日干)의 아래에 앉은 지(支)가 가장 친근하며 배우자를 대표한다. 일지(日支)는 자기가 머무는 집을 대표하며, 집안의 남자나 혹은 여주인이 곧 배우자가 된다.

---

28) (감정·관계가) 친근하고 소원함을 뜻함

그다음으로 친근한 것은 자녀(子女)인데, 이는 시주(時柱)로 대표한다. 이는 세간의 생물(生物)이나 친자(親子)의 공통적인 천성(天性)으로 자녀는 가족의 구성원이며 법률적으로 첫 번째 계승인이다. 다음으로 친근한 것은 부모로서 월령(月令)으로 대표한다. 비록 가족의 일원이지만 독립하여 가정을 이룬 후에는 부모를 떠나며, 단지 시간이 있을 때 가서 부모를 보게 되고, 부모도 또한 아주 적은 시간만 자녀들과 함께 생활할 뿐이다. 법률적으로도 두 번째 계승인이 된다. 다시 먼 한 가지는 바로 조상(祖上)이니 아버지, 어머니, 할머니, 할아버지, 시아버지, 시어머니, 장인, 장모 등은 년주(年柱)로 대표한다.

　마지막으로 우리는 명리의 이치에 대하여 살펴보고자 하는데, 무엇이 시간(時間)인가? 아마도 여러분은 이 문제에 대하여 크게 생각해보지 않았을 터인데, 이것은 진실로 머리를 크게 열어주는 문제인 것이다.

　명리학은 시간을 통하여 명운(命運)의 규율을 세우는 것으로, 그것의 출발점은 바로 시간이며, 매일 다르고 차별이 있다. 과연 시간에 차별이 있는가 한 번 생각해보라. 시간은 과학에서 보면 차별이 없고 모두 고르게 흘러가며 물리변화에도 참여하지 않는 대상으로 보았는데, 우리 입장은 오히려 일체 해석의 근원이라 보고 있다.

　양자(兩者)가 세계를 인식하는 차이의 초점이 여기에 있다. 봄이 와서 초목이 생장하고 대지가 회춘(回春)하는 것을 본다. 당신은 이

때 모든 것이 생장하고 개변(改變)하는 것을 깨닫지 못하는가? 주의 깊게 관측해보면, 혹자는 시간으로 측정하여, 오늘과 내일, 상반기와 하반기, 금년과 내년 간의 차이라고 관측하지 않는가? 우리의 생명은 하루하루 늙어 금년과 내년이 당연히 다르다. 그러나 이러한 차별을 과학에서는 측정하지 못한다. 어떤 사람은 과학의 변량(變量)을 이용하여 시간의 다름을 구별하는 것은 불가능하다고 한다. 이 점이 과학의 한계를 명확히 보여주는 것이다. 즉 과학의 이러한 잣대로 비판하는 것은 불가능하며, 이것은 과학의 산물이 아니다. 또한, 우리가 시간이 일체를 개변(改變)하는 것을 감지하지만 그것의 다름을 측정하지는 못한다. 중국의 선철(先哲)은 우리에게 시간을 어떻게 측정하는지와 우리에게 어떤 영향을 미치는지에 대해 알려주었는데, 그것이 바로 명리학의 이치인 것이다.

여기서 시간은 우주의 시간을 가리키는 것이 아니고 지구상의 시간을 말하며, 순환하여 왕복하는 것을 갖추고 있고, 한열(寒熱)이 왕래하며, 또 자연계 모든 생명의 생멸(生滅)과 변화에 영향을 준다. 명리학에서 사용하는 시간은 바로 성인(聖人)이 설정한 것이지만, 오히려 명리학에 이르러 완전한 검증을 얻게 되었다. 스스로 만족할 수 있는 인식구조와 검증방법이 있다.

예를 들면 중의(中醫)에서 말하는 인체의 경락(經絡)은 해부나 관측으로는 모든 경락의 존재를 알 수가 없다. 그러나 경락학에는 스스로 검증하는 방법이 있는데, 경락에 관한 이론을 통하여 사람의 질병을 치료한다면 이보다 더 설득력이 있는 검증은 없다.

그런 까닭에 명리학은 성인(聖人)의 학(學)이기 때문에, 보통인간이 천도(天道)로 통하는 길을 인지(認知)할 수 있다. 우리가 오직 마음을 써서 영오(領悟)한다면 모두 성인(聖人)의 경지에 도달할 것이다. 우리는 그 신기한 것을 천천히 전개하며 살펴볼 것이다.

제9절

은성인과
(隱性因果)

세상의 인과(因果)에는 두 가지 종류가 있다. 한 가지는 현성인과(顯性因果)이고, 또 한 가지는 은성인과(隱性因果)이다.

인과(因果)란 서로 관련 있는 사물 간에 내재적인 관계가 있다는 것인데, 한 가지 사물이 변화할 때에 그 변화를 일으키는 원인을 찾을 수 있다. 과학이 탄생하기 전에는, 인류가 자연현상을 대할 때 인과관념으로 대하지 않았을 것이다. 예를 들어 하늘에서 벼락이 치면 그것은 벼락신이 그랬다 하였을 것이다. 뉴턴은 사과가 땅에 떨어지는 것을 보고 인과(因果)를 생각하여 만유인력을 발견하였는데, 인류는 그로부터 과학시대로 들어가게 되었다. 자연과학의 발전은 많은 물리법칙과 화학방정식을 만들어 내었는데, 그것은 모두 물질세계의 인과율로 우리는 그것들을 현성인과(顯性因果)라 부르며 보통사람들이 인식할 수 있는 것이다. 오늘 우리들이 공부하는 주제는 바로 은성인과(隱性因果)에 관한 것인데, 그러면 은성인과란 무엇인가?

중국 술수학의 논리는 모두 은성인과(隱性因果)이며, 명리학도 당연히 그렇다. 진짜 고사(故事) 하나를 말하고자 하는데 그것은 하중기 선생이 판단한 하나의 예이다. 형(邢)선생이 외조카를 데리고 왔는데 당시에 3살이었다. 하(夏)선생이 그 아이의 이름에서 오행(五行)에 어떤 것이 빠져있는지를 보고 아이의 팔자(八字)를 뽑아낸 후에 이 아이는 단명귀(短命鬼)[29]라 하면서 13세까지 밖에 살지 못한다 하였다. 그 결론에 매우 놀라 형선생은 황급하게 해결할 방법이 없겠느냐고 물었다. 하 선생은 "이 명(命)은 선천적으로 그렇게 타고나서 해결할 방법이 없다."라고 하니, 다시 묻기를 "어떻게 죽습니까?" 하니 하 선생은 자세하게 헤아린 후 말하기를 "1998년 무인년(戊寅年) 입동(立冬)인 해월(亥月)에 차 사고로 죽는다."고 하였다.

형(邢)선생은 아이때문에 마음이 아파 다시 피할 방법이 없겠는지 물었는데, 하(夏)선생은 질문에 답답해하며 직접 그녀에게 말하기를 "만일 이 아이가 13세를 넘겨 피한다면 나는 평생 다시는 산명(算命)하지 않겠다."라고 하였다. 결과적으로 형선생은 온갖 방법을 동원하여 피해 보려고 하였으나 결국에는 피할 수가 없었는데, 그 아이는 98년 해월(亥月)에 죽었다. 당시 나이 불과 10세였다.[30]

현성인과(顯性因果)의 입장에서 보면, 차(車)로 인한 사고의 발생은 여러 종류와 여러 양상의 원인에서 찾을 수 있는데, 차가 갑자기 뛰

---

29) 속칭 중국에서는 욕으로 사용한다. 빨리 죽을 사람으로 불린다.
30) 이 명례(命例)는 "맹사단명질례집"의 일서(一書)에 기록되어있다.

어들거나, 피로한 상태에서 운전하거나, 운전 중에 실수를 저지르는 등등인데 그것을 미리 알기가 불가능하다. 그러나 은성인과(隱性因果)는 오히려 하나의 원인만이 있는데, 그것은 명운(命運)으로 정해진 것이고, 당신이 알든지 모르든지를 막론하고 어떠한 수단도 취할 수 없이 모두 피할 수 없는 것이다.

다시 비유하자면 어떤 사람이 기업을 하여 큰돈을 벌었는데, 그가 생각하는 성공의 경험에는 아주 많은 원인이 있을 것이다. 예를 들면, 귀인(貴人)이 도와주었거나, 주식 시장이 좋아서였거나, 투자가 잘 이루어졌거나, 기술혁신 등으로 말이다.

그러나 명리의 입장으로 보면 단지 하나의 원인이 있을 뿐이니, 그것은 명(命)에 정해진 운수(運數)인 것이다. 나아가 은성인과(隱性因果)로 세계를 이해하면 참으로 신기하다. 예를 들면 결혼이란 사건은 아주 신기하다. 어떤 다혼(多婚)한 여자는 반드시 장래에 이혼할 남자를 찾게 되고 또한 시간도 일치한다. 그것은 누가 설계한 것인가? 당신이 그녀 자신을 만나는 것이나, 또 마주치는 시간 등이 모두 신기한 것이다.

은성인과(隱性因果)의 존재는 우리에게 순간적으로 세계에는 반드시 하느님이 있으며 전능(全能)하다고 느끼게 해준다. 그렇다면 반드시 도(道)가 있고 도(道)는 또한 전능한 것이다. 왜냐하면 이 모든 인과(因果)의 배후에는 하나의 통일되게 협조(協助)하는 역량(力量)이 있고, 세계는 곧 정확하게 운전하는 기계의 상(象)이며, 그것은 한 치도 어긋나지 않는다.

다시 돌아와 명리(命理)를 말하면, 명격(命格)은 간지(干支)의 조합으로 이루어지며, 간지(干支)가 대표하는 것은 시간이다. 시간은 그 근원이 하나인 상을 취하며, 이면에 사람의 명운(命運)을 지닌 비밀을 은장(隱藏)하고 있다. 그중에서 인과(因果)를 생각해보면 우리의 명운(命運)은 반드시 간지(干支)인 시간으로 완전히 결정되고 규정된다. 그렇다면 간지(干支) 시간으로 우리의 명운(命運)을 모의(模擬)하거나 묘술(描述)할 수 있는 것인가? 이 문제는 머리를 열어 줄 것이다.

이 문제를 바꾸어 말하면 명리(命理)의 간지(干支)는 명운(命運)을 측정하는 공구(工具)이며, 그것의 본신(本身)은 바로 명운(命運)의 원인인가? 간지(干支)는 바로 명운(命運)에 대한 일종의 묘술(描述)이나 모의라 할 수 있다. 왜냐하면, 중국에는 또 다른 술수(術數)들이 존재하기 때문이다. 예를 들면 팔괘(八卦) 체계 또한 미래를 예지하는 것으로, 간지(干支)가 설명하는 것은 그중에서 일종의 모의(模擬)방식이다. 소자(邵子)[31]는 신수(神數)로 명(命)을 보았는데, 그가 사용한 것은 간지(干支)가 아니고 괘수(卦數)였는데, 마찬가지로 잘 맞추었다.

다음에 말하는 것은 이해하기가 가장 어려우면서도 가장 중요한

---

31) 중국 송대(宋代)의 유학자(儒學者). 이름은 옹(雍), 자는 요부(堯夫). 강절은 그의 시호이다.
이정지(李挺之)에게 도가(道家)의 「도서선천상수(圖書先天象數)」의 학을 배워 신비적인 수학을 설파하였으며 또 이를 기본으로 한 경륜(經論)을 주장했다. 왕안석(王安石)이 신법을 실시하기 전에 톈진[天津]의 다리 위에서 두견새 우는 소리를 듣고 천하가 분주할 것임을 예견하였다 한다. [네이버지식백과] 소강절 [邵康節] (인명사전, 2002. 1. 10., 민중서관)

내용이다. 상(象)이란 무엇인가? 만일 당신이 술수(術數)를 배우지 않았다면 이해하기 어려운 것이 상(象)이다. 우선 정의(定義)하자면, 상(象)이란 은성인과(隱性因果)에서 정립된 것으로 만물이 서로 관련된 일종의 표준(標準)이 되는 전형적(典型的)인 형식(形式)이다. 상(象)을 이해하는 것은 매우 어려운 까닭에 이 절의 내용은 비교적 어렵다. 그러나 반드시 알아야 하므로 한 단계씩 상(象)을 해석하겠다.

우리가 보는 세간의 사물은 물(物)과 물(物) 사이, 물(物)과 인(人) 사이에 한계가 있어, 사슴을 보고 말이라고 말하지 못한다. 그러나 성인(聖人)은 상(象)을 설정하여 만물 전체의 종류를 상(象)으로 처리하여 물(物)과 물(物), 물(物)과 인(人) 사이의 한계를 타파하였고, 관련성을 이용하여 그것들을 한꺼번에 연계하였다. 만일 이러한 종류의 관계를 단지 관념이라고 한다면 그것은 어떠한 가치도 없는 것이며, 문제는 이러한 종류의 관계가 진실로 존재하고 검증할 수 있다는 것이다.

간단한 예를 들어보면, 중의(中醫)에서 말하는 오장(五臟)은 해부학의 오장이 아니고 장상(臟象)을 말한 것이다. 예를 들면 폐(肺)는 우리가 호흡할 때에 사용하는 폐일 뿐 아니라, 피모(皮毛)[32]나 한공(汗孔)[33] 등을 포함한 폐 계통을 말한다. 중의(中醫)에서는 땀을 내게 하여 폐기(肺氣)를 열어 폐(肺)의 사기(邪氣)를 몰아내는데 이러한 인식방식으로 설명하는 것이 정확하며 치료를 할 수 있는 방법이다. 후에 생물학자들이 나와 해석하였는데, 동물이 진화하는 과정에서 상고(上

古)의 생물은 폐(肺)가 없어 피공(皮孔)[34]을 이용하여 호흡하였으며 뒤에 진화하여 폐가 되었다고 한다. 그런 까닭에 폐와 피모(皮毛)는 서로 관련이 있다. 우리 인류는 상관성이 있는 사물을 인식하는 데에 있어 옛날의 고인(古人)들에 미치지 못한다.

  명리(命理)중의 상(象)은 중의(中醫)에 비해서 많이 복잡하다. 요컨대 간지(干支)인 이 부호는 인생의 각종 복잡한 인소(因素)[35]와 대응하고 있다. 먼저 우리는 간지(干支)의 관계가 반드시 사회와 인사(人事)의 공능(功能)에 유상(類象)이 있음을 알아야 한다. 예를 들면 차 사고라는 사건을 명(命)중에서 찾아야 한다. 반드시 차의 유상(類象)이 간지(干支)의 조합에 있어야 하고, 또 차 사고가 발생하는 특정한 구조가 있어야 한다. 한 걸음 더 나아가 생각하면, 예를 들어 고대에는 거의 차 사고로 사람이 죽는 일이 없었다. 그런데 어떻게 차 사고로 작은 아이가 죽겠는가? 하(夏)선생이 말하기를 "이 아이는 불에 타죽지 않으면 차 사고로 죽을 것이고, 마지막에 그가 확정적으로 말하기를 차 사고로 죽는다."고 하였다. 헤아려 생각해보면 만일 고대에 살았다면 그는 반드시 불에 타 죽었을 것이라고 하겠다. 왜냐하면, 고대의 건축은 불에 타기 쉽기 때문으로, 화재(火災)로 죽는 것이

---

32) 피부와 거기에 난 털을 통틀어서 일컬음. 『동의보감(東醫寶鑑)』에 피모는 폐(肺)와 배합되는 부위이고 폐의 상태가 나타나는 곳인데 폐가 주관한다고 하였다. [한의학대사전]

33) 땀구멍을 말한다. 살갗에 난 구멍

34) 식물 줄기의 주피에 생긴 세포군으로, 렌즈 모양의 반점으로 나타나며 기공이 하는 일을 맡아서 한다.
식물(植物) 줄기의 단단한 부분(部分)이나 사과(沙果·砂果)의 껍질 등(等)에 있는 작은 구멍 수분(水分)을 증발(蒸發)시킴. 껍질눈

35) 어떤 질병이나 사건의 원인 및 소인을 일컫는 용어

비교적 상식이기 때문이다. 이로써 우리는 상(象)이 상사성(相似性)에 기초하여 합리적으로 추단(推斷)해야 함을 깨달아야 할 것이며, 상(象)을 읽는 공부가 바로 명리를 연습하는 가장 중요한 능력이다.

상(象)은 단지 상사성(相似性)일 뿐 아니라 그 본질은 바로 상관성(相關性)이다. 만물의 한계를 해소(解消)시킬 수 있는 것은 상(象)의 이념이라야 건립할 수 있다. 무엇을 사용하여 만물의 경계를 해소할 수 있는가? 그것은 시간을 이용하는 것이다. 왜냐하면, 만물이 통일되게 지구의 시간(時間) 가운데서 운행하고 있기 때문으로 이치가 당연한 것이며, 시간으로 그것들과 연접(連接)하고 있기 때문이다. 여기서 시간이란 바로 시상(時相)[36]으로 구성된 간지(干支) 부호이다.

간지(干支)를 서로 더하면 22자(字)가 된다. 한 사람의 명(命)중에 펼치면 단지 팔자(八字)가 있을 뿐이나, 그것이 사람의 일생을 묘술(描述)한다. 한 사람의 일생에는 복잡한 것이 많이 있다. 한 번 생각해보라. 글자 하나하나에는 많은 정보가 담겨있다. 또한 명리(命理) 중의 글자는 우리의 육친(六親)을 대표하고 우리의 재지(才智)를 대표하며, 우리의 개성을 대표하고, 우리의 재부(財富)나 지위, 재화(災禍), 그리고 우리가 일생 중에서 서로 만나 영향을 주는 호인(好人)이나 악인(惡人)을 대표한다. 이러한 것들은 모두 연관적인 것으로 뒤섞여 복잡하며 서로에 영향을 미친다. 비유하면 왕석(王石)[37]선생의

---

36) 시간위상(時間位相)을 나타낸다. 여기서 위상(位相)은 주기적으로 반복되는 현상에 대해 어떤 시각 또는 어떤 장소에서의 변화의 국면을 가리킨다.

이혼과 같은 것으로, 그는 회사문제로 상대방과 많은 문제를 야기하였는데, 그것도 명리(命理) 중에 인과(因果)가 있었던 것이다.

인생에는 선택권이 있는 것인가? 우리는 자신에게 얼마만큼 선택권이 있다고 보는가? 우리는 출생(出生)도 선택하지 못하고, 대개는 직업도 선택하지 못하며, 결혼의 대상을 선택하는 것도 세세하게 생각하는 것이 불가능하다. 우리가 선택할 수 있는 것은 단지 아주 작은 일일 뿐인데, 예를 들면 어떤 상표의 가전용품을 구매하는 등의 일이다.

우리 인생에서는 아무리 애를 써도 우리에게 한 가지 선택할 수 있는 가상(假像)을 주는 것일 뿐이다. 은성인과(隱性因果)는 조기에 결정되고, 극본(劇本)은 이미 짜여 있어, 우리는 단지 하나의 뛰어난 연기 배우일 뿐이다. 은성인과(隱性因果)의 존재를 믿으면 우리의 세계관은 개변할 것이며, 또한 눈앞에 하나의 새로운 세계가 전개될 것이다.

중국 철학에서 하나의 중요한 개념이 바로 도(道)인데, 도(道)의 본의(本意)를 생각해보면 곧 세상사(世上事)에 대한 은성인과(隱性因果)의 규율인 것이다. 단지 술수학과 중의학의 학습을 거쳐야 비로소 도(道)의 가장 좋은 길을 통하여 미래를 예지할 가능성이 있다. 어떤 사람이 말하기를 "명운(命運)은 이미 개변(改變)하지 못하는데 도(道)를

---

37) 완커그룹 회장, 전국인민대표대회 대표. 완커그룹을 세계최대 부동산개발기업으로 키운 인물이다. 회사에 내분이 일어나자 조용히 미국으로 유학을 떠났다.

안다고 해서 무슨 소용이 있겠는가?"라고 하였는데, 이것은 한 사람의 세계관의 문제이다. 두 구절을 인용하여 여러분에게 말하고자 하는데, 곧 당신이 애정(愛情)은 놓치더라도 생활을 그르칠 필요는 없으며, 명운(命運)을 개변하지 못하더라도 당신의 명(命)에 대한 명운(命運)의 마음가짐은 개변할 수 있을 것이다.

제10절

십간의 위치
(十干)

10천간 (十天干)	갑, 을, 병, 정, 무, 기, 경, 신, 임, 계 (甲) (乙) (丙) (丁) (戊) (己) (庚) (辛) (壬) (癸)

십천간(十天干)의 기원은 아주 일찍이 갑골문자 시대로 거슬러 올라가는데, 그것은 간지(干支)를 날짜로 기록할 때 따라서 생긴 것이다. 또한 간지(干支)는 성인(聖人)께서 만들었다고 하였다. 성인께서 10간(干)을 만드신 것은 무슨 용도인가? 그것은 음양오행을 대표하는 용도이며, 오행이 다시 음양으로 나누어지니 십간(十干)이다.

우리들이 10개의 글자를 보면 단지 몇 개의 글자는 특별한 글자로 형성되어 있고, 나머지 글자는 현재 보아도 아무 뜻이 없으며, 또한 특별한 글자로 짜 맞춘 것이 아니다. 이것은 무엇을 설명한 것인가? 고인(古人)은 아무 이유도 없이 이러한 뜻 없는 글자를 만들지는 않았을 것이다. 반드시 특별한 뜻이 있을 것이며, 또한 모종의 신성(神聖)한 뜻이 있을 것이다.

왜냐하면 천간(天干)이란 천(天)을 대표하는데, 상나라 때 제왕의 이름 중에 이러한 글자를 찾을 수 있으며, 또한 특별하게 천자(天子)를 대신하는 뜻을 가리키기 때문이다.

십이지(十二支)에 대해서 우리는 12개월과 12개의 시간을 대표한 다고 알고 있다. 우리가 천상(天象)을 관찰하면 10은 이러한 주기적 인 시간이 없다. 그러므로 10천간의 본래 뜻은 음양과 오행을 가리킨 다. 갑을(甲乙)은 음양 목(木)이고, 병정(丙丁)은 음양 화(火)이며, 무기(戊己)는 음양 토(土)이고, 경신(庚辛)은 음양 금(金)이며, 임계(壬癸) 는 음양 수(水)이다. 앞에 것은 양(陽)이고 뒤에 것은 음(陰)이다. 그 순서는 목(木), 화(火), 토(土), 금(金), 수(水)이다. 목(木)이 화(火)를 생 하고, 화(火)는 토(土)를 생하고, 토(土)는 금(金)을 생하고 금(金)은 수 (水)를 생한다. 이것은 오행(五行)에 관한 장절(章節)에서 공부하였다. 오행에서 목화(木火)는 양(陽)이 되고, 금수(金水)는 음(陰)이 되며, 토 (土)는 중성(中性)에 속한다.

여기서는 일반적으로 식물의 성장 과정을 이용하여 십간(十干)의 순서를 모의(模擬)하고 묘술(描述)한다.

갑(甲)은 종자(種子)가 흙 속에서 껍질을 부수고 나오는 것을 가리 킨다. 먼저 싹이 나오는 데는 반드시 아래를 향하여 땅으로 들어가야 하는 까닭에 갑자(甲子)는 마치 종자가 땅속에서 생출(生出)하는 일점 과 같다.

을(乙)은 처음 생기는 어린싹으로 마치 우리가 보는 콩깍지와 같은 것으로 만곡(彎曲)하여 생장하는 상(象)이다.

병(丙)은 식물이 땅을 부수고 나오는 상(象)으로, 햇빛을 흡수하여 빠르게 성장하는 것이다.

정(丁)은 식물이 피어나는 작은 꽃 떨기의 상(象)으로 한 점 한 점이 모두 아름답다.

무(戊)는 성대(盛大)한 뜻이며 식물이 무성하게 장성(長成)하는 상(象)이다. 무(戊)는 곧 이루어지는 뜻으로 식물이 이미 장성(長成)한 것이다.

기(己)는 식물이 과실을 맺는 뜻이며, 기(己)는 육(肉)으로, 비위(脾胃)로 들어가 우리에게 먹을 것을 제공한다. 기(己)의 단계에 이르면 과실이 맺어진 것이다.

경(庚)은 과실이 성숙하고 다시 굳어지는 뜻이다. 경(庚)은 갱(更)과 통하여 변경(變更)이나 변화(變化)로 딱딱하고 강한 견과(堅果)를 이룬다. 우리가 먹는 오곡(五穀)의 양식도 모두 가을에 굳게 변하여 성숙한 것이다.

신(辛)은 자르고 거두는 뜻이다. 신(辛)은 고대에는 칼을 대표하였으며, 곡식을 자르고 거두는 것이다.

임(壬)은 잉육(孕育)하는 뜻이 있다. 자르고 거두고 난 후에는 요컨대 비교적 토실토실한 것을 골라내어 종자(種子)로 삼아 다음 세대에 번식을 이어주는 임무를 맡는 것이다.

계(癸)는 돌아가는 것으로, 골라낸 종자(種子)를 수장(收藏)하여 보존하고 내년에 다시 심는 것이다.

이상은 형상(形象)으로 십간(十干)을 식물의 생장으로 묘술(描述)하여 말한 것이다. 십간(十干)의 진정한 뜻은 이에 비해서 풍부하고 복잡한 것이 많다. 먼저 십간(十干)의 순서에 대하여 살펴보자. 십간의 순서는 바로 양(陽)에서 음(陰)에 이르는 배열이며, 이러한 설명은 간지(干支)의 성질에 존비(尊卑)와 귀천(貴賤)의 구별이 있다는 것이다. 이것이 바로 『역경(易經)』에서 말한 "비고이진(卑高以陳) 귀천위의(貴賤位矣)"이다.

여기서 우리는 무슨 계시를 얻을 수 있겠는가? 세계는 등급이 있고, 완전하게 평등한 것이 아니라는 것이다. 공자(孔子)는 음양에서 천도(天道)의 존비(尊卑)를 계발하고 유가의 정치철학을 만들어낸 것이다. 공자는 군자(君子)와 소인(小人)을 말하였는데, 그것은 사회계층을 구분 짓는 등급이다. 그는 혈통론(血統論)의 입장에서 등급을 말하지 않고, 습득한 지식으로 수양(修養)의 입장에서 등급을 말하였다. 공자의 정치철학은 간단하게 말하면 현인(賢人)의 정치라 부른다. 군자(君子)를 정치에 뛰어난 인재계층으로 세우고, 또한 지식(知

識)으로 치국(治國)하려는 것이었다. 이것은 우리 현대인들이 제창하는 평등 관념과는 다른 것이다.

서양의 민주주의 발전은 아주 오래되었고, 1인 1표의 선택권이 있다. 그러나 나중에 당신은 대의 민주주의가 직선제 민주주의에 비해서 더 우월함을 발견할 것이다. 왜냐하면, 대의 민주주의는 걸출한 엘리트들의 치국을 강조하기 때문이다. 영국은 전형적인 대의민주(代議民主)이다. 2016년 브렉시트(BREXIT)에 대해 전 국민이 투표로 결정하였는데, 결과적으로 잘못된 결정이 되었다.

십간(十干)의 불평등은 곧 우리 사회에서 사람 사람마다 천성(天性)에 등급과 차별이 있음을 알려준다.

경제도 이와 같은데, 경제 발전에서 기대하는 것은 무엇인가? 경제발전에서 기대하는 것은 두 가지인데, 첫째는 자본이고, 둘째는 사회의 분공(分工)[38]이다. 이는 재부(財富)가 불평등하다는 말이다. 만일 재부(財富)가 평등하다면 경제(經濟)는 발전하지 않았을 것이다. 토호(土豪)들을 몰아내어 전지(田地)를 평등하게 나누면, 모두가 가난하여 아무 것도 없었을 것이다. 그리고 사회의 분공(分工)이 요구하는 것은 바로 사람의 차이성, 수요의 차이성, 개인능력의 차이성이다. 충분하게 사람의 개성을 전현(展現)시키는 사회라야 비로소 사회가 발전하게 된다.

---

38) 분업, 분담을 나타냄

아래에서 우리는 십간(十干)의 자리를 사회계층에 비교하려고 한다.

갑을(甲乙)은 권귀(權貴) 계층으로 최고의 자리에 처한다.

병정(丙丁)은 지식과 엘리트 계층으로 사회의 중요한 발언권을 장악한다.

무기(戊己)는 자본과 재부(財富)의 계층으로 세 번째 지위에 처한다.

경신(庚辛)은 공장에서 분투하는 계층으로 사회의 절대 다수를 차지한다. 경신(庚辛)은 곧 갱신(更新)으로, 생각과 노력으로 자기의 명운(命運)을 개변하려는 계층이다.

임계(壬癸)는 학생 계층으로, 아직 사회의 일원이 되지 못한다. 비록 아주 높은 지상(智商)이 있다 해도 오히려 계몽의 단계에 있다.

십간(十干)이 대표하는 계층은 고화(固化)된 것이 아니다. 사회계층의 충분한 유동(流動)이야말로 사회발전의 동력이 된다. 어떻게 유동하는 지는 십간(十干)이 우리에게 알려줄 것이다.

노자는 "하늘의 도는 남는 것을 덜어서 부족한 곳에 보충하는 것이나, 사람의 도는 그렇지 않으니 부족한 것을 덜어서 남는 곳에 돕는다."고 하였다. 사람의 관점이 그러한데, 돈이 있으면 더욱 돈이 있고, 권력이 있으면 더욱 권력이 있게 된다. 왜냐하면, 그들이 사회의 자원을 독식하여 다른 사람들은 모두 기회가 없기 때문이다. 그러나 다행인 것은 천도(天道)가 있어서 남는 것을 덜어서 모자란 데에 보충하는 것이다. 이것이 간(干)마다 유동하고 합화(合化)하는 것이다.

십간(十干)의 생(生)은 갑을(甲乙)이 병정(丙丁)을 생하고, 병정이 무기(戊己)를 생하고, 무기가 경신(庚辛)을 생하고, 경신이 임계(壬癸)를 생하며, 임계가 다시 갑을(甲乙)을 생한다. 이것은 일종의 유동(流動)인 것이다. 이러한 유동에는 두 가지 뜻이 있는데, 위로 향하거나 아래로 향하는 두 개의 방향으로 모두 유동(流動)한다. 상생(相生)은 모두가 아래로 향하는 것이 아니며, 높은 등급이 낮은 등급을 향하여 생하다가 어째서 다시 위로 향하는가? 실제로 갑을(甲乙)이 병정(丙丁)을 생하면 병정에게 갑을(甲乙)은 인성(印星)에 해당하는데, 인성(印星)은 의지하고 기대는 뜻이니, 병정(丙丁)은 갑을(甲乙)에 의지하고 기대는 것이다.

다시 재미있는 것은 천간(天干)의 합(合)인데, 이것은 도약식(跳躍式)으로 개변하는 등급의 방식이다. 10간(干)의 상합(相合)은 갑기(甲己)의 합, 을경(乙庚)의 합, 병신(丙辛)의 합, 정임(丁壬)의 합, 무계(戊癸)의 합이다.

갑기(甲己)의 합은 최고 등급의 갑(甲)이 아래로 향하여 유동하는 것으로, 고귀한 것이 비천한 것과 합하는 것이다. 무계(戊癸)의 합은 가장 낮은 등급의 계(癸)가 위로 향하여 유동하는 것으로, 빈곤한 소녀(小女)가 돈 있는 늙은이와 결혼하는 것이다. 천간(天干) 오합(五合)에 대해서는 전문적으로 일절(一節)을 할애하여 상세하게 공부할 것이다.

노자께서 말하기를 "그 백(白)을 알고 그 흑(黑)을 지키는 것이 천하(天下)의 방식이다."하였는데, 이 말은 우리에게 하나의 진리를 알려주는 것으로, 당신이 영원히 낮은 자리에 처하면 마음은 높은 곳을 향한다는 것이 바로 천하에 가장 기본적인 모식(模式)과 전범(典範)인 것이다. 왜냐하면, 낮은 자리에 처함이 있어야 비로소 높은 자리와 서로 합할 수 있기 때문이며, 추구하여 다시 높은 등급을 얻을 수 있기 때문이다.

반대로 높은 자리에 있는 사람은 오히려 낮은 곳과 합하여야 재부(財富)와 계층의 유동(流動)을 실현할 수 있기 때문이다. 옛날의 제왕이나 장상(將相)이 어찌 일조(一朝)나 일대(一代)라도 능히 장구(長久)함을 보장받았겠는가? 그들의 자녀나 자손도 모두 한 모양으로 보통사람이 될 수가 있으며, 심지어는 처참하게 살육을 당할 수도 있다.

마지막으로 십간(十干)을 말하면 1간(干)은 체(體)가 되고, 나머지 9간(干)을 용(用)으로 한다. 왜냐하면 1간(干)은 자기를 대표하므로 쓰지 않기 때문이다.

우리가 출생(出生)한 날의 일간(日干)이 바로 나를 대표하고, 그 밖의 간지(干支)는 육친(六親)의 관계를 조성(組成)하여 길흉화복을 추정(推定)한다. 왜냐하면 일간(日干)의 체(體)는 쓰지 않기 때문이며, 이러한 식의 설명은 곧 명리학이 일간(日干)의 쇠왕(衰旺)을 취하는 것에 아무 뜻이 없기 때문이다. 이렇게도 분명하게 드러나는 잘못을 오히려 놀랍게도 명리학이 오랫동안 떠받들고 따르는 법칙이 되었다.

일주(日柱)의 쇠왕(衰旺)은 이미 자기의 능력이 강한 것을 표시하지 않고, 또한 자기의 신체가 좋은 것을 표시하지도 않으며, 나아가 자기의 역량이 큰 것을 표시하지도 않는다. 자기의 체(體)를 가지고 용(用)의 지위(地位)에 갖다 놓는 것이 되니, 이는 명리의 본질을 이해하지 못한 것이다.

제11절

간지의 성질
(干支)

앞에서 우리는 10간(干)에 대한 개론과 간지(干支)의 자리(位)에 대하여 공부하였고, 이제는 간지(干支)의 성질에 대하여 살펴보려고 한다.

먼저 하나의 고사(故事)를 예로 든다. 어떤 사람에게 두 명의 조카가 있었는데, 한 명은 하(夏)선생이 차 사고로 죽는다고 산명(算命)하였고, 다른 한 아이는 앞의 아이와 나이가 같고 기사년(己巳年) 생(生)이었는데, 하선생은 간명(看命)하고 말하기를 "앞의 아이는 단명귀(短命鬼)이고, 이 아이는 뇌옥귀(牢獄鬼)이다"하였다. 보지 않아도 20세 후에는 감옥의 단골손님으로 일평생 감옥에 있는 명(命)이다. 후에 그 아이는 과연 그와 같았다. 15세가 되던 해에 학교에 가지 않고 자기보다 나이가 많은 불량소년들과 가까이하였다. 결국 법과 규칙을 어겨서 이미 경찰에 잡혀 몇 차례 구류처분을 받았다. 부모도 어떻게 할 방법이 없었으며 학교에 가는 것도 좋아하지 않았다.

이러한 예에서 하나의 문제를 짚고 넘어가야겠는데, 성격과 명(命)에 관한 문제이다. 사람은 하늘에서 부여받은 성(性)으로 결정되는가, 아니면 후천적인 배양(培養)으로 결정되는가? 어떤 아이가 학습하여 성적이 아주 좋으면 일류대학에 시험을 보고 합격할 것이다. 누군가 그에게 어떻게 합격하였는가를 묻거나, 혹자는 성공의 방법이 무엇인가를 물을 것이다. 그것은 그 본인의 총명과 지혜와 또 공부를 좋아하였기 때문일 것이다. 그런데 다른 아이들도 총명할 가능성이 있는데, 어째서 공부하는 것을 좋아하지 않을까? 같은 선생과 같은 교재(敎材)로 공부하였을 텐데 말이다. 나중에 알게 될 것이지만 그 근원(根源)은 품부(稟賦)를 받은 것 때문이며, 그것은 선천에서 결정된 것이다. 그런 까닭에 현재 유행하는 성공학은 내가 보건데 모두 쓸데없는 것이다. 성공을 어떻게 학습을 통하여 얻을 수 있겠는가?

우리는 사람이 선천적으로 품부(稟賦)받은 것을 본성이라 하고, 후천적으로 배양하는 것을 습관을 짓는다 하는데, 일반적으로 습성(習性)이라 한다. 사람의 선천적인 품부(稟賦)는 무엇으로 결정하는가? 그것은 명(命)으로 결정된다. 명(命)은 또 무엇에 의지하여 결정되는가? 그것은 간지(干支)에 의지하여 결정된다. 총 결론은 간지(干支)도 자기의 성(性)이 있으며, 간지(干支)의 성(性)과 그 조합으로 인명(人命)의 성(性)이 결정된다는 것이다.

우리는 먼저 십간(十干)의 성(性)에 대하여 살펴보겠다. 십이지지(十二地支) 또한 십간(十干)의 조합으로 이루어진다. 그런 까닭에 십간(十干)은 기본원소가 된다. 나는 십천간(十天干)을 사회조직의 10명의 구성원으로 비유하려고 하는데, 그러면 이해하기가 용이할 것이다.

첫 번째, 갑(甲)은 큰 형으로 비유한다.

갑(甲)은 돈이 많은 사람으로 사회의 지위가 가장 높으며, 사회가 인정하는 존자(尊者)이다. 기품이 있고 선(善)을 좋아하며 베푸는 것을 좋아하고, 정부의 요직에 있다.

두 번째, 을(乙)은 큰형의 여동생으로 부가(富家)의 공주이며, 몸이 단정하고 요염하여 큰 형의 애호(愛護)를 받는다.

사람과의 교제나 소통(沟通), 연결을 잘한다. 또한 항상 방대(幇大)한 큰형의 협조를 받아 주위의 사무를 보며, 큰형의 돈을 낭비한다. 갑(甲)의 자매이며 갑(甲)의 겁재(劫財)이다.

세 번째, 병(丙)은 대명성(大明星)으로 하늘에 출현하여 영시(影視)의 절목(節目) 중에 있고, 입은 현하(懸河)³⁹⁾와 같다.

정면의 형상(形象)은 아주 좋으나 이상주의로 실제적이지 못하며, 간단하고 단순하여 추종자가 아주 많다.

네 번째, 정(丁)은 대명성(大明星)의 자매이다.

---

39) 물 흐르듯 거침없이 잘하는 말을 뜻한다.

글을 알고 이치에 통달하고, 소가(小家)의 벽옥(璧玉)인데, 이것은 문예(文藝)의 여신(女神)이다. 점성(占星)에서는 시(詩)를 쓰고 부(賦)[40]를 짓는 것을 좋아하며, 또 신(神)이나 불(佛)에게 경례(敬禮)한다. 풍두(風頭)[41]하는 것을 좋아하지 않으며, 단지 자기의 전문적인 연구를 즐긴다. 태양 빛에 의하여 별빛이 가려진다.

다섯 번째, 무(戊)는 부유(富有)하고 풍만한 사람이다.

대명성(大明星)인 병(丙)의 동포형제이다. 경력이 풍부하며 노련하고 신중하다. 또, 잘되면 사람들의 스승이 된다. 항상 병화(丙火)인 형제와 함께 나타나며 조목조목 설명하고 관점이 중립적이며 치우치거나 과격하지 않으며 친화력이 강하며 따르는 사람이 많다.

여섯 번째, 기(己)는 무(戊)의 여동생이다.

천사 같은 용모이나 마귀(魔鬼) 같은 몸매이다. 오히려 이때문에 출생이 낮고 보잘것없어 자신(自信)도 없으며 구차한 언소(言笑)를 하지 않으며 또 소심한 눈이다. 심기(心機)가 천박하다.

일곱 번째, 경(庚)은 노포아(老炮兒)[42]이다.

무(武)를 행하는 출신이며, 창이나 봉(棒)을 희롱하는 것을 좋아하

---

40) 한문문체의 하나. '부'는 본래 《시경》의 표현방법의 하나로서, 작자의 생각이나 눈앞의 경치 같은 것을 있는 그대로 드러내 보는 것이다. 한문체에서, 글귀 끝에 운을 달고 흔히 대(對)를 맞추어 짓는 글. 과문(科文)에서, 여섯 글자로 한 글귀를 만들어 짓는 글
41) 언행의 표현이 특별함
42) 새장을 들고 한가롭게 다니는 건달

고, 일하는데 엄숙하고 진지하며, 융통성이 적고 정에 이끌리지 않는
다. 문을 나서는데 옷차림이 아주 깨끗하며 의기(義氣)를 말하며 사
람들의 무리에서 대장이며 표준적인 건달이다.

여덟 번째, 신(辛)은 경(庚)의 여동생이다.

자라면서 섬세하다. 맑은 것을 좋아하며 결벽증이 있다. 외롭고 오
만하고 냉담하며, 말하는데 가시가 끼어있어 독설매(毒舌妹)[43]라 한
다. 임대옥(林黛玉)[44]이 대표적인 여자이다.

아홉 번째, 임(壬)은 멋대로 하는 이공남(理工男)이다.

높은 지혜가 있는 상인이며 일류 대학을 졸업한다. IT에 천재이며,
숫자에 관한 기술에 섬세하고, 생활에 관한 조잡한 기술에 잘 맞으
며, 작은 예절에 구애받지 않고, 자아(自我) 분투형인 사람이다.

열 번째, 계(癸)는 임(壬)의 여동생으로 피부는 물처럼 매끄럽고 윤기가
나며 희다.

출생은 비미(卑微)하나 오히려 고괴(古怪)[45]한 정령(精靈)[46]이다. 일
하는데 원활하고 기민하다. 능히 많은 조직의 성원(成員)들에게 희애

---

43) 악독(惡毒)하게 혀를 놀려 남을 해치는 말을 하는 자매
44) 「홍루몽」은 가보옥과 임대옥의 애정 비극과 가보옥과 설보차(薛寶釵)의 결혼 비극이 중심 내용이다. 보옥이
    열두 살 때, 임대옥(林黛玉)과 설보서(薛寶敍)라는 아름다운 두 소녀가 가씨네 집에 오게 되었다. 두 소녀 모
    두 다 보옥에게는 조카뻘로서, 나이는 비슷비슷했다. 또 소설의 주인공인 가보옥(賈寶玉)과 임대옥(林黛玉)
    의 연애가 비극적으로 끝나는 것은 원작자의 의도와 잘 부합되고, 또 소설 전개 방법과 기교의 차이도 없다.
    [네이버검색]
45) 고태(古態)스럽고 괴상(怪常)함
46) 도깨비와 같이 영리하고 총명함을 나타냄

(喜愛)를 받고, 기회가 있으면 신분 있는 귀인(貴人)과 인연이 맺어져 신분이 바뀐다.

십천간(十天干)의 성(性)을 사람으로 비유하여 설명함으로써 공부에 이해를 돕고자 한다.

갑(甲)은 큰형으로 무엇이든 좋아하나 사람을 만나는 것은 좋아하지 않는다.

을(乙)인 여동생의 뛰어난 수단에 돈을 낭비하게 되며, 항상 대명성(大明星)인 병(丙)의 도움에 떳떳하지 못하다. 정(丁)인 여신(女神)은 그의 은혜를 받고, 그에 대한 그리움으로 기울어진지 이미 오래며, 그는 한사코 머리가 어지러울 정도로 조심스러운 눈의 여동생을 좋아한다. 사회에서 그에 대한 평가는 적어도 부분적으로 내려간다. 큰형이 하는 일은 많은 댓가를 치르게 된다. 갑기(甲己)가 합하면 존비(尊卑)가 서로 합하므로 갑(甲)의 입장에서는 바로 기(己)의 미색(美色)을 탐연(貪戀)하여 신분을 잃게 된다.

을(乙)의 가장 큰 특징은 연결, 교제, 전달하는 것이다.

을(乙)이 경(庚)과 합하면 강유(剛柔)의 합이다. 가장 양강(陽剛)한 기(氣)인 경(庚)이 가장 유정(柔情)한 을(乙)을 보는 것이다. 이것은 또한 서로 보충하고 서로 필요로 하는 것이다. 특별히 경(庚)이 외변에

---

47) 나이가 많고 노련함을 나타내고, 사람으로는 맏이, 첫째 등을 표시하기도 함

있는 것을 보면 노대(老大)[47]하고, 을(乙)을 보면 온순(溫順)해지고 친해질 만하다. 을(乙)은 어떤 물건이라도 부드럽게 변하게 하는 역량이 있다.

병(丙)은 격렬한 표현을 좋아한다.

그러나 신(辛)과 합하면 원래의 모습을 잃어버려 격렬하지 않게 된다. 병신(丙辛)의 합은 일월(日月)인 음양의 합으로 병(丙)이 신(辛)을 사랑하는 것이 곧 양광(陽光)이 거울을 비추는 것으로 신(辛)의 거울이 체(體)를 통하여 빛을 내는 것이다. 그렇지 않으면 신(辛)은 아름다우나 사람이 알아주지 못한다.

정임(丁壬)이 합하는 것은 대소(大小)의 합으로 정(丁)은 점(點)이 되며 임(壬)은 면(面)이 된다.

정(丁)은 본래 문예녀(文藝女)인데 壬의 재주와 합하여 최상의 문장을 표출해 낸다. 문예녀는 이공남(理工男)을 좋아하고 임(壬)은 자아(自我)분투형인데 둘이 만나면 곧 뛰어나게 된다.

무계(戊癸)가 합하니, 부유(富有)하고 나이 들어 살찐 사람이 고향의 어린 미녀(美女)를 찾는다.

그리고 고향의 어린 미녀(美女)와 죽도록 즐긴다. 왜냐하면 계(癸)는 십간 중에서 지위가 가장 낮아서 신분을 바꾸는 것이 필요한데 사람 중에서 빼어나니 좋은 남자에게 시집가는 것이다. 계수(癸水)라는 정령(精靈)은 신분을 바꾸는 방법이 아주 많다. 그 하나는 무(戊)에게 시집가는 것이고, 둘째는 갑(甲)에 달라붙는 것이다. 계수(癸水)는 갑(甲)을 보면 곧 갑(甲)의 몸을 적시어 흥분시키고 거꾸로 둘러쳐 일거에 신분을 바꾼다.

서로 합(合)하는 것은 모든 성(性)이 완전히 상반(相反)되어 합해야 성립된다. 이것이 곧 음양의 도인 것이다. 그중에 도리를 깨달으면 이 세계를 쉽게 이해할 수 있다. 어째서 노자(老子)는 수(水)를 좋아했는가? 수(水)는 음(陰)으로 양(陽)을 따른다. 양성(陽性)이 아주 강한 것은 오히려 음과 합하여 변해야 한다. 십간(十干)의 상합(相合)에서, 음(陰)은 양(陽)과 합하는 것을 좋아하여 지위를 상승시키고, 양(陽)은 음(陰)과 합하면 지위가 내려간다. 음양을 구분한다면 갑(甲)은 양(陽)이고, 을(乙)은 음(陰)이며, 병(丙)은 양(陽)이고 정(丁)은 음(陰)이며, 무(戊)는 양(陽)이고, 기(己)는 음(陰)이며, 경(庚)은 양(陽)이고 신(辛)은 음(陰)이며, 임(壬)은 양(陽)이고 계(癸)는 음(陰)이다.

비유하면 을(乙)이 경(庚)과 합하면, 을(乙)의 지위는 높아지고 경(庚)의 지위는 낮아진다. 그러나 을(乙)은 음이며 경(庚)은 양이니 누가 적시고 누가 빛나는가? 정임(丁壬)의 합도 또한 같은데, 정(丁)은 음이고 임(壬)은 양이니 정(丁)의 지위는 높아지고 임(壬)의 지위는 낮아진다. 요컨대, 당신은 그 합(合)이 좋은지 아니면 나쁜지를 분별해야 한다. 합(合)이 있으면 모두 음(陰)이 양(陽)과 합하는 것을 기뻐한다. 을경(乙庚)이 합하면 이것은 을(乙)이 빛을 더하는 것이다.

세상에는 영원한 고귀(高貴)도 없고 장구한 빈천(貧賤)도 없으며 전부 변화가 있다. 십간의 성(性)이 인성(人性)과 인격을 결정한다. 성(性)은 고정적이나 오히려 항상 변화하고 있다. 만일 명국(命局)에 변화가 없다면 인생(人生)은 곧 궤도를 바꾸거나, 아울러 성공을 향하여 달릴 가능성이 없는 것이다.

공자의 제자인 자공(子貢)은 이러한 것을 그의 스승에게 말하였다. 부자(夫子)의 문장은 얻어들을 수 있으나, 부자(夫子)가 말한 천도(天道)의 성명(性命)은 얻어들을 수 없는 것이다. 천도(天道)인 성명(性命)의 학(學)을 볼 수는 있으나 그 제자들은 모두 이해할 수가 없었다. 내가 강의하는 일체는 모두 천도(天道)인 성명(性命)에 관한 학이다. 천도(天道)를 따라 헤아려 인사(人事)에 미치게 하여 세계를 이해하고 인생을 지도하려는 것이다.

제12절

천간 오합의 상의[48]
(天干)　　(五合)　　(象義)

천간(天干)의 오합(五合)은 갑(甲)과 기(己)가 합(合)하고, 을(乙)이 경(庚)과 합(合)하고, 병(丙)과 신(辛)이 합하고, 정(丁)과 임(壬)이 합하고, 무(戊)와 계(癸)가 합하는 것으로, 앞의 1절에서 천간의 성(星)은 천간(天干)의 오합을 거쳐야 그 자리를 바꿀 수 있다고 하였다.

여러분은 몇 가지 문제를 생각해봐야한다. 첫 번째 문제는 '천간의 오합은 천간의 성(性)만 바꾸는 것인가?' 이다. 예를 들어 '甲과 己가 합하면 갑성(甲性)과 기성(己性)이 바뀌는가?' 인데, 여러분이 하나의 답안을 제시하기 바란다. 천간의 오합은 그 성(性)을 바꾸는데 단지 크게 하거나 작게 하거나 바꿀 뿐이다.

두 번째 문제는 어째서 합(合)만 말하고 화(化)는 말하지 않는가?

48) 박형규 역, 박형규 · 허항진 편저 「손에 잡히는 맹파명리 하」 상원문화사 2016 21쪽~41쪽 참고

이다. 합화(合化)는 명리에서 실제적인 뜻이 없기 때문이다. 그러나 합(合)을 말하고 화(化)는 존재하지 않는다는 것은 아니다. 왜냐하면 고인(古人)이 합화(合化)를 세운 것에는 반드시 그 도리가 있기 때문인데, 내가 아는 합화(合化)의 작용은 오운육기(五運六氣) 중에는 쓰지만 명리에서는 쓰지 않을 뿐이다.

세 번째 문제는 음양의 측면에서 말한다면 합(合)은 음(陰)에 속하겠는가? 양(陽)에 속하겠는가? 이다. 합(合)은 충(沖)과 상대적이니 충합(沖合)을 서로 비교하면 자연히 합(合)은 음(陰)이고, 충(沖)은 양(陽)에 속한다.

십천간의 상합(相合)은 성질이 완전히 다른 두 가지 물건이 합하는 것인데, 상반된 물건이 합하는 것이다. 아래에서 합(合)의 본신(本身)에 대한 몇 가지 뜻을 살펴보겠다.

1. 합(合)은 결합이다.

예를 들면 남녀가 결합하면 부부가 되는데 이것이 결합의 뜻이다.

2. 합(合)은 점합(粘合) 또는 부착한다는 뜻이다.

이에 대해 머리를 열고 생각해보라. 생활 중에 서로 완전히 다른 물건이 합하여 함께 할 수 있는가? 여러분이 생활 속에서 생각해 볼 줄 알아야 한다. 왜냐하면 명리(命理)의 유상(類象)이 인생이기 때문이다. 군자와 소인을 예로 들면, 만일 소인(小人)이 합하여 군자(君子)를 해치러 가지 않으면, 곧 그가 소인(小人)임을 나타내지 않는 것이다. 또한 여자가 화장하는 것은 화장품을 얼굴에 발라서 합하는 것이다.

3. 합(合)은 연접(連接)이다.

생각해보면 연접(連接)이란 어떤 사물이 연결되어 있음을 알 것이다. 연접(連接)된 사물의 예를 들면 옥폐(玉幣)같은 것으로 실을 사용하여 옥(玉)을 이으면 전체가 되는 것과 같다. 또 문자(文字)를 이으면 문장(文章)을 이루고 다시 문장을 이어 구절을 이루는 것과 같다. 묶어서 감는 것도 또한 한 쌍의 음양이 연접하는 것이다.

4. 합(合)이란 획득이나 보탠다는 뜻이다.

비유한다면 현재 유행하는 인터넷망과 같은 것이다. 인터넷 망에 가입하여 실제적인 영업을 하는 것이다. 즉 원래 있는 것에 근본적인 개변은 발생하지 않고 단지 다른 물건만을 더할 뿐이다.

5. 합(合)은 일종의 정의(定義)관계이다.

예를 들면 병(丙)은 눈동자가 되는데, 병신(丙辛)이 합하면 신(辛)은 주로 맑고 물이 윤택한 것으로, 합은 곧 동(動)이다. 고로 한 쌍의 맑은 눈동자로 주시하는 큰 눈이다. 또한 신(辛)이 주보(珠寶)가 되면 병(丙)은 신(辛)을 정의(定義)하는데, 정광(灯光)이 주보(珠寶)를 비추는 것이다. 이러한 상황은 아주 많은데, 서로 합(合)을 배워 정의(定義)하는 법을 사용하여 상(象)을 취해야 한다.

6. 합(合)은 용(用)을 사용하는 것이다.

체(體)와 용(用)이 서로 합하는 것으로 체(體)가 용(用)을 사용하는 것이다. 예를 들면 상관(傷官)이 인(印)과 합하는 것인데, 상관은 내가 생각하는 법이고 인(印)은 문화(文化)이니, 곧 내가 문화지식을 학습하는 뜻이다. 이상은 내가 총결론을 내린 천간 오합의 몇 가지 뜻이다.

아래에서는 천간 오합의 상(象)을 이해하고자 하는데, 천간 오합은 바로 상반(相反)된 상(象)이 서로 합하는 것이다;

갑기(甲己) 합은 존비(尊卑)의 합으로, 갑(甲)은 존귀하고 기(己)는 비천한데, 합으로 갑(甲)은 존귀하지 않고 기(己)는 비천하지 않게 된다.

을경(乙庚) 합은 강유(剛柔)의 합으로, 을(乙)은 부드럽고 庚은 강한데, 합으로 을(乙)은 부드럽지 않고 경(庚)은 강하지 않게 된다.

병신(丙辛) 합은 일월(日月)의 합으로, 병(丙)은 열이 나고 신(辛)은 차가운데, 합하면 청명(淸明)하고 따뜻해진다.

정임(丁壬) 합은 대소(大小)의 합으로, 정(丁)은 작고 임(壬)은 큰데, 합하면 점(點)이 면(面)이 되거나 혹은 면(面)이 점(點)을 찾는다.

무계(戊癸) 합은 조윤(燥潤)의 합으로, 무(戊)는 조(燥)하고 계(癸)는 윤(潤)하니, 합하면 땅이 축축해져 하늘과 화합한다.

다음은 자연 현상을 이용하여 천간의 오합을 이해하고자 한다.

갑기(甲己)의 합은 낙엽이 떨어져 뿌리로 돌아가는 것과 같은데, 갑(甲)은 나무로서 가을에 낙엽이 떨어지면 기토(己土)로 돌아가는 것과 같다.

을경(乙庚)의 합은 곡식을 심어 가을에 거두는 것과 같은데, 을(乙)은 벼가 되고 경(庚)은 거두는 것이다.

병신(丙辛)의 합은 빙설(氷雪)이 녹는 것과 같은데, 병(丙)은 태양이고 신(辛)은 상설(霜雪)이기 때문이다.

정임(丁壬)의 합은 별들이 펼쳐진 것과 같은데, 정(丁)은 성점(星點)이고 임(壬)은 면(面)이나 포(布)[49]이기 때문이다.

무계(戊癸)의 합은 비가 온 뒤에 무지개와 같다. 무(戊)는 색채이고 계(癸)는 물방울이기 때문이다.

마지막으로 물상(物象)을 이용하여 천간의 오합을 이해하도록 하겠다.

---

49) 넓게 분포하거나 널려 있음을 나타낸다.

갑기(甲己)의 합은 장첩(裝貼)[50]의 합이다. 예를 들면 높은 빌딩 위에 타일을 붙인 것이다.

을경(乙庚)의 합은 그릇을 만드는 합으로, 예를 들면 도끼나 낫, 창이나 칼 등을 만드는 것인데 모두 금속의 기구에 하나의 나무를 깎아서 합한 것이다.

병신(丙辛)의 합은 도경(鍍鏡)[51]의 합이다. 신(辛)의 거울이 병(丙)과 합하여 빛나는 것이다.

정임(丁壬)의 합은 필묵(筆墨)의 합으로 정(丁)은 점(點)이 되고 임(壬)은 묵(墨)이 되니, 합하여 글자를 쓰거나 그림을 그린다. 고로 정임(丁壬)의 합은 대부분 글을 쓰거나 문장의 상(象)이 있다.

무계(戊癸)의 합은 화채(化彩)[52]의 합으로, 비가 온 후에 무지개가 화채(化彩)한다. 무계(戊癸)의 합은 대부분 계몽이나 연설하는 상(象)이다. 따라서 일상생활 속에서 상합(相合)하는 물건을 찾아보고 펼쳐서 천간의 오합과 대응하면 머리가 열릴 것이다. 비유한다면, 눈동자로 사물을 보는 것은 무엇을 사용하여 합한 것인가? 나는 정임(丁壬)의 합에 동의하겠는데, 정(丁)은 점(點)이고 임(壬)은 면(面)이며, 정(丁)은

---

50) 꾸며서 붙임
51) 도금한 거울
52) 변화시킨 아름다운 색

눈동자의 일점이니 이것으로 하나의 큰 면(面)을 보는 것이다.

인체에서 근육과 뼈가 합하는 것은 무엇을 이용하여 합한 것인가? 당연히 을경(乙庚)이 합한 것이니, 경(庚)은 뼈가 되고 을(乙)은 근육이다. 乙庚의 합은 다시 골두(骨頭)와 관절(關節)의 관계를 표시한다.

몸에 열이 나는데 석고(石膏)를 사용하면 몸에 땀이 나면서 열이 물러가는데 무엇이 합한 것인가? 당연히 병신(丙辛)이 합한 것이다. 매운 약은 열이 많은데, 오직 석고(石膏)가 매운 것을 차게 한다. 병신(丙辛)의 합이 수(水)로 화(化)하면서 땀이 나고 열이 물러간다.

안경을 쓰는 것은 무엇이 합한 것인가? 나는 병신(丙辛)의 합에 동의하겠다. 신(辛)이란 거두는 상(象)이니 빛을 모아 취하는 뜻이다. 병(丙)은 눈이다.

모자를 쓰는 것은 무엇이 합한 것인가? 갑기(甲己)의 합이다. 갑(甲)은 머리이고 기(己)는 모자가 되기 때문이다.

여자가 화장하는 것은 무엇이 합한 것인가? 무계(戊癸)의 합이라 해도 맞고, 정임(丁壬)의 합이라 해도 맞는다 생각한다.

계(癸)는 윤(潤)한데 무(戊)와 합하면 윤습(潤濕)해져 수(水)가 보전된다. 정임(丁壬)의 합은 주로 색채(色彩)나 유채(油彩)로 일반적으로 화장이 된다.

얼굴에 난 긴 반점은 무엇이 합한 것인가? 나는 갑기(甲己)의 합에 동의한다. 실제로 많은 갑기(甲己)의 합은 얼굴에는 긴 반점이 있는데, 甲은 머리이고 己는 장(贓)[53]이기 때문이다.

손에 묶는 것이나 팔찌는 무엇이 합한 것인가? 을경(乙庚)합이다. 을(乙)은 팔이고 경(庚)은 가죽이기 때문이다.

꽃이 핀 후에 열매가 맺힌 것은 무엇이 합한 것인가? 나는 정임(丁壬)의 합이라는데 동의한다. 정(丁)은 꽃이 되고 임(壬)은 잉육(孕育)이기 때문이다.

옷을 입는 것은 무엇이 합한 것인가? 나는 갑기(甲己)의 합이라 보는데, 기(己)는 육(肉)이고 갑(甲)은 포장이기 때문이며 혹자는 갑(甲)을 외변의 껍질이라 한다.

금융으로 재(財)를 다스리는 것은 무엇이 합한 것인가? 금융(金融)으로 재(財)를 관리하는 것은 바로 을경(乙庚)의 합이 표준이다. 즉 옛날사람들은 돈을 줄로 꿰어 만든 것이다. 현대에서도 을경(乙庚)의 합은 대부분 금융의 상(象)이다.

---

53) 숨기다. 감추다.

사람이 빌딩에서 내려오는 것은 어떤 합을 취한 것인가? 이러한 상(象)은 말할 것도 없이 무계(戊癸)의 합으로 무(戊)는 높은 곳이고 계(癸)는 낮아 움푹한 것이다.

간지(干支)의 학(學)은 가장 간단한 부호로써 상대적으로 복잡한 사물을 표현하는데 매우 높은 추상적인 수준이 필요하다.

상(象)은 완전한 표현은 아니나 그와 비슷한 것을 취하여 우리들이 일점(一點)의 상상력을 발휘하게 한다. 이후에 공부하고자 하는 내용은 모두 이 상법(象法)에 관한 것들이다. 여러분은 훈련을 통해 어떤 상(象)을 취하고 어떻게 간지(干支)가 우리 생활에 대응(對應)하는지 배워야 할 것이다.

제13절

십신의 석의[54]
(十神)　　　(釋義)

무엇이 십신(十神)인가? 출생한 일간(日干)이 주(主)가 되고, 그 밖의 간(干)은 생극(生剋)의 관계가 발생한다. 모두 오종(五種)의 관계가 있는데, 음양을 더하면 십신(十神)이 구성된다.

일주(日主)는 체(體)가 되고 그 밖의 간지(干支)는 모두 용(用)이다. 그런 까닭에 십신(十神)은 아(我)를 둘러싸는 것으로 정의한다.

나를 생(生)하는 것은 정인(正印)과 편인(偏印)이다. 음양의 다른 성(性)이 상생(相生)하는 것은 정인이 되고, 음양이 같은 성이 상생하면 편인(偏印)이 된다. 예를 들면 갑일(甲日)이 계(癸)를 보면 정인이 되고 임(壬)을 보면 편인이 된다.

나를 극(克)하는 것은 정관(正官)과 편관(偏官)이다. 편관은 또 칠살

---

54) 글의 뜻을 해석함. 박형규 역 『맹파명리』 상원문화사 2011 「십신유상」 121쪽~134쪽

(七殺)이라고도 하는데 간단하게 살(殺)이라 한다. 음양의 다른 성이 나를 극하면 정관(正官)이고 음양의 같은 성이 나를 극하면 칠살(七殺)이 된다. 예를 들면 갑일(甲日)이 신(辛)을 보면 정관이고 경(庚)을 보면 칠살이 된다.

내가 생하는 것은 상관(傷官)과 식신(食神)이다. 음양이 다른 성을 내가 생하면 상관이 되고, 음양이 같은 성을 내가 생하면 식신이 된다. 예를 들면 갑(甲)이 정(丁)을 보면 상관이고 병(丙)을 보면 식신이 된다.

내가 극(克)하는 것은 정재(正財)와 편재(偏財)가 된다. 음양이 다른 성을 내가 극하면 정재가 되고, 음양이 같은 성을 내가 극하면 편재가 된다. 예를 들면 갑(甲)이 기(己)를 보면 정재이고 무(戊)를 보면 편재가 된다.

나와 동류(同類)인 것은 비견(比肩)과 겁재(劫財)이다. 음양의 성이 같으면 비견이고, 음양의 성이 다르면 겁재가 된다. 예를 들면 갑(甲)이 갑을 보면 비견이고 甲이 을(乙)을 보면 겁재가 된다.

특별히 주의해야 할 것은 일주(日主)가 양(陽)이면 정재(正財)가 신(身)과 합하는데, 예를 들면 갑(甲)이 기(己)를 보는 것으로 갑(甲)이 정재와 합하는 것이다. 일주(日主)가 음(陰)이면 정관(正官)이 신(身)과 합하는데, 예를 들면 을(乙)이 경(庚)을 보아 정관과 서로 합하는 것이다.

십신(十神)의 사이에는 서로 생극(生剋)이 있다.

인성(印性)은 식상(食傷)을 극(克)하고, 관살(官殺)은 인성을 생하며, 인성은 비겁(比劫)을 생(生)하고, 재성(財星)은 인성을 극한다.

관살은 비겁을 극하고, 관살은 인성을 생하며, 인성은 비겁을 생하고, 식상(食傷)은 관살을 극한다.

재성은 관살(官殺)을 생(生)하고, 식상(食傷)은 재성(財星)을 생하며, 비겁은 재성을 극하고, 재성은 인성(印性)을 극한다.

식상(食傷)은 재성(財星)을 생하고, 식상(食傷)은 관살을 극하며, 인성은 식상(食傷)을 극하고, 비겁은 식상(食傷)을 생한다.

초학자는 육친(六親)의 생극(生剋) 관계를 반드시 기억하여 입을 벌리면 곧 말이 나와야 한다. 만일 익숙하지 않으면 뒤에 있는 내용을 모두 배울 수가 없다. 숙련(熟練)에는 자신의 노력이 필요하며, 이것은 선생도 어떻게 대신해줄 수가 없다.

초학인들은 이 십신(十神)에 익숙해져야 한다. 하나의 팔자(八字)를 배열하면, 천간(天干)에 십신(十神)을 표시할 뿐 아니라 지지(地支)에도 또한 표시하는 것이 필요하다. 지지(地支)에서 먼저 초학자에게 요구하는 것은 본기(本氣)를 표시하는 것이다.

곧 인(寅)은 양목(陽木)이고 묘(卯)는 음목(陰木)이다. 진(辰)은 양토이며, 사(巳)는 양화(陽火)이고 오(午)는 음화(陰火)이며, 미(未)는 음토(陰土)이고, 신(申)은 양금(陽金)이고 유(酉)는 음금이다. 술(戌)은 양토(陽土)이고, 해(亥)는 양수(陽水)이며 자(子)는 음수(陰水)이고, 축(丑)은 음토(陰土)이다.

십신(十神)으로 표시하면;

갑(甲)이 인(寅)을 보면 비견이라 하는데 간단하게 비(比)라 한다. 묘(卯)를 보면 겁(劫)으로 표시한다. 진(辰)을 보면 재(財)라 표시하고, 사(巳)를 보면 식(食)이라 하며, 오(午)를 보면 상(傷)이라 한다. 미(未)를 보면 재(財)가 되고, 신(申)을 보면 살(殺)이 되며, 유(酉)를 보면 관(官)이라 하고, 술(戌)을 보면 재(財)라 하며, 해(亥)를 보면 효(梟)[55]가 되고, 자(子)를 보면 인(印)으로 표시하고, 축(丑)을 보면 재(財)라 표시한다.

정재(正財)는 재(財)로 표시하고 편재(偏財)도 재(財)라 표시한다. 정인(正印)은 인(印)으로 표시하고 편인(偏印)은 효(梟)라 표시한다. 이후에 숙련이 되면 표시할 필요가 없는데, 초학자는 모두에 표시하는 것이 필요하다.

---

55) 편인을 의미함. 올빼미로 칭하기도 한다.

십신(十神)의 뜻은 뒤에 전문적으로 살펴보겠다. 십신(十神)에 대한 뜻은 아주 풍부하다. 육효(六爻)를 배운 사람들은 알 것인데, 육효에서 쓰는 용(用)은 십신이 아니고 그것은 육친(六親)이다. 육친은 여섯 가지이지만 실제로는 오종(五種)의 관계이다. 육친은 단지 차용(借用)하여 말한 것일 뿐이다. 육친(六親)에서 부모(父母)로 사용하는 것을 명리의 십신(十神)에서는 정인(正印)이나 편인(偏印)이라 한다. 계통으로 보아도 법이 다르고 근본적으로 내포된 뜻도 다르다. 팔자(八字)에서는 부모(父母)를 보는데 인성(印性)으로 쓰지 않는다. 육친(六親)에서 자손을 십신(十神)에서는 식상(食傷)이라 하는데, 뜻도 또한 완전히 다르다.

십신(十神)에서 나를 극하는 것은 정관이나 편관이 되고, 내가 극하는 것은 정재나 편재가 되며, 나를 생하는 것은 정인이나 편인이 되고, 내가 생하는 것은 상관이나 식신이 되며, 나와 동류(同類)인 것은 비견이나 겁재가 된다.

십신(十神)의 본래 뜻은 사람의 사회관계를 표달(表達)[56]하는데 있다. 사람의 명운(命運)은 바로 사회관계에서 펼쳐지는데, 사회관계가 없으면 곧 명운(命運)도 없는 것이다.

여기서는 시각을 바꾸어서 사회학적인 시각과 인성(人性)의 시각

---

56) 의사나 감정 따위를 표현하여 전달함

에서 십신(十神)을 이해하려고 한다.

매슬로우[57]는 사람에게 필요한 5가지 욕구를 ①생리적 욕구 ②안전에 대한 욕구 ③사랑과 소속의 욕구 ④존중의 욕구 ⑤자아실현의 욕구라고 하였다. 사회학의 측면을 십신(十神)으로 바꾸어 살펴보려 한다.

① 생리(生理)적 욕구는 상관(傷官)이나 식신(食神)으로 보아야 하지 않을까? 내가 생(生)하는 것은 내가 설(泄)하거나 발설(發泄)하는 뜻이니, 이것은 생리적인 욕구가 된다. 당연히 상관과 식신은 생리적인 것보다 많은 것을 표시하며 또한 사상과 의지에 관한 내용을 표출한다.

② 안전에 대한 욕구는 인성(印性)으로 볼 수 있다. 안전은 나를 보호하는 것이다.

③ 사랑과 소속도 보호받는 것으로 귀결되니 인성(印性)이 된다.

④ 존경의 욕구는 관살(官殺)로 귀속되며, 관살은 영예(榮譽)라는 뜻이다.

⑤ 자아실현은 귀납하면 재성(財星)이나 관살성(官殺星)이 된다.

---

57) 매슬로는 인간의 동기가 작용하는 양상을 설명하기 위해 동기를 생리적 욕구, 안전 욕구, 애정과 소속의 욕구, 존중 욕구, 그리고 자아 실현 욕구의 5단계로 구분했다. 매슬로에 따르면 각 욕구는 우성 계층(hierarchy of prepotency)의 순으로 배열되어 있으며 욕구 피라미드의 하단부에 위치한 욕구가 충족되어야만 상위 계층의 욕구가 나타난다.
매슬로의 욕구 단계 이론은 인간의 보편적인 동기의 많은 부분을 설명하지만 한계도 있어 최근에는 이를 보완한 앨더퍼의 ERG 이론, 혹은 진화론과 생물학, 심리학 등을 결합한 새로운 욕구 피라미드 이론도 등장하고 있다. [네이버지식백과] 욕구 단계 이론 [hierarchy of needs theory] (심리학용어사전, 2014. 4., 한국심리학회)

인성(人性)의 측면에서 십신(十神)을 이해해보면 사람의 오종(五種) 능력이 된다.

1. 인성(印星)은 나를 생하는 것이니, 사람에게 도움을 받는 능력이다.

2. 식상성(食傷星)은 내가 생하는 것이니, 사람의 사고능력이다.

3. 재성(財星)은 내가 극하는 것으로, 사람을 지배하는 능력이며 구통
(溝通)[58]하는 능력이다.

4. 관살성(官殺星)은 나를 극하는 것으로, 사람의 자아를 극제(克制)하는
능력이며 영예감(榮譽感)이다.

5. 비겁(比劫)은 나와 동류(同類)인데 이것은 사람의 행동능력이다.

오행(五行) 사이에는 생극(生剋)하는 작용이 관계하기 때문에 인성(人性)의 오종(五種) 능력에서 한 방면이 돌출하면 다른 한 방면은 약해지게 된다. 사고(思考)하는 능력이 강한 사람은 행동력이 늘상 부족한 것 같은데, 왜냐하면 식상(食傷)이 비겁(比劫)을 설하기 때문이다.

행동력이 강한 사람은 보호를 필요로 하지 않거나 도움을 받는 힘이 부족한데, 왜냐하면 인성(印星)이 비겁(比劫)에게 설(泄)을 당하기 때문이다.

의뢰심이 강한 사람은 자기의 존엄을 강조하지 않게 되는데, 왜냐하면 인성(印星)이 관살(官殺)을 설(泄)하기 때문이다.

---

58) 교류 혹은 사교성이 뛰어남을 나타냄

자아(自我)에 대한 극제력이 있는 사람은 욕망(欲望)이 현저하게 감소하게 되는데, 왜냐하면 관살(官殺)에게 재성(財星)이 설(泄)을 당하기 때문이다.

소통하는 능력이 강한 사람은 언제나 사고(思考)하는 것을 좋아하지 않는데, 왜냐하면 재성(財星)에게 식상(食傷)이 설(泄)을 당하기 때문이다.

십신(十神)은 사람의 사회관계를 표달(表達)한다. 어떻게 표달(表達)하는가? 그것은 체용(體用)의 관계를 통하여 표달한다. 무엇이 체용(體用)인지에 대해서는 앞의 과정에서 이미 살펴보았다.

체(體)란 본체(本體)이고, 용(用)이란 공용(功用)이다. 용(用)은 십신(十神)에 있는데, 곧 우리 각자 개인이 어떤 모양의 본체(本體)라면, 어떤 목적을 이루려고 하는 것이다.

인생에는 모두 목적이 있는데, 재부(財富)를 획득하려고 하거나, 권력을 얻으려고 하거나, 어떤 지식을 얻으려고 하거나, 어떤 존중을 받으려고 하거나, 어떤 것을 겸하여 얻으려 한다면 이런 것이 모두 용(用)이다. 그러나 목표에 도달하려면 모두 자기인 본체(本體)의 노력이 있어야 하며, 혹자는 자기를 돕는 공구(工具)가 있어야 하며, 혹자는 자신의 단체나 조직을 세워야 한다.

체용(體用)은 상호 작용하거나 상호 관련이 있어야 한다. 체용(體用) 사이에 작용하는 관계를 우리는 명리(命理)의 주공(做功)이라고 한다. 일반적으로 일주(日主) 자신과 비겁, 인성, 식신의 성(星)을 체(體)라 하고, 재성, 관살성, 상관성을 용(用)이라 한다. 그러나 이러한 체용(體用)은 고정되어 변하지 않는 것은 아니며, 어떤 상황에서의 성(星)은 모두 체(體)도 가능하다. 재성과 관살성도 체(體)가 될 수 있으며, 인성(印星)이나 비겁(比劫)도 용(用)이 될 수 있다.

한 번 생각해 보라. 십신(十神)중에 인성(印星), 관살성(官殺星), 식상성(食傷星), 재성(財星), 비겁성(比劫星)에서, 어떤 것이 본성(本性)에서 나오고, 어떤 것이 후천에서 나온 것이며, 어떤 것이 사회에서 나온 것인가? 이것은 참으로 중요한데, 이것을 생각하며 머리가 열려야 할 것이다.

여기에는 십신(十神)의 본질에 대한 내함(內函)과 관련되어 있다. 결론적으로 말하자면, 식상(食傷)과 재(財)는 사람의 본능성(本能性)이고, 관살(官殺)과 인(印)은 모두 사회성이이다. 또 비겁(比劫)은 나눠져서 비견(比肩)은 록(祿)으로 본성(本性)에서 나오고, 겁재(劫財)는 사회성에서 나온다.

어째서 그런지는 아래 십신(十神)의 내함(內函)에서 살펴보겠다.

인성(印星)이 나를 비호(庇護)하는 것은 실제로 우리의 문화(文化)

이다. 혹자는 우리가 받은 교육이라고 한다. 사람은 문화에 귀속감이 있어야 비로소 안전을 느끼게 된다. 각 개인은 모두 문화인으로 교육을 받았거나 혹은 사회의 영향을 받아 문화를 형성한다. 만일 당신이 외국에 간다면 그곳의 문화에 대하여 아주 생소할 것이고 귀속감을 느끼지 못할 것이다. 이것이 곧 인(印)의 함의(含意)이다.

상관(傷官)과 식신(食神)은 자기의 주장이나 생각하는 방법, 욕념(欲念)으로 이것은 개성화한 것이다. 그런 까닭에 본능성에 속한다.

재성(財星)은 내가 지배하는 것이며 또한 자기의 욕망이다. 아이가 태어나면 울기도 하고 먹을 것을 요구하는 것은 바로 재(財)이다. 자기의 장난감을 다른 사람이 가지고 가는 것을 허락하지 않으므로 본능성에 속한다.

관살성(官殺星)은 영예감(榮譽感)인데 이것은 반드시 후천에서 배양되어 이루어진 것이며, 압력이나 혹은 타격을 대표한다. 사람의 성장 과정에서 모두 갖가지 다른 모양의 고생을 겪게 되는데, 이것도 모두 관살(官殺)이다. 이러한 것도 당신의 성장을 돕는 필요한 경력이다.

비견(比肩)은 록(祿)인데, 록(祿)은 자아감(自我感), 자족감(自足感), 자아의식이며 또한 주로 자기가 누려 쓰는 것이며 향수(亨受)하는 뜻이다.

겁재(劫財)는 주로 행동력이며 경쟁력인데, 이것은 후천의 사회에서 교제하는 가운데 체현하여 나오는 일종의 능력이다.

이상에서 살펴본 것이 십신(十神)의 본질적인 뜻이다. 이에 더하여 많은 파생의 뜻이 있는데, 모두 원시(原始)의 함의를 확대하여 전개한 것이다. 비유하면 인성(印星)은 나를 보호하는 것이니, 의복, 자동차, 방, 문서, 신분(身分), 지위(地位), 회사, 기구 등 이러한 것들은 모두 인성(印星)으로 표시할 수 있다.

식상신(食傷神)은 내가 출산한 것으로, 내 의지의 연신(延伸)이니, 정신, 사상, 지력(智力), 자유, 감수(感受), 멋대로 하는 것, 학생, 정취(情趣), 애호(愛好), 감상, 예술, 쾌락, 향수(享受), 먹고 마시는 것, 복무(服務) 등이다.

재성(財星)은 내가 극하는 것인데, 지배나 혹은 이용하여 누리는 것이다. 예를 들면 금전, 부하, 사람과 교제하는 능력이다. 어째서 재(財)를 교제하는 능력으로 표시하는가? 재(財)라는 글자를 반으로 나누면 재(才)가 되는데, 재능이나 능력이 있다는 뜻이다.

교제에 필요한 것은 언어이다. 사람의 언어가 자신을 지배하는 것이다. 이 세계에 대해 자신이 실제로 지배하는 것이 적어 가련할 뿐인데, 생각해보면 단지 서로 통하는 말만 있을 뿐이다.

관살성은 나를 극(克)하는 것인데, 관방(官方), 권력, 압력, 소인(小人), 관사(官司), 폭력, 질병(疾病)을 대표한다. 자신의 심성(心性)으로 보면 극제(克制), 영예(榮譽), 존엄(尊嚴), 심기(心機), 의심이 많은 것 등을 대표한다.

비겁성은 나와 동류(同類)이다. 비견(比肩)과 록(祿)은 이미 말하였듯이, 자아, 향수, 피곤 등을 대표한다. 겁재(劫財)는 쟁탈(爭奪), 친구, 형제들, 상대방, 을방(乙方), 파재(破財)를 대표한다.

교정(校正)한 몇 가지를 더 살펴보자.

1.십신(十神)에는 좋은 것과 나쁜 것의 구분이 없으며, 조합이나 배치(配置)만 있을 뿐이다.

우리가 일반적으로 살(殺), 상(傷), 인(刃)은 당연히 흉신(凶神)이라 알고 있다. 그러나 흉신(凶神)도 용(用)을 얻게 되면 길신(吉神)에 비해서 훨씬 대단하다. 일반적으로 성취가 특별하게 높은 명(命)은 대부분 흉신(凶神)을 사용한다. 이는 사회에서 흉한 사람을 만나거나 흉한 일을 표시한다. 이렇게 흉신을 제압할 경우 법을 집행하는 사람이 많은데 대단한 사람들이다.

2. 인성(印星)의 정인(正印) · 편인(偏印)과 재성(財星)의 정재(正財) · 편재(偏財)는 팔자(八字)의 함의에는 큰 구별이 없다.

따라서 정인(正印)이 정당한 직업이 아니며, 편인(偏印)이 반드시 부정(不正)한 직업을 말하는 것도 아니다. 또한 정재(正財)도 반드시 정당한 수입이 아니고, 편재(偏財)도 수입을 나누는 것이 아니다.

3. 관(官)과 살(殺)의 구분은 아주 크다.

음일주(陰日主)는 정관(正官)과 신(身)이 합하고, 양일주(陽日主)는 정관(正官)이 신(身)을 극(克)하는데, 이 두 가지는 같은 정관(正官)이지만 뜻의 구별은 아주 크다. 당연히 칠살(七殺)의 구별은 일주(日主)의 음양을 보아야 하며, 이 점은 뒤에 다시 살펴보겠다.

4. 상관과 식신의 구별도 아주 크다.

함의(含義)에 큰 차이가 있음을 알아야 한다.

5. 재성(財星)이 일주(日主)와 합할 때는 곧 특별한 간법(看法)이 있다.

합신(合身)은 바로 내가 추구하는 뜻이 있으므로 우선 먼저 살펴야 한다. 재성(財星)은 구통(溝通)하는 능력 이외에도 다시 욕망(欲望)의 뜻이 있다.

십신(十神)의 함의에는 아주 많은 것이 있다. 다음 절에서 살펴보도록 하겠다.

제14절

십신의 사회적 의미

(十神)

앞의 절에서 인성(人性)과 사회적인 입장에서 십신(十神)을 해석하였는데, 다시 두 개의 입장에서 진일보한 해석을 살펴보자. 반드시 크나큰 깨우침을 얻게 될 것이다.

명리의 본질은 인생을 표현하는 것이다. 좀더 세밀하게 말하면 명리의 본질은 자아의 물건과 사회가 교환하는 방식을 표술한 것이다.

십신(十神)의 입장에서 본다면 일주(日主)를 제외한 자아(自我)에는 상관과 식신이 있다. 상관과 식신의 함의에는 아주 큰 구별이 있는데 어떤 구별이 있는가? 상관(傷官)은 과격하고, 식신은 평화이다. 상관은 주로 사회의 모든 규칙을 천시(賤視)하고 규칙을 지키지 않는다. 식신의 성품은 온화하고 또한 평담(平淡)하며 극단적으로 가지 않는다. 어떤 점에서는 만남에 따라서 편안해진다.

상관과 식신은 모두 사람의 창조능력을 표시한다. 상관은 독창성으로 편중(偏重)하고 개성화(個性化)가 분명하게 나타난다. 식신은 평담(平淡)하다. 앞 절에서 말했듯이 상관과 재성은 사람의 본능성이라 하였고, 관살과 인성은 모두 사회성이라 하였다.

관살과 인성, 이 두 가지는 사회성에서 무엇을 가리키는가? 다른 것은 무엇이 있는가?

명리 중에 상관(傷官)이 인성(印星)과 합하거나 식신(食神)이 인(印星)과 합하면 모두 명성(名聲)에 이로운 뜻이 있다. 그것의 본의(本意)는 무엇인가? 상관과 인성이 합하거나 식신과 인성이 합하면 이것은 나의 생각과 창조가 사회에 접수가 된다는 뜻이 된다. 만일 우리의 사상이 사회에서 인정을 받지 못한다면 우리는 명성(名聲)을 얻지 못하게 된다. 우리에게 사상이 있고 창조가 있는데 사회에 접수되어야 비로소 가치를 인정받게 된다. 이것이 실제로 자기와 사회의 교환인 것이다. 우리들 명리의 사로(思路)는 모두 교환(交換)과 입수(入手)를 생각하는 것으로 이것이 명리의 본질이다.

사회성의 방면에 있어서, 관살(官殺)은 사회조직의 돌출점(突出點)이며 제고점(制高點)이고, 인성(印星)은 사회의 보편화(普遍化)와 편평화(扁平化)이다. 인성(印星)은 대중적이며 주류적(主流的)인 사회관이다. 인성(印星)은 특히 쉽고 평범한 것이다.

이것이 두 사회화의 다른 체현(體現)이다. 그런 까닭에 관살을 칠살(七殺)이라 하며 사람이 쓰기가 어려운 것인데, 쓸 수 있다면 아주 특별한 것이다.

관살은 또 음양이 분명하여 양관(陽官)은 신(身)과 합하고, 음관(陰官)은 신(身)을 극(克)한다. 살(殺)에도 또한 음양이 분명하다. 음살(陰殺)은 극해(克害)하고 양살(陽殺)은 극해(克害)하지 않는다. 신(身)과 합한 정관(正官)은 주로 약속(約束)으로 자아(自我)의 구속이 있거나, 아니면 약속(約束)을 당한다. 또 관리한다는 뜻과, 다른 사람을 관리하거나 관리를 당하는 뜻이 있다. 신(身)을 극(克)하는 정관(正官)은 해(害)만 있고 이로움은 없다. 살성(殺星)은 편성(偏性)인데 왜냐하면 치우쳤기 때문이며, 그런 까닭에 개성이 분명하게 나타나고 긴장감이 있으며 또한 극단적으로 달린다는 뜻이다.

살성(殺星)은 주로 살벌(殺伐)이며, 명성(名聲)은 본래 좋지 않으나 일을 판단함에 명쾌하고 거리낌이 없다. 관살은 주로 영예(榮譽)인데, 그러나 칠살(七殺)은 한쪽 면이나 한쪽의 영예를 중요시한다. 이것은 전면적으로 하는 것이 아니라 자기에게 이익이 되고 도움이 되는 일만 한다. 정관(正官)은 위선적이 되기 쉽고 살성(殺星)은 편성(偏星)이라서 뒤의 결과를 생각하지 않는다. 다만 맡아서 일하면 뒤의 결과를 두려워하지 않으며, 뒤의 결과도 자신이 감당한다.

십신(十神)에 대한 또 다른 심성(心性)을 살펴보자면,

재성(財星)은 부화(浮華)[59]하고 사랑을 드러낸다.

인성(印星)은 후중(厚重)하고 심도(心度)가 있다.

식상(食傷)은 창조를 표시하고 새로운 뜻이 있다.

비겁(比劫)은 조급해하고 인내심이 없다.

관살(官殺)은 담당을 표시하고 규칙을 지킨다.

상관과 식신은 규칙을 지키지 않지만 활발하고 재미있다.

비견과 겁재는 일을 잘하나 편안하지 않다.

재성은 세속에서 쉽게 잘살고 속세의 일에 원활하다.

인성은 기계적인 일에 흥취가 없다.

관성은 규칙이 있고, 살성은 무모하다.

만일 비겁과 상관이 합하여 계략을 꾸미면 일이 쉽게 부서진다. 비겁은 의기(義氣)로 일을 하고 상관은 규칙을 지키지 않는다. 무슨 뜻인지 생각해 보아라. 비겁은 충동형으로 어떤 점에서 머리가 없으며, 멍청하여 머리가 안 돌아간다. 상관은 모사꾼인데 계획을 짜서 도모한다면 범죄를 저지르기가 쉬울 것이다.

양일주(陽日主)의 상관(傷官)은 인(印)과 합하고, 음일주(陰日主)의 상관(傷官)은 살(殺)과 합한다. 생각해보라. 이러한 합은 무시무시하지 않은가? 당연히 살(殺)과 합하는 것은 더 더욱 무시무시하다. 왜냐하면 칠살(七殺)이란 놈은 돌출(突出)된 것이다. 어째서 사회에 돌출적인가? 예를 들어 현재 유행하는 인터넷 스타가 한 개인으로서 아주 평범하다면 뜨기는 불가능할 것이며, 단지 돌출할 수 있는 것은 네트워크가 형성되어야 가능한 것이다. 비유하면 맹파이론의 발전도 처음에는 일종의 독특한 것이었으나 시간이 지남에 따라서 받아들이는 사람이 많아져 곧 자기의 문화를 형성하게 된 것이다. 이것이 바로 상관(傷官)이 살(殺)과 합하는 과정이다.

이러한 사고를 통하여, 새롭게 생긴 모든 사물은 모두 이러한 과정을 거치게 된다는 사실을 발견할 수 있을 것이다. 비유하면, 스티브 잡스가 아이폰을 발명하기 이전에 당신은 그 물건이 필요한지를 알았겠는가? 맨 먼저 생산하는 것이 창조이며, 창조에 필요한 것이 상관(傷官) 식신(食神)이다. 그런 연후에 자기의 창의(創意)로 장사를 하고 돈을 버는데, 이것이 식상(食傷)이 재(財)를 생하는 것이다. 다시 기업이 사회화의 과정으로 가는 것이 바로 재(財)가 관살(官殺)을 생하는 것이다.

관살은 바로 재부(財富)가 방대(放大)해지고 또한 사회에 돌출점이 되는 것이다. 그런 연후에 곧 관살(官殺)이 인(印)을 생하여 보급(普及)과 편평화(扁平化)의 시대로 가는 것이다.

인(印)은 무엇인가? 인(印)은 생산능력의 거대화와 효율의 저하(低下)이다. 새로운 발명으로 생산된 상품은 모두 이러한 과정을 거친다. 인(印)은 곧 평범한 것이다. 인(印)은 다시 비겁(比劫)을 생하고 마지막에는 단지 파산(破産)이 있을 뿐이다.

다시 생각을 바꾸어 하나의 문제를 생각해보면, 팔자(八字)에서 무엇으로 재부(財富)를 표시하는가? 재부(財富)는 당신의 주머니에 있는 돈을 가리키는 것이 아니다. 재부를 구성하는 것은 여러 가지가 있는데, 재성(財星)은 편재(偏財)나 정재(正財)와 관계없이 단지 당신이 지배하는 물(物)이다. 재성(財星)의 본질은 양명(養命)의 근원을 말하는 것이지, 이러한 재부(財富)가 많은 등급을 말하는 것이 아니다.

일상생활을 유지하기 위해서 사용하는 것을 재(財)라 하는데, 재부(財富)에는 일정한 자본의 급별(級別)이 있다. 그런 까닭에 관살(官殺)을 쓸 수 있을 때 비로소 재부(財富)가 가능하다. 왜냐하면 관살은 바로 사회의 돌출점이며 지고점이기 때문이다. 이것을 점유해야 능히 재부(財富)가 가능하다.

또한 재부(財富)는 반드시 상당한 규모가 있어야 한다. 무엇으로 규모를 표시하는가? 인(印)이 주로 규모가 된다. 인(印)은 태중(太重)하면 안 되는데, 중(重)하게 되면 평범해진다. 왜냐하면 인(印)은 대중화를 표시하고 보편적인 문화이기 때문이다.

인(印)은 허(虛)해야 비로소 좋은데 어째서 그런가? 허(虛)하다는 말은 다른 것과 짝할 수 있음을 뜻한다. 인(印)은 다른 모든 것과 짝

해야 비로소 유용한 것이 된다. 왜냐하면 우리의 일체는 모두 사회화가 필요한데, 이는 사회와 관계를 발생해야 비로소 유용함이 가능하기 때문이다. 그런 까닭에 인(印)은 아주 중요하다. 없어도 안 되고 너무 많아도 안 된다.

생각해보라. 인성(印星)이 재(財)와 합하면 무슨 뜻인가? 재(財)에는 증대된다는 뜻이 있다. 재(財)는 가격의 상승과 증대가 필요한데, 이것이 인(印)과 합하는 것이다. 돈은 노동을 통해서 버는 것이 아니라 증대를 시켜야 하는데, 예를 들자면 상장(上場)이나 융자(融資) 등을 통해서이다. 인(印)은 포장(包裝)인데 상장은 포장을 하지 않으면 안 된다. 인(印)은 포장이라고, 고사(故事)를 인용하여 이미 말하였다. 인(印)은 사회화의 과정으로 재(財)가 인(印)과 합하면 사회로 나아가 자본을 집적(集積)하는 것이다.

우리는 다시 자신의 팔자를 살펴볼 것이다. 자신에게 인(印)이 있는지 없는지, 그 인(印)이 유용한지 유용하지 않은지, 인(印)이 어디에 쓰이는지를 살펴보아라. 만일 관살도 없고 인성(印星)도 없다면 사회화의 정도가 아주 낮음을 설명한다. 단지 자신의 세계 안에서만 생활하는 비주류의 사람이다. 이러한 말을 통해 명리가 확연하게 깨달아져 밝아지는 느낌이 있는가 없는가?

상관이란 것은 편성(偏性)이 너무 중(重)하여 반드시 사회화 하여야 비로소 유용(有用)해진다. 요컨대 인(印)과 합하거나 혹은 인(印)에

게 제압을 당하거나, 또는 살(殺)과 합하거나 재(財)를 생(生)하러 가
야한다. 당연히 재를 생하는 것이 가장 낮은 효율 방식이다.

우리 인생은 바로 나와 사회의 교환(交換)이다. 나에게 무엇이 있
는가? 사회의 어떤 방면과 교환하는가? 이것이 바로 우리 명리가 사
고하는 근원이다. 만일 내가 사회와 교환이 안 된다면, 끝내 무용한
사람이 될 것이다. 명리의 십신(十神)과 빈주(賓主), 체용(體用)의 상
관성이 바로 일체 교환하는 방식이며 과정이다. 그것들 전체가 우리
명운(命運)을 구성한다.

제15절

십신과 육친
(十神)　　　(六親)

앞절의 과정에서는 명리 중 인(印)과 배합하는 함의를 살펴보았다. 계속 보충하여 관살(官殺)과 배합하는 것, 재성(財星)과 배합하는 것, 식상(食傷)과 배합하는 것, 비겁(比劫)과 배합하는 것에 대해 살펴보겠다.

배(配)는 무엇인가? 배(配)는 패(佩)와 같은데, 이는 잘 어울린다는 뜻이다. 어떤 것은 합(合)을 통해 배(配)를 하고, 어떤 것은 간지(干支)의 상하(上下)가 일체가 되어 배(配)가 되고, 지지(地支)가 천간(天干)과 배합한다.

살(殺)과 배합하는 것은 장력(張力)[60]이 화(化)하는 뜻으로 뚜렷하게 나타나 사람의 주목을 끄는 것이다.

---

61) 줄에 걸리는 힘의 크기를 줄의 장력이라고 한다. 물체에 연결된 줄을 팽팽하게 잡아당기면 줄은 물체에서 멀어지려는 방향으로 줄을 따라 물체를 잡아당긴다. 이때 줄이 팽팽히 당겨진 긴장상태에 있기 때문에 이러한 힘을 장력이라고 한다. 줄에 걸린 장력은 물체에 작용하는 힘의 크기와 같다. [두산백과]

재(財)와 배합하는 것은 실용화이며 현실적인데, 왜냐하면 재(財)에는 구통(溝通)하는 능력이 있기 때문이며 또한 생동적이며 취미화(趣味化)한다.

식상(食傷)과 배합하는 것은 그 예술성과 개성이 증가하고 또 취미화의 뜻이다.

비겁(比劫)과 배합하는 것은 반드시 좋은 일은 아니며, 이는 다른 사람의 것임을 가리킨다. 만약 재(財)와 비겁(比劫)이 배합하면 이 돈은 바로 다른 사람의 돈이다.

인(印)과 배합하는 것은 앞에서 언급하였는데, 이것은 증대하고 포장(包裝)하는 뜻이다.

우리가 특별히 주목해야 할 것은 상관(傷官)이 살(殺)과 합하거나, 상관이 인(印)과 합하거나, 식신(食神)이 인(印)과 합하거나, 재성(財星)이 인(印)과 합하는 것으로 일반적으로 모두 길(吉)하다.

오직 식신(食神)이 관(官)과 합하는 것은 대다수가 기쁘지 않다. 어째서 그런가? 양(陽) 일간(日干)의 왕(旺)한 식신(食神)이 관(官)과 합하면 흉(凶)이 되는데, 그것은 곧 귀(鬼)를 신(身)에 끌어들이는 뜻이다. 이 관(官)은 골칫거리, 혹은 질병, 혹은 관사(官司), 혹은 관재(官災)이다. 이것은 식신(食神)이 체(體)의 원인이기 때문이며, 그 뜻은 바로 당신 자신이 하나의 골칫거리를 끌어들이거나 혹은 귀(鬼)를 몸에 끌어당기는 뜻이다.

상관이 살(殺)과 합하는 것은 길(吉)로 말할 수 있는데 왜 그런가? 왜냐하면, 상관(傷官)은 체(體)가 되지 않기 때문이다. 상관은 당신의 신체를 대표하지 않으며, 바로 당신의 작용이며 당신의 공구(工具)이다. 당신이 하나의 공구(工具)를 이용하여 적(敵)을 제복(制服)하려고 하는데, 비록 공구(工具)가 적에게 부서짐을 당해도 당신은 온전하고 다치지 않는다.

아래에서 십신(十神)과 육친(六親)에 대해 살펴보려 한다.

명리(命理)에서는 십신(十神)이라고 하지 육친(六親)이라 하지 않는데, 예를 들면 인성(印星)이라고 하지 부모(父母)라고 하지 않는다는 것이다. 인성(印星)은 부모(父母)를 대표하지 않는 것으로 설명한다. 나를 생하는 인성은 나를 보호한다는 뜻이며, 부모의 뜻은 보호하는 데 있지 않고 다른 뜻이 있다. 부모가 당신을 보호하는 시간은 아주 짧으며, 장성하면 필요하지 않게 된다. 관계가 가장 친근한 것은 바로 식신(食神)으로 공급하여 양육하는 뜻이다.

어릴 때에는 부모가 우리들을 양육하지만 부모가 늙으면 우리가 반대로 부모를 양육한다. 왜냐하면 식신(食神)은 여성의 가까운 사람을 대표하는 까닭에 식신(食神)은 모친을 대표한다. 만약 하나의 성

(星)이 사람을 대표한다면 용신(用神)과 원신(原神)을 같이 보는데, 이 것이 명리의 하나의 원칙이다.

식신(食神)이 모(母)가 되고, 식신을 생(生)하는 것이 비견(比肩)인 데, 이것은 식신(食神)의 원신(原神)인 까닭에 비견(比肩)이나 록(祿)도 모(母)가 된다.

어째서 재성(財星)이 부친이 되는가? 재(財)는 내가 극(克)하는 것이 고 내가 지배하는 것인데, 부친이 당신의 지배를 받는다고 하기는 어 렵지 않은가? 여러분이 반드시 기억해야 할 것은 재성(財星)의 본래 뜻은 양명(養命)의 근원으로 부친(父親)의 신고(辛苦)로 우리가 장대 (長大)하게 양육되는 것이다. 우리가 가정을 이룬 후에는 재성(財星) 이 또 처자(妻子)를 대표하지만, 이것은 당신이 지배하는 뜻이 아니 고 양육(養育)하는 책임을 처자(妻子)에게 옮기는 것이다. 여기서 양 육(養育)의 뜻은 곧 가정을 관리하고 보살피는 것이다.

재(財)가 부(父)가 될 때는 생재(生財)하는 것을 취하지 않고, 재성 (財星)이 생(生)하는 관살성(殺星星)을 취하여 부(父)라고 같이 보며, 어디까지나 부친(父親)이 당신을 관리하는 책임이 있는 것이다. 당연 히 관성(官星)이 없는 명(命)이라면 부친(父親)과 당신의 관계는 모든 게 부드럽고 친할 것이다.

처자(妻子)는 상관이나 식신 혹은 재성(財星)으로 표시한다. 특별히 강조하고자 하는 것은 정재(正財)가 정처(正妻)가 되고 편재(偏財)가 첩(妾)이 되는 것이 아니고, 정처(正妻)인지는 부부궁을 살펴보아야 한다. 만일 재성(財星)이 비견(比肩)이나 겁(劫) 아래에 떨어져 있다면 뭐니 뭐니 해도 모두 다른 사람의 부인이라는 것이다.

여명(女命)에서 남편은 바로 관살성인데, 고대(古代)에 남편을 관인(官人)이라 한 것은, 여인에게 남편이 귀하고 남편으로 영예를 삼았기에 관살이 남편을 대표한 것이다. 만일 관살이 없으면 또한 재성(財星)으로 남편을 삼는다. 왜냐하면 재(財)가 양명(養命)을 삼고, 남편이 집을 양육하는 뜻에 부합하기 때문이다.

자녀성은 무엇으로 보는가? 여명(女命)은 상관(傷官)과 식신(食神)이 자녀가 된다. 남명(男命)은 관살(官殺)을 자녀로 삼는다. 상관과 식신은 잘 이해가 되는데, 어째서 나를 극(克)하는 관살이 자녀가 되는가? 왜냐하면 관살은 영예(榮譽)를 대표하기 때문인데, 칠살(七殺)의 심성(心性)은 또 비교적 사나우며 아이를 대표한다.

주의가 요구되는 것은 남녀(男女)를 막론하고, 재성(財星)은 모두 아이를 대표한다. 관살(官殺)이 없고 재성(財星)만 있을 때는 곧 재성(財星)을 아이로 본다. 이것은 재(財)가 양명(養命)의 근원이 되기 때문이다.

다시 록(祿)이라는 것에 대하여 살펴보고자 한다. 간록(干祿)이 있고, 지록(支祿)이 있다. 록(祿)을 법(法)이라고 하며 많은 뜻을 함유하고 있다. 록(祿)에는 의록(衣祿)이나 향용(享用)[61]의 뜻이 있다.

식신(食神)은 우리가 누려 쓰는 것인데, 록(祿)도 또한 우리가 누려 쓰는 것이다. 록(祿)과 식신이 있는 사람은 누려 쓰는 생활을 할 수 있고 여유 있게 자득(自得)한다. 그러나 록(祿)은 동시에 정신없이 바쁘다는 뜻도 있다. 그래서 누려 쓰지 못할 뿐 아니라 하루 종일 바쁘게 왔다 갔다 한다. 그래서 록(祿)이 있으면 인(印)과의 배합이 있는지 없는지를 보아야 하는 것이다. 록(祿)은 아주 특별한데, 록(祿)이 있으면 보호가 필요하다. 록(祿)은 너무 투정을 부리기 때문이다.

여명(女命)에 록(祿)이 있으면 실제로 투정을 부려야 사랑할 수 있다. 록(祿)은 특별히 자기를 사랑하고, 화장을 좋아하고, 미(美)를 사랑하고 드러내는 것을 좋아한다. 그것이 곧 자기애(自己愛)인 것이다. 남명(男命)에게 록(祿)은 곧 어떤 것도 사랑하는 것이 없다는 것이다. 남자의 록(祿)은 게으르든지 아니면 몹시 힘만 들고 돈은 벌지 못한다. 고인은 록(祿)을 복(福), 록(祿), 수(壽)라 했는데, 록(祿)에는 오래 산다는 뜻이 있다. 일반적으로 말하기를 록(祿)이 있으면 인(印)이 있어야 비로소 행복해진다 한다.

십신(十神) 중에 무엇을 영오(領悟)하여야 행복한 인생이 되겠는

---

61) 누리다. 향유하다. 향수하다. 즐기다.

가? 우리는 관살과 인(印)을 사회성이라 정의하였고, 재(財)와 식상
(食傷)을 사람의 본성이라고 하였다. 성공한 사람은 분명히 사회화가
아주 높은 사람이라 하였고, 또한 관살과 인성(印星)을 사용한다 하
였다. 그러나 성공이 반드시 행복한 것인가? 마윈이 성공했다고 말
한다 해서 당신이 그의 행복을 느낄 수 있겠는가? 그는 늘 몸이 부자
유스럽고 사회적 책임으로 마음속에 비난을 당하므로 이러한 사람이
반드시 행복한 것은 아니다.

또한 재성(財星)과 식상(食傷) 성(星)이 있다고 당신이 행복을 획득
하는 것도 아니다. 특히 재성(財星)이 그렇다. 재(財)는 자기의 능력
으로 획득한 경제적인 자유로써 기본생활에서 물질적인 결핍을 면했
을 뿐이다. 재성(財星)은 능히 인성(印星)을 극주(克住)함으로써 상관
과 식신의 자유를 보호한다.

나이 많은 사람이 먹을 것과 생필품이 결핍되어 살아간다면 자유
스러울 수가 있겠는가? 어떠한 자유나 행복도 말할 수 없다 하겠다.

경제학자 하이에크(哈耶克)[62]의 명언(名言)이 오늘 공부의 결론을
말해준다. "금전은 인류가 발명한 가장 위대한 자유의 도구이다. 금
전이 있으면 능히 가난한 사람을 해방시키지만 권력으로는 영원히

---

62) 오스트리아 태생의 영국 경제학자. 화폐적 경기론과 중립적 화폐론을 전개하였고, 신자유주의의 입장에
서 모든 계획경제에 반대하였다. 필생의 대작으로 불리는 「법, 입법, 자유」를 저술하였으며 1974년 스웨덴의
K.G.뮈르달과 함께 화폐와 경제변동의 연구가 인정되어 노벨 경제학상을 수상하였다.

불가능하다." 그런 까닭에 우리가 사회적인 성공만을 추구한다면, 자신의 평안과 행복을 잃게 될 것이다. 당신이 현재 사회적 성공을 생각하지 않고 단지 자유롭게 지배할 재성(財星)이 있고, 다시 식신의 향수(享受)와 상관의 자유가 있다면 그것이 바로 행복한 사람일 것이다.

제16절

사주의 궁위
(四柱)   (宮位)

우리는 앞 절(節)에서 십신(十神)의 유상(類象)을 살펴보았다. 십신(十神)과 궁위(宮位), 그리고 간지(干支)는 바로 명리(命理)에서 상(象)을 취하는 세 가지 조건이다. 곧 상수학(象數學)의 좌표와 같은 것이다. 그런 까닭에 정확한 정위(定位)에 하나의 간지(干支)의 상(象)은 세 가지를 모두 갖춰야 비로소 가능한 것이다.

사주구조의 입장에서 보면 년(年)과 월(月)이 일가(一家)이고, 일(日)과 시(時)가 일가(一家)가 된다. 왜냐하면 월(月)은 년(年)을 따라 일어나고 시(時)는 일(日)을 따라 일어나기 때문이다.

우리는 년월(年月)을 빈(賓)으로 정하고, 일시(日時)를 주(主)라고 정한다.

빈(賓)은 외인(外人)이나 외변의 사물, 혹은 다른 사람의 재물을 대표한다. 주(主)는 나와 나의 사람이거나 나 자신의 재물이다. 이것을 구분하는 것이 아주 중요한데, 사람의 명운(命運)은 곧 우리 자신과 외변의 사물이 각종 관련을 발생시키고 형성하기 때문이다.

동시에 사주(四柱)의 구조에는 다시 내(內)와 외(外)의 구분이 있다. 곧 월(月)과 일(日)은 안이 되고, 년(年)과 시(時)는 밖이 된다. 이것은 직관적으로 아주 분명하게 보인다. 안과 밖은 무슨 뜻이 있는가? 뜻이 아주 중요하다. 예를 들어 말하면, 당신이 가게를 하면 안에 있는 물건을 가지고 밖으로 나가 팔아야 한다. 만약에 이러한 안과 밖의 구조가 없다면 가게를 낼 수가 없을 것이다.

안과 밖은 다시 포국(包局)일 때에 쓰임이 있다. 포국(包局)은 맹파명리 이론에서 중요한 사상이다. 포국(包局)이 무엇인가? 일반적으로 밖에서 안을 감싸는 것이다. 포국의 본래 뜻은 외변이 안을 둘러싸서 회전하는 것이다. 예를 들어 당신이 책임자라면 한 무리의 사람들이 당신 주위에서 에워싸고 있을 경우 당신은 주변 사람의 말을 듣고서 업무를 정도에 맞게 처리하지 않겠는가? 다시 비유하자면 한 사람이 감방으로 들어가면 외변의 흉살(凶殺)이 안을 포위하여 도망가지 못하게 하는 구조가 되는 것이다.

그런 까닭에 명리에는 안과 밖의 구조와 좌우(左右)의 구조가 있으며, 물론 구조가 없는 것도 있다. 구조라는 개념은 공부를 하면서 차차 알게 될 것이다.

아래에서 우리는 궁위(宮位)의 시간(時間)과 공간에 대하여 살펴보겠다. 년(年)에서 시(時)로 흘러가는데, 시간의 순서로는 어려서 늙음에 이르거나 먼저와 뒤에 이르는 순서이다. 年은 어린 시절과 소년의 시절이고, 月은 청년의 시절이며, 일(日)은 중년, 시(時)는 노년이 된다.

이러한 구분은 대략적인 시간으로 혹자는 크게 조만(早晚)으로 나누는데 그것은 확실히 정확하지 않은 것이다. 예를 들어 어떤 사람이 아내가 언제 나타날지를 찾는다면, 선후(先後)의 순서를 년(年)에서 시(時)로 가면서 보아야 하며, 년월(年月) 먼저이고 일시(日時)가 늦은 것이다.

공간적으로 본다면 년(年)은 먼 곳이 되는데, 옛날의 먼 곳과 오늘날의 먼 곳의 개념이 달라 전에는 큰 지역을 벗어나는 것이 쉽지 않았다. 현재는 나라를 벗어나는 것도 아주 쉽다.

그런 까닭에 만일 어떤 사람이 자신의 아이가 출국(出國)에 적합한지 아닌지에 대해 묻는다면 첫째로 고려해야 할 것은 년주(年柱)를 보아야 한다.

월(月)은 고향이다. 월주(月柱)는 부모가 계신 곳이 되며, 혹자는 어릴 때 본인이 살던 곳이라고 할 것이다. 어떤 사람은 장성해서 고향을 떠나고, 어떤 사람은 떠나지 못할 것이다. 곧 월(月)과 일(日)의 관계를 활용하여 판단해야 한다.

일지(日支)는 무엇인가? 일지는 현재 생활하는 곳이다. 이곳은 단지 지역(地域)만이 아니라 거주(居住)하는 곳도 가리킨다. 당연히 이곳은 아주 중요한 곳인데, 왜냐하면 당신이 그곳을 떠날 일이 없기 때문이다.

시주(時柱)는 문호(門戶)를 대표한다. 시주(時柱)는 아주 중요한 위치이다. 거리상 년(年)에 비해 원방(遠方)이지만 많은 부분이 비슷한데, 문호(門戶)가 열려 있는지 아닌지를 보고 사람의 이동수(移動數)를 판단해야 할 때도 있다.

다시 육친과 궁위의 관계에 대하여 살펴보겠다. 년(年)과 월(月)은 빈(賓)이 되고, 일(日)과 시(時)는 주(主)가 된다. 그런 까닭에 조상이나 외숙, 부모, 형제는 모두 년월(年月)에서 쓰이는 것을 표시한다. 배우자와 자녀는 일시(日時)를 이용하여 표시한다. 왜냐하면 자신의 가정에 상대하기 때문이며, 그 밖의 모든 것은 외변적이다. 구체적으로 말하면 년(年)은 조상, 장인, 장모, 시아버지, 시어머니가 된다. 부모의 본래 자리는 월(月)에 있는데, 어떤 때에는 년(年)에도 떨어지기 때문이다. 형제는 본래의 자리가 월(月)에 있다. 일지(日支)는 배우자궁이다. 일지(日支)는 특별히 중요한데, 만일 궁(宮)이 부서진다면 반드시 이혼하게 된다.

시주(時柱)는 자녀궁이며 자손을 포괄한다. 여러분이 하나의 문제를 생각해보았으면 하는데, 왜 배우자궁이 상하면 반드시 이혼하게 되고, 그 밖의 궁(宮)은 상해도 반드시 극(克)하는 것이 아닌 것인가? 예를 들어 자녀궁이 부서져도 반드시 자녀(子女)를 극(克)하는 것은 아니다. 이것은 현실 생활과 관계가 있다. 배우자가 집으로 돌아오지 않으면 이혼으로 보아야 하는가? 아이가 집으로 돌아오지 않는 건 괜찮은 것인가? 아이는 도처로 달려나간다. 그런 까닭에 당신은 자녀궁과 자기의 관계를 살펴본 후에, 아이가 장래에 당신을 멀리 떠나게 되는지를 판단해야 한다. 다만 자녀궁과 성(星)이 함께 부서지면 비로소 자녀를 극(克)하는 것이다.

다음에는 궁위(宮位)와 신체(身體)와의 관계를 살펴보고자 한다. 年은 일주와 가장 멀리 떨어져 있으므로 다리나 발을 표시한다. 어떤 장애가 있는 사람은 년궁(年宮)에 비겁(比劫)이 더해져 부서짐을 당했기 때문에 이 같은 문제가 쉽게 발생한다.

월주(月柱)는 몸이 되는데 척추(脊椎)를 대표한다. 이 주(柱)가 만약 연체(連體)인데 부서진다면 중풍이 될 수 있으며 심지어는 사망을 표시한다.

일지(日支)는 생명 중에 가장 핵심적인 것을 대표하는데, 예를 들면 흉부(胸部), 오장(五臟), 육부(六腑), 심장(心臟), 뇌(腦)와 같은 것이다. 무엇을 대표하는지는 기타 여러 가지 정보를 종합하여 분석해야 한다.

시주(時柱)가 대표하는 신체의 부위는 아주 많다. 왜냐하면, 문호가 되기 때문인데, 인체와 외계가 연계되어 소통하는 기관은 모두 여기에 나타나 있다. 바로 오관(五官)이 있는데, 눈동자, 입, 귀, 혀를 포괄하고 손과 생식기가 있다. 그런 까닭에 시(時)에는 우리가 소통하는 것과 교류하는 능력이 나타나 있다.

우리는 다시 인물과 물건에 대해 살펴보려 한다. 육친(六親)을 제외하고 우리에게 영향을 주는 사람도 또한 명(命)중에 현시되어 있다.

년(年)은 장배(長輩)[63]이고, 어떤 때에는 동향(同鄕)을 표시한다. 월(月)은 동창이나 동료, 고향친구, 영도(領導)를 표시한다. 어떤 사람이 결혼할 상대를 찾는데, 동학이라면 그의 배우성이 월주(月柱)와 관계가 있는지 없는지를 보아야 한다.

일지(日支)는 배우자궁이다. 만일 비겁(比劫)이 일지(日支)에 떨어져 있다면 다른 사람이 배우자를 빼앗는 것으로 표시하는 것인가? 답은 그렇지 않다고 하겠다. 왜냐하면 배우자궁 안에는 단지 배우자만이 존재하지 어떤 외인(外人)도 거기에 있을 수 없기 때문이다. 비겁(比劫)이 배우자궁에 떨어진 것은 비겁(比劫)이 배우자를 쟁탈하는 것으로 표시하지 않고 다른 뜻이 있다.

---

63) 연장자, 지위가 높은 사람, 손위의 사람 등을 나타낸다.

시주(時柱)는 학생이나 후배 혹은 아랫사람이며, 자기에 비해서 나이가 적은 사람을 표시한다.

다시 궁위를 물건으로 표시해보겠다. 년주(年柱)는 신발이나 지팡이를 표시하며, 또한 다른 사람의 물건을 표시한다.

월주(月柱)는 조상의 유업, 가업(家業), 단위(單位)를 표시한다. 오늘날 부(富)가 2대(代)로 이어지는 경우가 점점 많아지는데, 우리가 명(命)을 볼 때 월주(月柱)에 주의한다면 그의 부(富)가 2대(代) 인지를 볼 수 있을 것이다.

일지(日支)는 주택이나 침실을 대표하며 또한 자기의 돈을 대표한다.

시주(時柱)는 자동차를 대표하는데, 이전에는 자전거가 대표하였을 것이나 현재는 작은 자동차로 보는 것도 가능하다. 또한 의복(衣服)을 대표하고, 어떤 여자가 특별한 분장을 하는지를 보려면 곧 시(時)를 볼 필요가 있다. 시주(時柱)는 안경이나 화장품 그리고 장식품 등을 대표한다.

盲派命理 干支奧義
맹파명리 간지오의

2부

—

맹파명리의
실전응용

제17절

십천간의 갑[64]
(十天干)　(甲)

갑목(甲木)은 하늘에 있으면 우레가 되고, 땅에 있으면 큰 나무가 되며, 사람에게 있어서는 지도자가 된다. 물상(物象)으로는 목재, 동량(棟梁), 전신주, 빌딩, 사당 등이다. 갑목(甲木)의 물상(物象)은 고귀한 것으로 웅장하고 당황(唐惶)[65]한 것인데, 왜냐하면 십이지지(十二地支)에서 노대(老大)[66]하고 그 지위가 분명한 것이 다른 천간(天干)과는 비교가 되지 않기 때문이다. 세계 제일의 것, 맨 위에 있는 것들은 모두 이 유상(類象)에 속한다.

갑(甲)은 지위가 아주 높아서 더 이상 올라가지 못하고 아래로 내려가는 것만 쓸 뿐이다. 그런 까닭에 그 본신(本身)은 아주 비참하고 슬프다. 다른 사람의 도움이 없으며, 단지 다른 사람이 오면 도와줄 뿐이다.

---

64) 박형규 역 『맹파명리』 상원문화사 2011 「십간의 상」 58쪽 참고
　　박형규 역, 박형규·허향진 편저 『손에 잡히는 맹파명리』 상원문화사 2016 「십간의 상」 160쪽 참고
65) 궁궐, 청와대 등을 나타냄
66) 맏이, 첫째

우리가 사용하는 체(體)와 용(用)으로 생각하면 알게 되는데, 갑목(甲木)이 가장 좋은 것은 용(用)을 점할 때이지 체(體)를 점할 때가 아니다. 왜냐하면 사람이 능히 그러한 고귀한 물건을 쓴다면 당연히 그의 지위가 높아지기 때문이다. 갑목(甲木)이 체(體)를 점유하면 오히려 좋지 않다. 어떻게 해야 능히 갑목(甲木)이 용(用)을 점유하겠는가?

한 번 생각해보자. 십간(十干)에서 양(陽)은 고귀하게 보고, 음(陰)은 비천(卑賤)하게 본다. 대부분의 음간(陰干)은 모두 갑(甲)을 보는 것을 기뻐한다. 을(乙)은 갑(甲)을 좋아하고, 정(丁)도 갑(甲)을 좋아하며, 기(己)도 갑(甲)을 좋아하고, 신(辛)도 갑(甲)을 기뻐하는데, 가장 갑(甲)을 기뻐하는 것은 바로 계(癸)이다.

천간(天干)을 하나 비교하여 갑(甲)의 관계를 살펴보겠다. 갑(甲)이 일주(日主)가 되는 상황을 채용하여 설명하겠다.

갑일(甲日)이 을(乙)을 보면 을(乙)이 갑(甲)의 재(財)를 빼앗으므로 갑목(甲木)은 을(乙)을 보는 것을 기뻐하지 않는다. 이러한 규칙에서 살펴보면 일간(日干)의 갑(甲)이 음(陰)인 을(乙)을 보면 기뻐하지 않는데, 갑(甲)의 생산에 불리하기 때문이다. 부연하자면, 세상에는 여러 부류의 사람들이 있어 다양한 사람을 만나게 되는데, 당신이 생활하는 중에 당신이 편리한 대로만 모든 걸 점유한다면 당신은 아마 영원히 다른 상황을 이용하지 못할 것이다.

　예를 들어 2차 대전 때 독일에 사는 유대인 형제가 피난할 곳을 찾고 있었는데, 큰 형은 그가 예전에 도와준 적이 있는 아주 바쁜 사람에게 도움을 구하였고, 동생은 예전에 자기를 도와주었던 사람에게 도움을 구하였다. 결과는 어떻게 되었겠는가?

　마지막에 동생은 도움을 받아 탈출하였고, 형은 만나기가 어려워 도움을 받지 못했다. 이 한 가지 사실이 여러분의 일생에 늘 계시(啓示)가 되지 않을까? 그것은 예전에 도와주었던 사람에게 희망을 가질 필요가 없다는 것이며, 그가 반드시 당신에게 보답한다는 보장도 없다는 것이다. 당신이 과분하게 바라지만 않는다면, 과거에 도움을 주었던 사람이 앞으로도 당신을 도와 줄 것이다.

　원래 제목으로 돌아가서, 갑일(甲日)이 병(丙)을 보면 식신(食神)인데, 갑(甲)의 빼어난 기가 밖으로 발설되는 것으로 영화(榮華)가 밖으로 드러나는 상(象)이다. 갑(甲)이 활목(活木)일 때 꽃이 피면 갑(甲)은 빼어나게 아름다워진다. 만일 사목(死木)이라면 연소(燃燒)하는 것과 같아서 쉽게 다 타버려 사라질 것이다. 그러나 갑(甲)이 병(丙)을 보면 병(丙)은 바로 갑(甲)의 체(體)가 된다. 이러한 체(體)는 잘 보호해야 비로소 좋은데, 만일 신(辛)과 합하거나 혹은 계(癸)에 극(克)을 당하면 곧 부서진다. 꽃이 비록 아름다우나 오히려 쉽게 꺾임을 당한다.

| 乙 甲 丁 丙 | **곤조** |
| 亥 戌 酉 午 | 이 여자는 키가 크고 아주 미인인데 생목(生木)이 火를 본 象이다. 그의 2번째 결혼은 일찍이 이름을 한 때 날렸던 신의(神醫)인 호만림(胡萬林)이다. |

갑일(甲日)이 정(丁)을 보면 상관(傷官)인데, 갑(甲)에게 빼어난 기(氣)가 된다. 그러나 정화(丁火)는 심성(心性)이 편파적이어서 사람은 총명하나 작은 총명일 뿐이다. 다만 정화(丁火)가 임(壬)과 합하여 배인(配印)하면, 이 사람의 총명은 정도(正道)로 쓰임을 표시하며 격외(格外)로 그 재화(才華)를 나타낼 것이다.

丁 甲 丁 乙	**건조**
卯 寅 亥 巳	이 명조와 같이 활목(活木)이 丁火를 보면 주로 수기(秀氣, 빼어난 기)를 의미한다. 丁火는 또한 주로 문자, 문화를 나타낸다. 그래서 이 명주는 시인이다.
	— 육유, 남송시대 시인

갑일(甲日)이 무(戊)를 보면 편재(偏財)인데, 반드시 갑(甲)이 얻는 것이
아니며, 얻는다 해도 얼마 되지 않는 돈이어서 그것을 취해도 재부(財
富)가 되지 않는다. 갑(甲)이 무(戊)를 보면 부서지는 곳이 없다.

갑일(甲日)이 기(己)를 보면 정재(正財)인데, 갑(甲)과 기(己)의 합은
바로 갑(甲)이 기(己)의 재색(財色)을 탐연(貪戀)하여 귀성(貴性)을 잃게
된다. 그런 까닭에 일반적으로 갑(甲)은 기(己)와 합하는 것을 기뻐하
지 않는다. 갑(甲)은 머리가 되고 기(己)는 땅이 되므로 갑(甲)이 기상
(己象)과 합하면 머리를 숙인다는 뜻이 있다. 사람은 줏대 없이 굽혀
서는 안 되고 허리를 곧게 펴야 하는데, 이같이 한 번 합하면 합으로
부서지는 것이다. 적어도 이러한 모양의 사람을 만나면 아주 인색할
것이며, 다시 존위(尊位)를 찾기가 어려울 것이다.

庚甲庚己	**건조**
午寅午酉	丙寅運 辛巳年에 이혼하고 壬午年에 재혼했다. 甲己合으로 인하여 신분이 낮은 여자와 결혼함. 처궁寅은 酉의 絶이니, 그래서 제1차 혼인은 헤어짐을 요한다.

갑일(甲日)이 경(庚)을 보면 칠살(七殺)이 되는데, 갑(甲)이 경(庚)을 좋아 하는 이유는 어째서인가? 예를 들어 갑(甲)이 활목(活木)이라면 큰 나무가 되는데, 경(庚)을 보면 그 곁가지를 잘라주므로 갑(甲)이 자라는 것이 곧아지며 아름다워진다. 갑(甲)이 사목(死木)이라도 경(庚)을 기뻐하는데, 왜냐하면 이때 경(庚)은 도끼, 까뀌, 대패가 되며 갑(甲)은 가공(加功)되어 그릇이 된다.

庚甲己乙	**건조**
午戌卯巳	甲木은 시상의 허투한 庚金을 기본적으로 좋아한다. 그러나 년간의 乙木 때문에 크게 꺼리는데, 乙亥대운은 乙庚合하니 비견이 와서 그를 해(害)한다.

갑일(甲日)이 신(辛)을 보면 정관(正官)인데, 갑(甲)은 신(辛)을 보는 것을 가장 꺼린다. 왜 그런가? 갑(甲)이 활목(活木)일 경우 신(辛)은 곧 못이 되는데, 나뭇가지에 못을 박는 것이니 나무가 제대로 성장할 수 있겠는가? 당연히 못에 의해 문제가 생기게 된다. 이러한 이치를 모두 일상생활에 적용하면 되며, 간지(干支)는 바로 생활의 이치와 완전히 함께 하는 것이지 생활을 떠난 간지(干支)는 없다.

건조

자금 및 융자 관련 업무를 다루는데 자산이 4백억위안앤 달한다. 子運의 壬辰年 寅月에 남방으로 빚을 받으러 갔다가 살해당하였다. 살인범은 자살하였다. 辛金을 두려워 함.

갑일(甲日)이 임(壬)을 보면 편인(偏印)인데, 갑(甲)은 임수(壬水)를 기뻐하며 더욱 자란다. 다만 갑(甲)은 명중(命中)에 수(水)가 태왕(太旺)하지 않는 것을 기뻐한다. 그러나 이때 요구되는 것은 갑(甲)이 반드시 활목(活木) 이어야 하며, 사목(死木)은 임수(壬水)가 생해주는 것이 필요하지 않다. 만일 갑신(甲申)이라면 이러한 갑(甲)은 쉽게 죽을 수 있으므로 임(壬)을 보면 반드시 좋은 것은 아니다.

乙甲壬壬
丑辰寅辰

곤조

원국의 주공이 아주 크다. 관고(官庫)가 인고(印庫)에 들어간다. 산서성 정협의 주석이다. 대운이 酉運으로 行할때 酉에 寅이 絶되니 목숨을 앗아간다. 戊子年은 辰土를 引動하는 고로 같은 차(車)에서 한명의 여비서도 또한 죽었다.

갑일(甲日)이 계(癸)를 보면 정인(正印)인데, 비록 인(印)이 나를 생(生)한다 해도 갑(甲)이 가장 두려워하는 것이 계수(癸水)이다. 이것은 아주 기괴한 일인데 어째서 그런지 생각해 보아라. 계(癸)는 어떤 점에서는 벌레와 비슷하다. 계수(癸水)라는 수(水)는 갑목(甲木)을 생하지 못하고 또한 비를 대표하지도 않으며 그것은 벌레이다. 비록 아주 작지만 갑목(甲木)을 침해한다. 경험한 바에 의하면, 갑목(甲木) 일주가 계수(癸水)를 본 사람의 머리위에 흉터가 있었고 또 머리에 상처가 있는데 길게 움푹 파여져 있었다.

癸 甲 辛 癸 酉 辰 酉 未	**건조** 귀먹은 농아이다. 이 팔자는 金이 많고, 甲木은 癸의 침입을 두려워한다. 甲木은 주로 머리이고 2개의 癸水가 길게 머리위에 있다. 2개의 癸는 귀를 표시한다.

갑(甲)은 신체에서는 머리, 얼굴, 두발, 눈썹을 대표한다. 오장에서는 담(膽)이고 근육이나 신경을 대표한다. 갑일(甲日)이 기(己)와 합하면 두 가지 가능성이 있는데, 하나는 얼굴에 긴 반점이 있기 쉬우며, 또 하나는 머리를 들면 곧지 않고 곱사등이 되기 쉽다.

귀격(貴格)을 갖춘 갑일(甲日)을 만나기가 아주 어려운데, 대부분은 갑(甲)을 용(用)해야 귀한 명(命)이 된다. 갑일(甲日)이 생성(生成)하기에 가장 좋은 것은 활목(活木)의 갑(甲)이며, 생존 조건이 우월해야 음간(陰干)의 해(害)를 당하지 않는다. 활목이 가장 좋은 것은 빼어난 기(氣)를 발현하여 자기의 재화(才華)를 나타내는 것이다. 갑목(木)이 사목(死木)이라면 수명의 환난을 견뎌내야 한다.

그러면 어떤 상황에서 활목(活木)이 되고, 어떤 상황에서 사목(死木)이 되는가? 통근(通根)하고 수(水)를 보면 활목이 되고, 통근(通根)하지 못하고 수(水)를 보면 사목(死木)이 되며, 또한 통근(通根)해도 수(水)를 보지 못하면 사목(死木)이 된다.

십천간의 을
(十天干)　　　　　(乙)

을목(乙木)은 덩굴나무인데, 하늘에서는 바람이 되고, 땅에서는 벼가 된다. 그 물상(物象)은 교목(喬木), 화목(花木), 부드러운 나뭇가지, 굽은 가지, 채소, 농작물, 녹지(綠地), 화원(花園), 공원, 산림(山林), 난간, 모필(毛筆), 직물(織物), 실선, 수작(手作)이 된다. 을목(乙木)은 현대 사회에서는 전파(傳播)의 상(象)이 있어 대부분 문자로 전파하는 뜻을 표시한다.

을목(乙木)은 식물이 처음 생길 때 구부러지는 상(象)이다. 이런 종류의 상(象)은 곧 파동(波動)인데, 고대에는 현대의 각종 유선(有線)과 무선(無線)인 전파를 알지 못하였지만, 고인(古人)이 이러한 상(象)을 만든 후에는 개념을 확장하여 현대의 각종 전파의 도구가 되었다.

여명(女命)이 을(乙) 일주라면 몸매가 모두 괜찮다. 여인의 몸은 일반적으로 을일(乙日)이나 기일(己日)에 태어난 사람이 좋은데, 왜냐하면 두 개의 글자 상형(象形)이 만곡(彎曲)하기 때문이다. 실제로 만곡(彎

曲)의 상(象)을 우리가 다시 찾는다면 아주 많은데, 한 개인의 심안(心眼)[67]이 바로 을목(乙木)이 아닐까? 을목(乙木)이 상관(傷官)이라면 심안(心眼)이 쉽게 커진다. 또 예술(艺术)[68]이 있는데, 비록 번자체(繁字體) "예(藝)"에는 을(乙)이란 글자가 있지 않으나, 한자에는 특별한 것이 있어 음(音)이 같고 뜻이 서로 비슷한 것으로, 예술의 소질이 있는 사람은 가히 을목(乙木)과 관련이 있는지를 생각해볼 일이다.

을목(乙木)에는 다시 연접(連接)한다는 뜻이 있는데, 현대의 인터넷이 세계를 이어 주는 것과 같다. 우리는 아주 신기한 발견을 하게 되는데, 인터넷 사업가는 대개 을미년(乙未年)에 태어난 사람이 많다는 것이다. 예를 들면 빌게이츠, 잡스는 모두 을미년(乙未年)에 태어난 사람이다.

을미(乙未)는 또 서본(書本)의 상(象)인데, 종이는 나무를 이용하여 만든 것으로 가공을 거치면 을(乙)이 되며, 만곡(彎曲)하고 접힌 것으로, 정(丁)과 배합(丁은 주로 문자)하거나, 을사(乙巳)와 배합하면 이것이 표준적인 책의 상(象)이다. 혹자는 미(未)를 서고(書庫)로도 보는데, 왜냐하면 그 속에 을(乙)이 있고 또 정(丁)이 있기 때문이다.

아래에서 을일(乙日)이 다른 9개의 간(干)과 배합하면 어떻게 되는지를 살펴보겠다.

---

67) 마음속으로 사물(事物)을 꿰뚫어 보는 힘
68) 중국에서 사용하는 예술(藝術)의 간체자

을일(乙日)이 갑(甲)을 보면 등라(藤蘿)의 상(象)으로, 을(乙)은 덩굴과 같은 모양이니 곧은 갑(甲)을 보면 달라붙어 위로 향하게 된다. 그런 까닭에 일반적으로 을일(乙日)은 甲을 보는 것을 기뻐한다고 하며, 특별히 시(時)에 있는 갑(甲)을 보면 을(乙)의 후원자가 된다. 이것은 개인에게 반드시 후원자가 있다고 판단할 수 있다.

| 甲 乙 乙 壬 | 건조 |
| 申 巳 巳 子 | 이 명조는 巳申이 서로 합(巳申合)하고 있다. 申金관성을 제(制)하는 뜻이니 관(官)을 제(制)하여 재물을 취하는 의사이다. 申金 중에 壬水 인성을 차고 있는데 그것이 문호(門戶)에 임하였다. 가계를 개업했는데, 몇 개의 의류점을 개업하였다. |

을목(乙木)이 활목(活木)이면서 병(丙)을 보면 꽃이 피어 빼어남을 뿜어내고, 사목(死木)이라도 또한 아름답고 미려(美麗)하다. 더욱이 겨울의 을(乙)이 병(丙)을 보면 춘풍(春風)에 목욕하는 것과 같아서 귀(貴)가 나타남을 비교할 데가 없다. 을(乙)이 병(丙)을 보면 상관(傷官)인데. 이에 의지하여 명기(名氣)가 나오며 또 기백이 있고 활력이 있다.

| 丙 乙 甲 辛 | 곤조 |
| 戌 未 午 丑 | 영국의 다이애나 명조이다. 木이 火를 보고 火가 官과 합하여 아름답다. 사목이 旺한 火를 보아 수명이 짧다. |

을일(乙日)이 정(丁)을 보면 식신(食神)이 되는데, 식신은 성품이 온화하며, 배합하여 문서가 되면 이 사람은 독서를 좋아하고 신비한 문화를 기뻐한다. 정(丁)이 가장 두려워하는 것은 계(癸)가 빼앗는 것이다. 정(丁)의 수기(秀氣)는 병(丙)과 비교되지 못하며, 심성(心性)은 비교적 평담(平淡)하여 온(溫)하거나 화(火)하지 않으나 장구(長久)하다.

辛 乙 丁 壬 巳 亥 未 寅	**건조** 치과의사의 명조로, 丁火 식신이 壬水 인성과 合하여 학문이 높다. 시지의 辛金은 巳火가 잡고 있어 그릇이 크다.

丁 乙 壬 庚 丑 亥 午 子	**건조** 이 사람은 홍콩인으로 현재 다국적 기업에서 재무총감독으로 있다. 활목(活木)인 乙木이 시간에 丁火를 보고 있고, 丁火는 다시 월간의 壬水와 합을 하고 있는데, 식신(丁火)이 인성(壬水)과 합을 하니 이 사람은 학력이 높다.

을일(乙日)이 무(戊)를 보면 정재(正財)인데, 무인(戊寅)과 배합할 때는 재성(財星)이 천간(天干)에 허투(虛透)해야 한다. 말을 잘하고, 교제를 잘하며, 잘 되면 사람의 스승이 된다. 일종의 적극적으로 향상(向上)하는 외향적인 사람이다. 만일 무(戊)가 다시 계(癸)와 합하면 재성(財星)이 인(印)과 합하는 것이 되니 주로 인기인데, 왜냐하면 자기에게 교제능력과 연설능력이 괜찮아 명예를 누리는 것이다.

戊 乙 己 乙	**건조**
寅 未 丑 未	문강(文强)은 원래 중경(重慶)의 공안국장 이었는데, 후에 총살형 선고를 받았다. 시주에 戊土 재성이 허투 하여 언변이 아주 뛰어나다.

戊 乙 乙 癸	**곤조**
寅 亥 丑 丑	이 명조에서는 戊土 재성이 허투(虛透)하여 시(時)에 있다. 이는 주로 재주(才氣)를 의미하고 말을 잘하거나 표현능력이 뛰어난 것을 표시한다. 단건업 제자였던 言明 여사의 사주이다.

을일(乙日)이 기(己)를 보면 편재(偏財)가 된다. 기토(己土)는 편향된 음성(陰性)으로 성격을 크게 드러내지 못할 것이다. 이때 재성(財星)은 돈을 위주로 하지 않고 주로 교제능력이 있다는 뜻이며, 비록 말이 많지는 않으나 친구들에게 돈을 쓰는 것을 좋아하며, 앞질러 돈을 내는 것은 반드시 그일 것이다.

己 乙 丁 乙	**곤조**
卯 丑 亥 未	자희태후 명조로 시주에 재성이 허투하여 교제능력이 뛰어나다. 사주원국에 乙木이 만연하고 卯木 록이 왕하여 요염하고 매혹적인 것이 비길 사람이 없다. 부드럽고 사랑스러우며 보는 사람마다 사랑을 받는다.

을일(乙日)이 경(庚)을 보면 합(合)이 되는데, 음(陰)이 양(陽)과 합하므로 일반적으로 기쁨이 된다. 고로 을일(乙日)이 경진시(庚辰時)에 태어나면 주로 일을 하는 뜻이 있다. 다만 관성(官星)이 편중(偏重)되면 담대한 직무가 어려우며 또한 큰 사업을 성취하기가 어렵다. 여기에서 진(辰)은 재성(財星)으로 주로 월급을 받는 수입을 말한다.

庚 丙 乙 乙 寅 戌 酉 未	곤조[69] 형명분의 명조이다. 乙木은 인성(印星)이고 책인데 乙木은 또한 스승의 가르침을 표시한다. 그리고 乙庚合은 스승에게 전달받은 것을 돈을 받고 파는 뜻을 가지고 있다. 년으으로부터 시(時)까지 이르러 乙庚合하니 그 영향력의 범위가 광범위함을 나타낸다.

을일(乙日)이 신금(辛金)을 보면 칠살(七殺)인데, 이것은 을목(乙木)이 가장 두려워하는 것이다. 왜냐하면 신금(辛金)은 못이기 때문에 갑목(甲木)이나 을목(乙木)을 막론하고 모두 두려워한다. 다만 을목(乙木)이 신(辛)을 보면 병(丙)을 이용하여 합하거나 정(丁)을 이용하여 그것을 다스려야 명주(命主)를 보전하고 소인(小人)의 침해를 받지 않는다.

辛 乙 丁 壬 巳 亥 未 寅	건조 乙木이 시주의 辛金을 가장 싫어하나 巳火가 자합(自合)으로 辛金을 잡고 있어 문제없다. 치과의사의 명조이다.

---

69) 년월에 있는 을목(乙木)이 경금(庚金)과 합을 할 때 일어나는 변화의 사례이다.

곤조

이 명조에서 未土는 남편궁(夫宮)이고 辛丑은 남편성(夫星)인데, 丑未가 충(沖)하여 남편궁과 남편성이 관련성을 가져 그녀와 찰스황태자는 혼인을 하게된다. 乙木이 辛金을 보아 부부 사이가 좋지 않다.

갑목(甲木)이 신(辛)을 보면 마찬가지로 신(辛)이 갑(甲)을 해(害)하는 것을 두려워한다. 그러나 갑(甲)은 오히려 신(辛)을 상대할 수 있는 방법이 없다. 병(丙)을 이용하여 제(制)하지 못한다. 왜냐하면 병(丙)은 갑(甲)의 체(體)가 되기 때문이다. 또한 정(丁)을 이용하여 제(制)하지 못하는데 이러한 것은 쟁투(爭鬪)를 조성하여 평안하지 못한 형편이 된다. 이것은 곧 군자(君子)가 소인(小人)을 만난 것과 같아서 군자는 영원히 소인을 상대할 법이 없는 것이니, 군자가 쓸 수 있는 것은 군자이지 소인(小人)을 쓰는 것이 아니기 때문이다. 그러나 소인(小人)은 소인을 만나면 각종 방법으로 그를 상대할 수 있다.

을일(乙日)은 임(壬)을 만나는 것을 기뻐하는데, 임(壬)은 을(乙)을 생(生)하여 조력하게 되며 특히 임오시(壬午時)와 배합하면 식신(食神)과 인(印)이 배합하는 상(象)이 되니 대학에 들어가는 것은 아주 쉬운 일이다. 두뇌가 총명하며 또 사회에서 일하며 능히 환영을 받는 인재이다.

건조

목화상관이 인성을 보아 그릇이 크다. 辛·癸가 干에 투
한 것을 기뻐하지 않아, 그릇에 영향을 주었다. 壬午時
에 태어난 것이 귀(貴)하다. 정계의 길로 들어갔다.

을일(乙日)이 계(癸)를 보면 기쁘지 않은데 왜 그런가? 계(癸)를 다시
유상(類象)하면 해충이 되기 때문이다. 이것이 더해지면 을목(乙木)은
정상적인 생장을 할 수가 없다. 양수(陽水)와 음수(陰水)가 을목(乙木)
에 작용하는 역할은 하늘과 땅만큼의 차이가 있다.

己乙癸甲
卯酉酉辰

건조

원국에 한 개의 처성 辰과 2개의 처궁 酉가 있다. 처궁이
2개이고 처성이 하나라 2번 결혼 할 수 있는 팔자이다.

을일(乙日)이 신사(辛巳)와 배합할 때에는 신(辛)의 본신이 허(虛)하
고 또 상하(上下)로 서로 합하여 상관(傷官)이 살(殺)과 합하는 것이 되
므로, 이 살(殺)은 이미 해(害)가 되지 않으며 오히려 유용하다.

을목(乙木)은 신체에서 간(肝)이 된다. 어째서 갑(甲)은 담(膽)이고 을
(乙)은 간(肝)인가? 왜냐하면 장(臟)은 음(陰)이 되고, 부(腑)는 양(陽)이
되기 때문이다. 을목(乙木)은 음목(陰木)이니 장(臟)에 배치되므로 간
(肝)이다. 간(肝)은 주로 기(氣)가 올라가고 담(膽)은 기(氣)가 아래로 내
려간다. 을(乙)은 처음 생긴 싹이며 그 기(氣)가 위로 향하여 올라가고,

갑(甲)은 땅을 파서 씨를 심으니 그 기(氣)가 아래로 내려간다. 을목(乙木)은 인체에 있어서 또 만곡(彎曲)한 부위를 가리키는데, 예를 들면 목, 척추, 팔목, 발목, 두발(頭髮), 경맥(經脈) 등이다.

을목(乙木)인 사람은 사리를 잘 식별하지 못한다. 그것은 을(乙)의 만상(彎象) 때문이다. 노자가 말하기를 "곡(曲)하면 온전하고 왕(枉)하면 직(直)하다."[70] 하였다. 이것은 실제로 을목(乙木)에 대한 찬미이다. 갑(甲)의 곧음과 을(乙)의 만(彎)은 바로 한 쌍의 음양이며, 세계를 구성하는 다양성이다.

갑(甲)과 을(乙)은 다시 하나의 구별이 있다. 갑(甲)은 많은 것을 기뻐하지 않고 을(乙)은 많은 것을 두려워하지 않는다. 을목(乙木) 일주(日主)인 사람은 주위에 같은 일주(日主)인 사람을 만나고, 갑목(甲木) 일주의 사람은 오히려 같은 일주(日主)인 사람과 사귀는 것을 좋아하지 않는다. 이것은 을(乙)은 화초(花草)이기 때문에 모여서 집단을 이루는 초원을 기뻐하기 때문이다. 갑(甲)은 큰 나무라서 양광(陽光)과 양분(養分)의 영향을 받는 까닭에 일정한 거리를 유지해야 비로소 살 수가 있기 때문이다.

---

70) 노자의 도덕경 22장 "曲則全, 枉則直."굽히니 온전하고, 휘니 굳세어진다.

제19절

십천간의 병
(十天干) (丙)

우리는 모두가 두뇌를 여는 것이 필요한데, 세상에는 존재하지 않는 색깔이 있다는 것을 아는지 모르겠다. 안색(顔色)과 색채는 어떻게 만들어지는가? 물리학의 원리를 살펴보면 안색(顔色)은 빛의 파도가 사람 눈동자의 시신경(視神經)에 작용한 결과이다. 시신경(視神經)이 손상을 당하면 색맹(色盲)이 되며 눈동자가 적외선이나 자외선을 보지 못하게 된다.

여기서 하나의 결론을 얻게 되는데, 색채는 모두 빛의 존재라는 것이다. 병화(丙火)인 태양의 광열(光熱)이 없으면 세계는 한 조각의 흑암이 되어 누구도 존재하지 못할 것이며, 세상에 대한 인식도 존재하지 않을 것이다.

여러분에게 묻겠는데, "사람의 인식이 어떻게 이러한 문제를 만들어내는가?"이다. 당신은 평소에 이러한 문제를 생각한 적이 없었을 것이나, 오늘 한 번 생각해보고 머리가 열렸으면 한다. 여기 왕양명

(王陽明)의 유명한 시 한 구절을 인용한다. "당신이 꽃을 보지 않았을 때는 이 꽃도 당신과 같이 고요하게 있었는데, 당신이 꽃을 보면 꽃도 당신과 함께 분명히 움직이니, 이 꽃이 당신의 마음 밖에 있지 않음을 보게 된다." 하였다. 인식의 본원은 바로 외물(外物)이 마음속에 투영(投影)하는 데에 있는데, 이것이 마음(心)과 물(物)의 감응이다. 이 구절을 우리의 주제로 인용하려고 한다.

병화(丙火)에 대해 말하려고 하는데 인식과는 어떠한 관계가 있는가? 먼저 병(丙)과 정(丁)은 기(氣)인데, 이전에 형(形)과 기(氣)에 대하여 공부한 적이 있음을 여러분은 기억하고 있을 것이다. 기(氣)는 인류가 창조하여 발명한 일체의 정신적인 산품(産品)으로 이것이 정신의 본신(本身)이다. 따라서 병(丙)과 정(丁)의 기(氣)는 곧 세계에 대한 인류의 인식을 대표한다. 병(丙)과 정(丁)을 보면 빛만 대표할 뿐 아니라, 우리의 눈동자를 대표하고, 마음을 대표한다. 만일 우리 인식이 빛(光)과 색(色)을 떠나고, 눈동자를 여의고, 마음을 여읜다면, 어떻게 성립하겠는가? 이것이 곧 왕양명식의 결론을 낸 것으로 마음 외에는 사물이 없다는 것이다.

다른 동물들도 모두 눈이 있는데, 왜 세계에 대한 인식이 없는 것인가? 왜냐하면, 동물들에게는 인류(人類)와 같은 심(心)이 없기 때문인데, 마음이야말로 인식의 관건이다. 인식과 지식을 만들어내는 것은 모두 심(心)과 외물(外物)이 상응(相應)하고 상합(相合)한 결과이다. 이것이 바로 우리가 머리를 여는 데 필요한 것이다. 이러한 사상이 알려주는 것은 마음이야말로 세계를 인식하는 주체라는 것이다. 눈은 매일 수없이 많은 것들을 볼 수 있지만 아주 일부분만을 기억할 뿐이다. 왜냐하면 그 밖의 모든 것은 마음으로들어 올 수 없기 때문이다.

상(象)은 사물의 유사성(類似性)을 관찰한 후 사람의 마음과 생각 속에 떠올리는 일종의 추상(抽象)적인 귀납(歸納) 능력인데 이 또한 심(心)과 물(物)의 응(應)인 것이다. 예를 들면 병화(丙火)는 목(木)의 빼어난 기와 같고, 식물(食物)에서 피어나는 꽃떨기와 같은 것이다.

우리는 아주 아름다운 소녀를 꽃떨기와 같다고 비유한다. 이것이 곧 일종의 상(象)의 상사성(相似性)인데, 청춘의 아름다운 소녀도 그녀의 빼어난 기를 밖으로 발산할 때에만이 우리의 마음속에 상(象)이 도달하는 것이다.

병화(丙火)는 광염(光焰)의 상(象)인데, 하늘에서는 태양이 되고 땅에서는 빛이 된다. 그 유상(類象)은 빛, 제왕, 권력, 온난(溫暖), 색채, 문장(文章), 서화(書畫), 표면(表面), 공연, 연설, 변경, 텔레비전, 미디어, 정보, 명성, 꽃송이, 장식, 성문, 궁실, 극장, 전기, 전기제품 등이다. 丙火는 현대사회에서는 영화와 TV 등 전파의 상(象)이다.

사회의 문명이 진보함에 따라서 기(氣)의 방면은 더욱더 발달하므로 병정(丙丁) 화(火)의 상(象)도 더욱더 발달하고 있다. 왜냐하면, 그것은 인류 정신문명의 산물(産物)이기 때문이다. 2016년은 병신년(丙申年)인데 이러한 병(丙)은 인류에게 있는 정신적인 산품(産品)의 발명이 다시 진일보하는 것을 대표한다. 예를 들면 현재의 VR기술과 인공지능 등이 있다.

우리는 병일(丙日)을 어떻게 보아야 하는가? 병일(丙日)은 갑일(甲日)과 아주 비슷한데 양(陽)을 점유하여 아주 서글프다. 왜냐하면 다른 사람을 돕지만 다른 사람은 그를 돕지 못하기 때문이다. 병일(丙日)에게는 다시 병(病)이 있는데 너무 왕(旺)하면 쉽게 타버리고 너무 약해도 쉽게 죽는 것이니, 적당히 알맞은 것을 구해야 비로소 좋다.

병(丙)은 하늘에 있으면 태양이 되고 땅에 있으면 빛이 된다. 이 뜻은 병(丙)은 귀해야 하는데, 가장 좋은 것은 하늘에 떠있는 태양이다. 태양을 대표하는 정황은 병(丙)이 땅에 떨어지지 않을 때만 해당되는데, 예를 들면 병자(丙子), 병신(丙申), 병진(丙辰)이다. 병(丙)이 땅에 떨어지지 않으면 오히려 쉽게 귀격(貴格)을 이룬다는 것을 생각해보기 바란다.

병일(丙日)이 갑(甲)을 보면 편인(偏印)이 되는데, 갑(甲)이 병(丙)을 생하고 병(丙)을 돕지만 반드시 주의할 것이 있으니, 이때 갑(甲)이 하나면 가장 좋으나, 두 개가 있으면 격(格)이 부서지며, 세 개면 격(格)이 깨지게 된다. 이러한 상(象)을 삼림(森林)이 태양을 가린다고 하며, 그 뜻은 수목(樹木)이 많으면 태양의 빛을 가리기 때문이다.

甲丙甲辛 午子午巳	**건조** 어린시절 부모를 모두 잃음. 싸우기 좋아함.

병일(丙日)이 을(乙)을 보면 정인(正印)이 되는데, 이때 을(乙)은 병(丙)에 대하여 특별히 좋거나 나쁜 작용이 없다. 병(丙)이 을(乙)의 생에 의지하는 것은 아주 어려운데 을목(乙木)의 기(氣)가 약하기 때문이다.

병일(丙日)이 정(丁)을 보면 양인(羊刃)이나 겁재(劫財)로 정(丁)은 아주 쉽게 병(丙)의 물건을 쟁탈한다. 임살(壬殺)과의 합이 있으면 오히려 현용(顯用)한다.

丁丙己辛 酉申亥酉	**곤조** 辛丑運 辛巳年에 가정이 있는 한 상대를 찾았는데, 너무 사랑하지만 가정이 있는 남자는 자신의 것이 아니다. 혼전 도화이다.

丁丙丁丁 酉戌未未	**곤조** 3개의 丁이 투간, 화염토조, 육친을 극하고, 과부 팔자

병일(丙日)이 무(戊)를 보면 많은 뜻이 있다. 병(丙)이 무(戊)를 생하면 일가(一家)와 같은데 이러한 상(象)은 어떻게 취하는가? 병(丙)은 태양이고, 무(戊)는 태양이 새벽이나 저녁 늦은 시간에 있는 것이

다. 우리들이 관찰해보면 아침이나 해 질 무렵의 태양은 변화가 큰데, 호수가 아름다운 노을로 붉게 물드는 것이 바로 무(戊)이다. 병(丙)이 무(戊)를 보면 곧 자기의 화신(化身)이며 자기의 연신(延伸)이다. 병(丙)이 무(戊)를 보는데 다시 계(癸)를 보면 안 된다. 한 번 합하면 귀(鬼)가 곧 몸에 임한다. 병(丙)이 무(戊)를 보면 병(丙)의 열(烈)을 화(化)하게 하여 사람의 성격에 장점이 많아진다. 향상성(向上性)이 강하고 말을 잘하며, 사람과 잘 어울리며, 성격이 중립적이고 재능이 탁월하다.

戊 丙 戊 癸	**곤조**
戊 申 午 巳	출신이 가난하고, 노동일로 고생함, 부모가 무능력하다.

병일(丙日)이 기(己)를 보면 구름이 태양을 가리는 상(象)이다. 기(己)는 비습(卑濕)하고 태양이 어두워져 빛이 없게 된다. 이러한 상황이 이르면 병(丙)은 곧 병(病)이 있게 되는데, 개인의 신체가 아주 좋지 않음을 표명한다.

己 丙 戊 辛	**곤조**
丑 申 戌 亥	이 명조는 丙이 戊를 生하고, 戊戌은 연체(連体)이며 식신은 주로 사상(思想)이다. 또 己土 상관을 보고 丑戌이 刑하니 사상(思想)이 반국(反局) 되어 두뇌가 뒤집혀졌다.

병일(丙日)이 경(庚)을 보면 편재(偏財)가 되며, 시(時)에서 허(虛)로 배치되면 일반적으로 재부(財富)가 아니고 주로 말을 잘하고 교제를 잘한다.

庚 丙 甲 癸	곤조
子 戌 寅 卯	허투한 재(財)가 문호에 있을 때에는 재화(才華)로 표시하게 된다. 그래서 이 여자는 재능이 있고 문화가 있다고 볼 수 있다. 이를 반영하듯 이 여자는 몇 권의 훌륭한 책을 펴냈으며, 이 책들은 현지에서 인기가 있었다.

병(丙)이 신(辛)과 합하면 정재(正財)인데 병신(丙辛)이 서로 합하는 것이다. 시(時)에서 신묘시(辛卯時)와 합하게 되면 주로 말을 잘하는 것이지 길흉(吉凶)을 위주로 하지 않는다. 병(丙)이 신(辛)과 합하면 열열(熱烈)한 성질이 내려가고 온화(溫和)하고 평담(平淡)한 쪽으로 기울어진다.

庚 丙 辛 壬	건조
寅 午 亥 申	청나라때 봉강직책을 가졌던 명조이다. 丙午日은 성격 표현이 격렬하여 노골적이며, 재주를 뽐내고 오만한 경향이 있다. 큰 관직에 이른 것은 살인(殺刃)이 서로 합한 원인이다.

병일(丙日)이 임(壬)을 보면 칠살(七殺)이 되는데, 병(丙)은 임(壬)을 보는 것을 기뻐하니 태양이 강호(江湖)를 비추는 상(象)이다. 병(丙)과 임(壬)이 상견(相見)하면 수화(水火)가 기제(旣濟)하고 교류하여 비춤을

이루게 되니, 이러한 배치는 쉽게 격(格)을 이루게 된다. 사람이 대기 (大氣)하고 기백(氣魄)이 있으며 재부(財富)의 급별도 비교적 높다.

壬 丙 庚 庚 辰 子 辰 寅	**건조** 이 명조에서 丙火는 빛(光)에 해당하는데, 이러한 丙火가 壬水를 보니 음양(陰陽)이 서로 보고 있다. 이처럼 이 명조에는 명암(明暗)이 교차하는 상(象)이 있어 그 상(象)은 영화, TV 등이 가능하다. 그래서 이 명주는 능히 유명한 영화감독이 될 수 있었다.

병(丙)이 계(癸)를 보면 정관(正官)이 되는데, 병(丙)은 계(癸)를 보는 것이 두렵다. 비 오는 날에는 태양이 없는 상(象)이기 때문이다. 계(癸)가 병화(丙火)의 상관(傷官)을 보면 손상을 입게 되지만 가장 두려운 것은 계(癸)가 실(實)에 앉는 것이다. 그러나 계사시(癸巳時)라면 이 계(癸)가 사(巳)에 앉아 약하기 때문에 상해(傷害)가 크지 않다. 계(癸)라는 글자에는 괴(壞)의 작용이 있으며, 귀(鬼)의 뜻이 있다. 한자의 특별한 점은 음(音)이 같으면 뜻도 서로 비슷하다는 것인데 계(癸)가 귀(鬼)라면, 그 흉(凶)은 비교할 것이 없다.

癸 丙 乙 庚 巳 申 酉 申	**곤조** 巳는 祿으로 여인의 신체를 표시하니 합록(合祿)은 비교적 자유스러운 여자이다. 남자친구가 많다. 祿을 年上에서 합(合)하니, 연장자를 좋아하고 조기 연애한다.

인류의 눈동자는 바로 심령(心靈)의 창문이며 눈과 마음은 서로 통하는데 이것이 병정(丙丁)이다. 외물(外物)이 눈으로 들어오면 곧 이것이 마음에 들어오고, 마음에 들어오면 곧 마음과 생각이 서로 합하여 비로소 인식되는 것이다. 어떤 사람이 말하기를 "인류에게는 눈으로 보는 것 이외에도, 논리(論理)와 수학(數學), 그리고 다시 귀납(歸納)과 연역(演繹)이 있는데, 이것은 무슨 말인가?"이러한 것들은 모두 유형(有形)의 물(物)이 화생(化生)하여 무형(無形)의 기(氣)가 된 것이다. 다만 인류의 이성과 논리적인 부분은 병정(丙丁)인 화(火)의 기(氣)에 속하지 않고, 임계(壬癸)인 수(水)의 기(氣)에 속한다. 왜냐하면 화(火)는 주로 감성이고 수(水)는 이성이기 때문인데 이것을 제외하고 다른 예외는 없다.

제20절

십천간의 정
(十天干)　　　(丁)

앞절에서 병화(丙火)에 대해 살펴보았는데, 병화(丙火)가 체현하는 것은 색채와 빛(光)이었다. 정화(丁火)가 체현하는 것은 바로 문명(文明)과 문화(文化)이다.

정화(丁火)는 등촉(燈燭)의 화(火)인데, 하늘에서는 별이고, 땅에서는 등불이다. 그 유상으로는 별, 별빛, 광채, 등불, 문명, 문화, 문자, 사상, 의술, 현학(玄學), 신학(神學), 등촉, 작은 꽃, 내심(內心), 전기, 전자(電子), 네트워크, 문장(文章), 정보, 서적, 영예, 명성 등이 있다. 정화(丁火)에는 문자의 뜻이 있어 문화 수준의 고저(高低)를 표시하는 데 활용한다.

왜 하늘에서는 별이고, 땅에서는 등불과 문명 그리고 문화와 관계가 있는가? 야간의 등과 문명의 빛은 뜻이 같으며, 모두 암흑 속에서 인류로 하여금 전진하는 방향으로 인도하거나 인류를 희망과 광명된 미래로 이끌게 하는 것으로 본다.

임마누엘 칸트[71]가 말하기를 "나로 하여금 사고를 깊게 하고 더욱 신기함을 느끼게 하며 마음속을 경외심으로 가득 차게 하는 두 가지가 있는데, 하나는 별이 총총한 하늘이요 또 하나는 내 마음속의 도덕적인 준칙(準則)이다. 천상의 별들을 보노라면 인류에게 얼마나 중요한지를 말해준다."하였다.

정화(丁火)와 비교하면 병(丙)은 태양이니 병(丙)은 하나만 있는 것이 좋지만, 정(丁)은 별들이니 많은 것이 오히려 기쁘다. 정화(丁火)는 별들이 펼쳐져 있는 상(象)이다.

인류의 문명사를 연구하면 어느 한 시기에 동시에 많은 위대한 사상가나 거장(巨匠)들이 나와 한 시대를 앞서 이끌어 발전시킨 것을 발견하게 된다.

예를 들면 제자백가(諸子百家)들이 활동하던 중국 춘추 전국시대와 같은 시기에 고대 희랍에서는 아리스토텔레스 등의 철학자들이 문화와 철학을 휘황하게 발전시켰다. 인도에서도 이 시기에 석가모니가 탄생하였는데, 이러한 문화현상은 늘 보이는 것이다.

르네상스 시대에 이탈리아의 예술가들도 집단적으로 출현하였다.

---

71) 비판철학을 통해 서양 근대철학을 종합한 철학자 [인물세계사]
비판 철학의 창시자로 널리 알려져 있는 칸트는 청년시절부터 대륙의 합리론과 영국의 경험론 모두에 관심을 두고 있었다. 「순수이성비판」, 「실천이성비판」, 「판단력비판」 등의 저서가 있다. [철학사전]

20세기 초 근대물리학에 걸출한 천재들이 출현하였는데 그들이 창안한 상대성이론과 양자이론 등은 지금까지 백년(百年)이 지났는데도 여전히 현대 물리학에서 그들의 이론을 연용(延用)하고 있다.

천재는 항상 고독한 것이 아닌데, 하느님께서 그들을 위해 하나의 좋은 단체를 준비해주시는 것이다. 신화(神話)의 관점에서 보면, 그들은 천상의 별들인데 범계(凡界)로 내려왔다는 것이다. 나는 내심으로는 이러한 점을 믿고 있는데, 주희(朱熹)가 말하기를 "하늘이 공자를 낳지 않았다면 영원히 기나긴 밤과 같았을 것이다."하였다. 다시 말해서, 하늘이 공자를 태어나게 할 때 그의 제자인 72현(賢)도 함께 데리고 범계(凡界)로 내려온 것이다.

정화(丁火)는 점(點)이며 문자이다. 사람에게 문화(文化)가 없다고 말하는 것은 눈이 정(丁)임을 알지 못하는 것이지, 그가 정(丁)이란 글자를 모르는 것을 가리키는 것이 아니다. 정(丁)이 바로 문자의 뜻을 가리키기 때문이다. 정(丁)은 신비한 별로 늦은 저녁에, 총총한 별이 하늘에서 사람들에게 신비한 느낌을 준다. 당신이 현학(玄學)을 학습하려 한다면 정자(丁字)가 있는 것이 가장 좋다.

정일(丁日)이 갑(甲)을 보면 정인(正印)인데, 정(丁)은 갑(甲)을 보는 것을 아주 기뻐한다. 왜냐하면 갑(甲)은 고귀한 것이면서 양(陽)이기 때문으로 갑(甲)이 정(丁)을 생하는데 조건이 없는 것은 곧 모친이 아이를 사랑하는 것과 같은 상(象)이기 때문이다. 정(丁)에 갑(甲)이 있으면 어떠한 것도 두렵지 않은데 바로 갑(甲)은 정(丁)의 가장 큰 귀인이기 때문이다.

곽목량[72]	한의대여	부총통, 장개석시절	주은래
甲丁○○ 辰未○○	甲丁○○ 辰未○○	甲丁壬丁 辰卯子酉	甲丁甲戌 辰卯寅戌

정일(丁日)이 을(乙)을 보면 편인(偏印)이 되는데, 정(丁)은 을(乙)을 보는 것이 가장 원망스럽다. 기이한 것은 을(乙)은 단지 음적(陰的)일 뿐만 아니라 완전한 원수가 되기 때문이다. 우리가 기억해야 할 것은 정(丁)이 을(乙)을 보는 것은 단지 문제가 될 뿐만 아니라, 좋지 않은 일이 모두 신상(身上)에 체현된다. 왜 그런지 생각해보자. 등불은 음풍(陰風)이 부는 것을 두려워하기 때문이라고 생각한다.

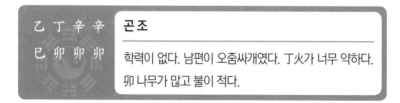

乙 丁 辛 辛 巳 卯 卯 卯	**곤조**
	학력이 없다. 남편이 오줌싸개였다. 丁火가 너무 약하다. 卯 나무가 많고 불이 적다.

정일(丁日)이 병(丙)을 보면 겁재가 되는데, 병(丙)은 정광(丁光)을 빼앗아간다. 태양 아래에 등불이 있다고 생각해보라. 등불이 빛날 수 있겠는가? 그런 까닭에 정일(丁日)은 병(丙)이 나타나는 것을 기뻐하

---

72) 대만의 유명한 명리학자 및 술사이다. 저서로는 『팔자신기묘괘』, 『팔자시공현괘』 등이 있다.

지 않는데, 다른 사람에게 쉽게 압박을 당하여 머리를 들지 못한다. 다만, 정(丁)이 둘이면 오히려 병광(丙光)을 빼앗을 수 있다. 곧 저녁 늦게 별들이 많으면 태양은 자연히 서쪽으로 떨어지게 된다. 이러한 상황은 정(丁)이 오히려 반대로 강세(强勢)인 것이다. 같은 이치로 두 개의 정(丁)이면 또한 병(丙) 대운도 두렵지 않다.

庚丁甲丙 戌酉午午	**건조** 午火인 中神이 쌍현(雙現)하여 전부 戌庫로 들어간 때문으로, 戌은 겁재의 庫인데 戌이 또 酉를 穿하는 것은 한 무리의 남자들이 명주와 쟁처(爭妻)하는 것을 대표하니 혼인이 크게 불리한 상(象)이다. 이 명조의 년주가 만약 甲午라면 일시에 酉戌穿을 보더라도 극처하지 않을 것이다.

丙丁甲戊 午卯子申	**곤조** 이 명조는 예쁘다. 식당일 하다가 사장과 눈이 맞음. 비겁쟁부에 편인이 재와 합하여 첩의 명조에 해당된다.

정일(丁日)에 또 정(丁)을 보는 것은, 정(丁)은 많은 것이 기쁘니 길(吉)이 되며 학문이 크고 독서가 많다는 것을 표명한다.

丁丁癸己 未巳酉巳	**원세계** 火土가 세력을 이루어 월주 癸酉를 잡는 주공이다. 丁이 세력을 이뤄 재관을 잡고 있다.

정일(丁日)에 무(戊)를 보면 상관(傷官)인데, 이는 정화(丁火)가 기뻐하는 것이다. 본래 정(丁)은 문예(文藝)가 아주 뛰어난데 다시 무(戊)가 더해지면 재주가 넘치게 된다. 이러한 사람은 일반적으로 그림 그리는 것을 좋아하며, 잘하면 사람의 스승이 되고 재기(才氣)도 평범하지 않다.

戊 丁 甲 甲 申 酉 戌 辰	**건조** 이 명조는 戊土 상관이 시간(時干)에 홀로 투출하였는데, 상관은 주로 사상(思想)이고, 戊土는 주로 무대를 의미한다. 그래서 이 사람은 일찍이 8년간 선생을 하였다. 그 후에 이 사람은 아리바바[阿里巴巴]회사를 창업한 마윈으로, 세계 최대의 전자상거래플랫폼을 세웠다. 이는 戊土가 표시하는 무대·단상의 상과 관련이 있다.

정일(丁日)이 기(己)를 보면 식신(食神)이 되며 독서하는 것을 좋아한다. 정(丁)은 본래 문자가 되는데 그렇다면 기(己)는 무슨 상(象)일까? 기(己)는 한 권의 두꺼운 책이 아니라 두 권의 책이 포개져 두꺼워진 상(象)이다. 기(己)의 재기(才氣)는 무(戊)와 같지는 않지만 그것을 작게 보아서는 안 되며, 기토(己土)는 굽은 것이 많고 사고하는 것을 좋아하고 심사(心思)도 적지 않다.

辛 丁 己 庚 亥 酉 卯 戌	**곤조** 전형적인 사업가. 유전, 유통이 잘됨.

己 丁 壬 丙	**건조**
酉 酉 辰 寅	청화대학 역경강사

정일(丁日)이 경(庚)을 보면 정재(正財)인데, 경술시(庚戌時)와 배합하면 대부분 재기(才氣)이며, 남자는 여인(女人)을 흡인(吸引)하고 천성이 다정다감하다. 경자시(庚子時)와 배합하면 비교적 돈이 있다.

庚 丁 壬 甲	**건조**
戌 巳 申 午	庚戌은 밖의 여인, 밖에 나가면 항상 여자가 있다. 여자를 끌어 들이는 능력이 아주 뛰어나다.

庚 丁 甲 丙	**건조**
子 巳 午 申	문천상(1236~1283년)의 사주로 남송(南宋)대의 저명한 정치가이자 문학가이다.

정일(丁日)이 신(辛)을 보면 편재(偏財)인데, 이 재(財)는 허투(虛透)하는 것이 좋으니, 그런 까닭에 신해(辛亥)의 배합이 신축(辛丑)의 배합보다 좋다. 신해(辛亥)는 돈이 많다는 것을 표시한다.

辛 丁 庚 乙	**건조**
亥 未 辰 巳	庚辰. 辛亥가 丁未를 포위함, 乙庚合은 방대해짐을 나타냄.

정일(丁日)이 임(壬)을 보면 정관(正官)이 되는데, 정일(丁日)은 임(壬)을 기뻐한다. 예를 들면 임인(壬寅)과 배합하면 여인은 화장하는 것을 좋아하는데, 정임(丁壬)이 합하면 색채가 되고, 인(寅)은 머리가 되기 때문이다. 남자는 대부분 공문(公門)에 있는데, 인(寅)이 유용하면 능히 공문(公門)으로 들어가기 때문이다.

壬 丁 甲 甲 寅 酉 戌 午	**건조** 木火가 세력을 이루어 金을 제하는 주공이다. 매란방의 사주이다.

壬 丁 甲 戊 寅 酉 子 午	**옹정황제** 양포음국으로 양이 음을 제하는 구조

정일(丁日)이 계(癸)를 보면 칠살(七殺)이 되는데, 정일(丁日)은 칠살을 보는 것을 기뻐하지 않으며, 계묘시(癸卯時)를 보면 살(殺)이 허(虛)하여 해(害)가 심하지 않다. 음(陰) 일간(日干)은 모두 칠살(七殺)을 두려워한다.

癸 丁 乙 戊 卯 酉 卯 申	**곤조** 이 명조에서는 월령의 乙木이 인성(印星)에 해당하니 주로 직장에 해당하고, 이것이 일간 丁火를 생하고 있다. 이러한 상(象)에는 의류 공장의 뜻이 있다.

문명의 진화는 화(火)의 한 방면인데 이는 병정(丙丁)으로, 병(丙)은 시각이나 감관(感觀) 종류의 문화이며, 정(丁)은 사상이나 심령(心靈)의 문화이다. 현대사회로 가면 갈수록 내심(內心)을 추구하고 탐색하는 것이 감관(感觀)으로 향수(享受)하는 것으로 대체되고 있다. 이러한 원인으로 TV나 영화, 전파(電波)가 발명된 후로는 사람의 시각이 그것들에 점령당하여 내심세계를 아주 적게 관조하게 될 것이다. 명리학을 배운 후에 고요한 마음으로 외부 감각세계의 혼란스러움을 버리면 자신의 내재적이며 심령적인 정화(丁火)를 찾게 될 것이다. 이것이야말로 진정한 문명과 문화이며 일종의 신비감과 심령 체험으로, 여러분은 선인(先人)이 창조한 깊은 천도(天道)와 인명(人命)의 이치를 감수(感受)하여 곧바로 심령(心靈)으로 들어가 또 다른 미묘(美妙)와 지혜를 누리게 될 것이다.

제21절

십천간의 무
(十天干) (戊)

무(戊)는 높은 언덕의 토(土)인데, 하늘에서는 노을이 되고, 땅
에서는 토(土)가 되며, 그 물상(物象)으로는 대지, 구릉, 높
은 고개, 방파제, 도시, 정부(政府), 건축, 부동산, 창고, 정거장, 사
원(寺院), 골동품, 옛 물건, 도료(塗料), 기와, 수장품(收藏品), 돌출된
물건, 높은 대(臺), 무대(舞臺), 강단(講台) 등이다. 무토(戊土)가 홀로
투출해 있으면 쉽게 선생이 된다. 왜냐하면 무(戊)에는 강단(講台)의
상(象)이 있기 때문이다.

무토(戊土)는 높은 단상인데, 선생 이외에 생활 속에서 어떤 직업
이 공간의 위치가 높아, 높은 단상과 관련이 있겠는지 머리를 열어보
아라. 결론적으로 말하면 선생 외에도 법관(法官), 배우, 사회자, 감독
등으로 이러한 명격(命格)은 모두 무토(戊土)가 있을 가능성이 있다.

무토(戊土)는 고대(高台)[73]인데 배합(配合)에 필요한 것은 다른 것이

---

73) 높은 누각, 높이 쌓은 대. 단상이나 무대

모두 음성(陰性)이거나 낮아야 한다는 것이다. 그래야 무(戊)가 높고, 높아져야 두드러지게 나타날 수 있다.

　이러한 종류의 배치를 일양(一陽)이 전음(全陰)을 통괄한다고 한다. 무토(戊土) 하나만 높은 곳에 있으면 다른 사람들은 고요하게 그가 말하는 것을 듣거나, 그의 연기를 보거나, 그의 지도나 계몽을 받는 것이다.

　여러분은 마윈(馬云)[74]을 잘 알 것인데, 그도 원래는 선생이었다. 그의 사주에서 용(用)하는 것은 바로 무토(戊土)이다. 그래서 후에 세계에서 가장 큰 거래 플랫홈을 창립하였다. 이것은 무(戊)가 땅에 떨어진 것으로, 높은데서 온 것이 아니라 변하여 지지(地支)에 있는 것이니, 바로 교역(交易)의 상(象)임을 알아야 한다. 그것은 실제로 상(象)의 입장에서 말한 것이니, 그가 선생이면서 알리바바 사장인 것은 용(用)한 것이 동일한 것이다. 그런 까닭에 무토(戊土)는 대(台)이다. 하늘에서는 고대(高台)이고, 땅에 떨어지면 평대(平台)[75]이다. 마윈(馬云)은 강연하는 능력을 터득하였으며, 대중에 대한 그의 전파력과 설득능력 그리고 멀리 내다보는 시야는 모두 다른 사람과 비교할 수 없다. 한 가지 보충하자면 마윈(馬云)의 팔자(八字)는 정일(丁日)이 무신시(戊申時)를 취하고 있다.

---

74) 중국 최대전상거래 회사인 알리바바 대표이사
75) 평면 작업대, 옥상 건조대, 옥상 마당, 컴퓨터에서 플랫폼. 플랫폼은 특정 장치나 시스템 등에서 이를 구성하는 기초가 되는 틀 또는 골격을 지칭하는 용어

그러나 명심할 것은, 명리(命理)가 인생을 표달하는 방식에는 종류가 많고 다양한데, 선생과 관계된 조합을 적어도 다섯 종류는 연구해야 하며, 무토(戊土)는 단지 그중의 한가지 일 뿐이다.

그런 까닭에, 여러분이 선생이나 혹은 법관(法官), 배우 등을 감정했을 때 무토(戊土)가 없더라도 이는 정상(正常)에 속한다. 그들에겐 다른 표달(表達) 방식이 있을 것이다. 마치 선생이라는 직업에 대해 교사(教師), 교서(教書)선생, 선생, 교수라고 하는 것과 같다.

무토(戊土)의 또 다른 특별한 상(象)은 바로 높고 큰 건축물이다. 부동산을 하거나 큰 건물을 짓는 데는 무(戊)가 있을 가능성이 있다.

다음에서 무토(戊土)로 태어난 사람이 다른 간(干)과의 희기(喜忌)에 대하여 살펴보겠다.

무일(戊日)이 갑(甲)을 보면 칠살(七殺)인데 무(戊)는 갑인시(甲寅時)를 보는 것을 기뻐한다. 이때 칠살은 재부(財富)를 표시하며 무토(戊土)를 상극(相克)하지 않게 되면 오히려 그의 재부(財富)에 대한 등급(等級)이 특별히 큼을 표시한다. 이러한 상황을 만나게 되면 가장 두려운 것은 기(己)가 와서 갑(甲)과 합하는 것인데, 이는 재(財)를 곧 다른 사람이 가져가게 된다.

<table>
<tr><td>甲 戊 甲 丁
寅 辰 辰 酉</td><td>

건조

이 명조는 甲寅시를 보아 殺을 당연히 財로 본다. 殺은 財의 生을 기뻐하니, 즉 吉이다. 子運으로 행할 때 寅木을 生하여 도우니 발재이다. 己運은 甲木을 합반(合絆)하니 불리하고 파재(破財)의 상(象)이다.
</td></tr>
</table>

무일(戊日)이 을(乙)을 보면 정관(正官)이 된다. 무토(戊土)가 가장 두려워하는 것은 을(乙)인데, 이는 재(財)가 아닐 뿐더러 무(戊)를 극해(克害)하는 것이 엄중하다. 무일(戊日)이 을묘시(乙卯時)를 보면 일반적으로 좋은 명(命)이 아니다. 내가 만난 사람 중에 유일하게 비교적 높은 직책을 가진 사람이 있었는데, 그는 오히려 한 명의 뇌성마비 자식이 있었다. 이것은 흉신(凶神)의 극(克)이 응한 것으로 흉한 기장(氣場)은 반드시 응험함이 있게 되는데, 그래야 비로소 안전해질 수 있다. 후에 그도 그러한 불행을 이해하게 되었는데, 바로 그 자식의 존재 때문에 그는 관도(官途)에서 비교적 평온하게 달렸던 것이다.

<table>
<tr><td>乙 戊 壬 戊
卯 午 戌 申</td><td>

곤조 쌍둥이

乙卯時의 경우, 찾는 남편이 아주 나쁘고, 하는 일도 없고 부처관계도 나쁘고, 가정환경도 빈한하다.
戊土 일간이 甲寅時를 볼 경우는 財로 본다. 그래서 남편이 능력이 있고 2억위앤의 富가 있다.
</td></tr>
</table>

무일(戊日)이 병(丙)을 보면 편인(偏印)이 되는데, 흔히들 병일(丙日)이 무(戊)를 좋아하는 것으로 알고 있다. 그러나 반드시 그런 것만은 아니다. 이것은 마치 한낮의 태양이 변하여 서산(西山)으로 떨어질 때 노을빛이 만장(萬丈)으로 변하여 아름다운 풍경이 되는 것과 같다. 이른 새벽의 노을은 다시 변하여 한낮의 태양으로 변한다. 이는 마치 사람들이 서늘하고 시원한 곳에 머무는 것을 피하는 것과 같다. 겨울에 태어난 무일(戊日)이라면 병(丙)을 기뻐한다.

| 丙 戊 丙 乙 | 건조[76] |
| 辰 寅 戌 酉 | 壬午대운 43세 丁卯년 癸卯월 壬午일 癸丑시에 강도에 의해 살해당함. |

무일(戊日)이 정(丁)을 보면 정인(正印)인데, 정인(正印)은 무(戊)에 대하여 희기(喜忌)가 없다. 무(戊)가 정사시(丁巳時)를 보면 록(祿)으로 돌아가는 뜻이다. 정사(丁巳)는 곧 무(戊)의 본신(本身)을 대표한다. 그것을 연체(連體) 되어 통록(通祿)한다고 한다.

| 丁 戊 丙 己 | 건조 |
| 巳 午 寅 巳 | 일간 戊土와 시주 丁巳는 연체이다. 연체는 하나의 몸으로 보는데, 연체가 괴(壞)되면 신체에 큰 손상이 올 수 있다. |

---

76) 류래웅저 『사주실록』 태을출판사 2016

무일(戊日)이 기(己)를 보면 겁재(劫財)인데, 무(戊)는 기(己)가 와서 그의 물건을 쟁탈하는 것을 기뻐하지 않는다. 일반적으로 모두 해(害)가 된다. 빈위(位)에 살(殺)이 있어, 주위(主位)의 기(己)를 살(殺)이 끌어와 합하는 경우는 제외한다. 이것을 양인(羊刃)에 살(殺)을 더한 것이라고 하며, 이때 비로소 유용하게 된다.

甲 戊 己 乙	**건조**
寅 辰 卯 巳	甲寅시를 財로 본다. 甲木이 허투하면 己土 겁재가 甲木 財를 가져가 파재하고, 허한 己土가 실이 되면 실한 己土가 甲木을 가져가 파재한다.

무일(戊日)이 경(庚)을 보면 식신(食神)이다. 무(戊)는 식신을 기뻐하는데 식신(食神)이 편인(偏印)을 보는 것을 꺼리니 효신탈식(梟神奪食)이 되기 때문이다. 무(戊)가 식신과 배합하면 마음이 너그럽고 몸이 살찐다. 이러한 식신(食神)이 가장 두려운 것은 관성(官星)인 을목(乙木)이 와서 합하는 것으로, 한 번 합하게 되면 곧 귀(鬼)가 몸에 붙는다.

丙 戊 庚 辛	**건조**
子 子 子 酉	일생 복도 없고 수명도 짧다. 혼인도 안 좋고, 떠돌아다니는 명이다.

戊 戊 庚 庚	**건조 – 동중당 적천수**
午 辰 辰 申	왕한 식신에 인성이 배합하여 토금상관격을 이룬다.

무일(戊日)이 신(辛)을 보면 상관(傷官)이 된다. 무(戊)가 상관을 보면 인(印)과 배합하는 것을 아주 기뻐하고 귀(貴)함이 되며, 인(印)과 배합하지 않으면 상관(傷官)은 무용하고 오히려 해(害)가 생긴다. 음(陰) 상관은 제(制)하지 않으면 해(害)가 극심(極深)하게 된다. 즉, 하는 일이나 만나는 사람마다 부딪쳐서 옳은 것은 없고 잘못만이 있으며, 시의적절하지 않음에도 스스로가 옳다고 한다.

辛 戊 戊 癸	곤조
酉 子 午 丑	팔자에서 日主가 財와 합하지만, 주위의 重한 子財가 투(透)하여 년에 있다. 癸丑을 월간의 戊土가 戊癸合하니 재의 유통이 잘됨을 나타낸다.

辛 戊 丙 辛	건조
酉 申 申 卯	이 명조는 아주 나쁘다. 정당한 직업이 없다. 최저생활로 유지하며 살고 있다. 傷官見官의 원인 때문이다.

무일(戊日)이 임(壬)을 보면 편재(偏財)인데, 이때는 허실(虛實)을 보는 것이 중요하며, 허재(虛財)는 교제하는 것이 광범위 한 것이고, 실재(實財)는 조합을 보아야 한다.

壬 戊 乙 壬	곤조
戌 午 巳 戌	여명으로 다정다감하고 혼인도 좋다.

무일(戊日)이 계(癸)를 보면 정재(正財)가 된다. 양일(陽日)에는 정재(正財)가 신(身)과 합하는데, 무계(戊癸)가 상합(相合)하면 높은 데서 낮은 데로 이르게 된다. 무(戊)는 계재(癸財)를 추구하는데, 얻는 여부는 배합을 보아야 한다. 대다수 상황에서는 무(戊)가 계(癸)와 합하는 것을 기뻐하지 않는다. 그것은 무(戊)에 해로움(害)을 끌어당기는 것이 된다.

癸 戊 甲 癸 亥 午 子 巳	**건조** 인성이 재에 포위되어 권력이 있다. 지적 광산국 국장이다. 己未대운 甲己합으로 흉하다.
癸 戊 丁 甲 丑 子 丑 申	**건조** 학력이 없고, 매우 가난한 사주이다.

무토(戊土)는 서 있는 곳이 높은 곳이기 때문에 멀리 내다 볼 수 있다. 무토(戊土)는 바로 가장 높은 점에 이른다. 세상에는 항상 우리들로 하여금 앞을 향하여 나아갈 수 있도록 지도하는 사람들이 있다. 무토(戊土)는 중정(中正)한 기를 얻어 불편불의(不偏不倚)하며 또 병양(丙陽)이 화생(化生)한 것으로 병(丙)의 큰 것은 있으나 병(丙)의 열(烈)함은 없는 까닭에 능히 그들의 지도자가 된다.

무(戊)는 또 성(成)의 뜻이다. 만물이 완성되어 원만해진 후에는 무(戊)를 이루며, 또 목화(木火)인 양기(陽氣)의 종결점(終結點)이 되는데, 다음 십간(十干)에서 음(陰)으로 바뀐다.

음양은 교체하며 천도(天道)는 윤회(輪回)한다. 여러분의 현재 나이가 인생의 절반을 지나고 있다면 인생에서 가장 좋은 때로, 사업, 재부(財富), 가정(家庭), 자녀(子女) 등이 모두 완성된다. 여러분은 인생의 최고지점에 서있으며 생각할 것도 많아진다. 더불어 책임과 의무도 많아진다. 무토(戊土)의 희기(喜忌)에 대해서 살펴보았는데, 무토(戊土)의 상(象)을 생각해보고 여러분 주변의 사주를 참고해보기 바란다.

제22절

십천간의 기
(十天干)　　(己)

십 천간(十天干)의 기(己)에 대하여 살펴보고자 한다. 기(己)를 말하기 전에 먼저 중국의 한자(漢字)에 대하여 언급하려 한다.

한자는 역사상 유일하게 보존되어 내려온 옛날의 문자로, 우리는 중국인이 이 세계에서 가장 지혜로운 민족중의 하나로 알고 있다. 이는 한자와 아주 많은 관계가 있는데, 상용(常用) 한자는 적어도 3천 자 이상이 된다. 그것들은 제한된 글자이지만 세상의 다양한 사물이나 사람의 감정(感情), 의사(意思), 이념(理念), 문화(文化)를 표현하고 있다.

그렇다면 어떻게 표현하고 있는가? 그것은 상(象)과 가까운데 바로 역(易)의 사유이다. 간지(干支)는 22개의 글자이지만 조합하면 60가지가 된다. 60가지로 세상에 존재하는 많은 복잡한 사물을 표현할 수 있다. 나아가 수없이 새롭게 창조되는 사물도 역시 묘사해 낼 수 있다. 생각해보면 모두 신기(神奇)함을 느낄 것이다.

인류는 많은 새로운 사물을 창조하고 거기에다 새로운 이름과 정의(定義)를 붙인다. 영어(英語)로는 그렇게 할 방법이 없는데, 발명품이 생겨나서 단어를 만들려고 하면 영어 같은 경우는 많은 말을 지어내야 한다. 한자(漢字)는 그럴 필요가 없으며 다시 문자를 만들 필요가 없이 원래의 글자를 하나의 말로 묶으면 된다. 이 말의 핵심은 간지(干支)를 사용하는 명리(命理)에서는 유한(有限)한 것을 끌어내어 무한(無限)한 지혜를 표현해낸다는 것이다.

우리가 생활하는 현 시대와 고대의 세계는 완전히 다르다. 현대에 이르러 많은 새로운 사물이 발명되었는데, 간지학(干支學)은 인류가 발명한 새로운 물건을 표달해 낼 수 있다. 게다가 그 정확함도 의심할 바가 없다. 간지학(干支學)으로 어떻게 가능한 것인가? 상법(象法)의 핵심은 모두 이법(理法)과 통하는 데 있다. 이치에 부합하면 비로소 상(象)에 부합하는 것이다.

우리가 살펴보려는 기(己)라는 글자는 본래 형(形)이 있는데, 바로 만곡(彎曲)의 형(形)으로, 그것이 상(象)이다. 여러분은 만곡한 형(形)의 상(象)을 보면 곧 기(己)로 표시하여 써도 된다.

기토(己土)는 평원(平原)의 토(土)로 하늘에서는 구름이 되고, 땅에서는 토(土)가 된다. 그 물상(物象)으로는 전원(田原), 정원(庭院), 주택, 묘지(墓地), 평원(平原), 토산물(土産物), 농업, 진흙, 건재(建材), 장식재료, 과실(果實), 책, 통로(通道), 도로, 먼지, 내장(內臟), 반점

(斑點), 자아(自我)이다. 기토(己土)에 식신(食神)이 임하면 독서를 좋아하는 것으로 표시한다.

기토(己土)는 왜 구름이 되는가? 구름은 바람과 상대가 되기 때문인데, 갑을(甲乙)은 바람이고 바람이 불면 구름이 흩어진다. 갑을(甲乙)은 기토(己土)를 극(克)한다. 갑기(甲己)가 합하면 바람과 구름이 만난다. 현재는 일종의 "클라우드 컴퓨팅"을 말한다. 곧 기해(己亥)로 표시하여 써도 된다. 기(己)는 구름[77]이 되고 해(亥)는 계산이 된다.

기(己)는 육체로 표시할 수 있고 또 곡선(曲線)이 있으니, 기일(己日)에 태어난 여자는 몸매가 상당히 좋다. 형상(形象)의 입장에서 말하면 바로 글래머이다. 그런 까닭에, 옛날에 소달기(蘇妲己)[78]라고 하는 유명한 기생이 있었는데, 그 이름의 글자를 보면 어째서 상나라의 주왕(紂王)이 그녀에게 미혹되었는지를 알 것이다.

기토(己土)는 두 권의 두꺼운 책을 함께 포개놓은 것이다. 그런 까닭에 책의 상(象)이다.

어째서 우리는 자신을 말할 때 기(己)라고 하는가? 이것은 중국인이 스스로를 겸허하게 말한 것이다. 기(己)에는 또 한 층의 뜻이 있는

---

77) 구름과 같은 무형의 형태로 존재하는 하드웨어, 소프트웨어 등으로 생각하면 됨
78) 상나라 31대왕 주왕이 좋아했던 여인. 경국지색인 '달기'라는 미녀가 유명함
　　『봉신연의』에서 달기는 천년 묵은 여우 요괴로 등장하며, 은에서 주로 넘어가는 '혁명(革命)'을 실현시키기
　　위한 임무를 띠고 지상으로 파견되어, 기주후(冀州侯) 소호(蘇護)의 딸이었던 소달기(蘇妲己)의 혼을 빼앗아
　　달기가 되어, 마침내 주왕을 타락시켜 은을 멸망에 이르게 했다. [네이버지식백과]

데, 바로 나의 마음이 갑(甲)을 향하여 가는 것으로, 백(白)을 알고 흑(黑)을 지킨다는 뜻이다.

현대의 물상(物象) 중에서 비교적 많은 것들을 볼 수 있는데, 기(己)를 실내장식의 재료로 취할 수 있다. 예를 들면, 타일, 도료(塗料), 파이프, 철사 등이다. 이러한 물건들은 큰 빌딩의 장식으로 쓰는데, 기(己)와 갑(甲)이 합(合)하는 상(象)을 취하면 큰 빌딩의 내외(內外)가 모두 아름답게 변하는 것이다.

아래에서 기일(己日)과 그 밖의 천간(天干)과의 관계에 대하여 살펴보고자 한다.

기일(己日)이 갑(甲)을 보면 정관(正官)인데, 기(己)는 갑(甲)과 합하는 것을 기뻐하며 귀(貴)와 합하는 것이니 고귀한 것과 맺어지는 상(象)이다. 그러나 기일(己日)이 갑술시(甲戌時)를 보면 반드시 그런 것은 아니다. 왜냐하면 갑(甲)의 아래가 겁재(劫財)이기 때문으로, 갑(甲)은 머리이고 술(戌)은 손인데, 이러한 조합은 술(戌)이 곧 명주(命主)의 손이 되며 육체적 노동을 할 수 있는 힘이 강함을 나타낸다.

辛 己 甲 戊 未 未 寅 申	곤조
	이 명조에서 甲木은 남편인데 甲己合을 하니 비천한 己土가 甲木과 합을 하여 고귀에 도달하였다고 할 수 있다. 왜냐하면 남편이 이 여자의 명운(命運)을 개변(改變)했기 때문이다.

<table>
<tr><td>甲 己 癸 乙
戌 巳 未 酉</td><td>**건조 - 한무제**

한무제의 사주를 보면 未.巳.戌이 하나의 당을 이뤄 좌하의 巳火에 집합되어져 있다. 그래서 집권의 뜻이 있다고 말 할 수 있다. 이 사주는 陽이 陰을 制하는 象이다. 년상의 식신이 피제(被制)되어 사주의 공(功)이라 부른다.</td></tr>
</table>

  기일(己日)이 을(乙)을 보면 칠살(七殺)이 되는데, 기(己)는 을(乙)을 보는 것을 두려워한다. 을축시(乙丑時)에 태어난 것은 말할 필요도 없고, 을해시(乙亥時)는 더욱더 나쁘게 본다. 기토(己土)는 비천(卑賤)하고 또 생각 말 등을 바꾸거나 의심이 많을 수 있다. 을살(乙殺)을 보면 더욱 좋지 않다.

<table>
<tr><td>乙 己 辛 庚
亥 亥 巳 戌</td><td>**곤조**

이 명조는 己卯 대운 乙亥年에 애정 때문에 자살하였다. 왜 그랬는가? 일주 己土는 乙木이 와서 克하는 것을 싫어 한다. 乙이 亥에 앉아 득왕(得旺)하여, 일시에 속한 것이 모두 자기를 극해(克害)한다.</td></tr>
</table>

  기일(己日)이 병(丙)을 보면 정인(正印)이 된다. 기일(己日)은 병(丙)을 보는 것을 기뻐한다. 예를 들어 병인시(丙寅時)면 관인(官印)이 명(命)을 비추게 된다.

丙 己 癸 壬 寅 酉 丑 子	**건조**
	체력노동자, 단지 인성을 사용하지 식신을 사용할 수 없다. 寅木이 괴(壞) 되어 관을 쓸 수 없다.

기일(己日)이 정(丁)을 보면 편인(偏印)이 된다. 기일(己日)은 정(丁)을 보는 것을 아주 두려워한다. 만일 정(丁)이 많이 나타나면 이 사람의 명(命)은 아주 나쁘다. 식신(食神)인 신운(辛運)으로 행하면 명(命)에 곧 문제가 있게 된다.

丁 己 丁 甲 卯 卯 丑 寅	**건조**
	대운에서 다시 辛金이 출현하면 효신이 탈식하고 유년에 다시 丁火를 본다. 고로 응기는 丁亥年에 있다. 辛巳운 丁亥년에 폐병(肺病)으로 사망하였다.

辛 己 丁 丁 未 卯 未 卯	**곤조**
	다방면에 재주가 있고 특히 예술 쪽에 재능이 있다. 학력이 높고, 사주가 좋다.

기일(己日)에 무(戊)를 보면 겁재(劫財)가 되는데 기일(己日)이 무진시(戊辰時)에 태어나면 나쁘지 않고, 도움이 많이 된다.

| 戊 己 己 丙 | 건조 |
| 辰 卯 亥 午 | 卯辰穿이 주공이다. 亥가 午지에 도달하는 것은 기쁘지 않다. |

기토(土)가 기(己)를 보면 비견(比肩)이 된다. 기사시(己巳時)에 태어나면 연체(連體)가 록(祿)을 얻은 것이 된다. 록(祿)이 있으면 부서지면 안 되며, 록(祿)을 쓰면 항상 신고(辛苦)하다.

| 己 己 戊 己 | 건조 |
| 巳 酉 辰 未 | 노동일로 힘들게 살아감. 巳酉合으로 巳火가 괴된 모습 |

기일(己日)이 경(庚)을 보면 상관(傷官)인데 일반적으로 경오시(庚午時)와 배합하면 대부분 성격에 비교적 개성이 있음을 표시하며 속된 곳으로 빠지지 않는다. 만일 경(庚) 상관(傷官)이 아주 왕(旺)하다면 상관(傷官)이 인(印)과 배합하여야 비로소 입격(入格)한다.

| 庚 己 庚 丁 | 건조 |
| 午 巳 戌 亥 | 큰 부대의 귀한 명. 국민당의 주요간부인 장개석 사주 |

기일(己日)이 신(辛)을 보면 식신(食神)인데, 기(己)는 신(辛)을 보는 것을 기뻐한다. 왜냐하면 기(己)에는 입(口)의 상(象)이 있기 때문이며 식신(食神)도 당연히 먹을 복이 있기 때문이다. 이러한 종류의 배합은 성격이 아주 좋다.

辛 己 辛 丙	**건조**
未 卯 丑 午	천진시장을 했던 명조이다. 丙午. 丁未 대운 좋음.

辛 己 癸 乙	**건조**
未 亥 未 亥	민국시기 군벌정치가. 유학 다녀옴.　　　　　　－건상비술

기일(己日)이 임(壬)을 보면 정재(正財)인데, 임신시(壬申時)에 태어나면 재성(財星)이 아주 편왕(偏旺)하나 반드시 유용한 것은 아니다. 재성(財星)은 그 밖의 배치가 있어야 얻어 쓸 수 있다.

기일(己日)이 계(癸)를 보면 편재(偏財)가 되는데, 이는 희기(喜忌)가 되지 않는다. 무릇 재성(財星)이 실(實)에 앉으면 각종 변화의 유전(流轉)이 있어야 재부(財富)를 이룰 수 있으며, 그렇지 않으면 어떤 뜻도 없다.

癸 己 戊 辛	**건조**
酉 亥 戌 卯	일본인인데 주식으로 큰돈을 번 사주이다. 왕호응(육효) 선생과 인연을 맺은 분이다.

기토(己土)는 인체에서 갖가지 통로에 속하는데, 예를 들면 식도(食道), 호흡기, 창자 등이다. 기(己)는 식물에서는 과실(果實)이 되고, 인체에서는 살이 된다. 기(己)의 상태를 보면 뚱뚱한지 말랐는지 판단할 수 있다.

한자(漢字)는 형상성과 추상성을 갖추고 있다. 중국인이 만든 한자는 타고난 지혜를 내포하고 있다. 그래서 세계를 이해하고 내심(內心)을 표달하는데 이것보다 뛰어난 것은 없다. 형상(形象)으로 사유하는 것을 여러분이 이해하면 좋다. 한자는 상형문자(象形文字)로 만들어졌으며 한자의 추상성(抽象性)은 무한(無限)히 연신(延伸)하는 능력을 갖추고 있다.

간지(干支) 또한 형상(形象)과 추상(抽象)을 갖추고 있기 때문에 일반인들은 해석하기가 어렵다. 그러나 명리학에 흥미가 있고 자료가 있다면 터득하기 어려운 학문은 아니다. 심혈(心血)을 기울여 최선을 다한다면 비로소 그 묘미(妙味)를 알 것이나, 편안하게 얻으려고만 생각한다면 거의 불가능할 것이다.

제23절

십천간의 경
(十天干)　　　　(庚)

경(庚)은 도끼의 금(金)으로 하늘에서는 하강(降)이고 땅에서는 금(金)이 된다. 그 물상(物象)으로는 무쇠, 오금(五金), 강철, 광물, 광산(鑛山), 기기(機器), 제조업, 금융, 이과(理科), 물리(物理), 군대, 경찰, 자동차, 대로(大路), 수술(手術), 의원(醫院) 등을 나타낸다. 인체로는 대장(大腸), 큰 골격, 뼈의 칼슘, 폐(肺), 이빨, 음성(音聲), 배꼽을 나타낸다. 인성(人性)으로는 강강(强剛), 위무(威武), 폭조(暴躁), 고집이며, 형(形)으로는 능각(棱角)[79]이고, 인사(人事)로는 변혁이다.

먼저 경금(庚金)이 하늘에 있으면 하강[降] 한다는 것이 무슨 뜻인지 살펴보겠다. 경(庚)이 하늘에 있으면 서리[霜]가 된다 하였으나 맞지 않는 것을 발견했다. 왜냐하면 천기(天氣)가 서리가 되는 때는 아주 늦어 농력(農曆)으로 9월이라야 북방에서 서리가 내리기 때문이

---

79)　짐승 머리에 난 뿔과 같이 생긴 것

다. 경(庚)은 하늘에 있다가 기(氣)가 내려오는 것인데, 이것은 봄에 목(木)이 승기(升氣)하는 것과 상대적이다.

호흡기 과민증(過敏症)은 가을에 많이 발생하는데, 입추(立秋)가 되면 곧바로 호흡기 질환이 시작된다. 가을에는 천기(天氣)에 열(熱)이 있긴 하지만 호흡기 환자들에게는 특별히 민감(敏感)하다. 기(氣)가 먼저 이르고 그 다음에 천기(天氣)가 바뀌어 비로소 서늘해진다. 호흡기 환자는 어떻게 치료해야 할까? 천기(天氣)가 내려오면 폐기(肺氣)가 위로 오르지 못하게 되고, 다시 가을의 기(氣)는 편조(偏燥)하여 습윤(濕潤)을 얻지 못하게 된다. 폐기(肺氣)를 끌어올려 생발(生發)과 윤조(潤燥)해주는 약물을 사용해야 다스릴 수 있다. 이러한 생각을 채용하여 치료하면 아주 빨리 완해(緩解)[80]하게 된다.

어째서 높고 맑은 가을 하늘을 시원하다고 하는가? 봄에 북방(北方)에는 모래가 섞인 흙먼지가 사나운데 가을에는 흙먼지가 없기 때문이다. 이것은 모두 천(天)의 강기(降氣)와 관련이 있다. 공기 중에 먼지가 모두 아래로 내려오기 때문에 호흡(呼吸)하는 공기가 시원해지는 것이다. 또 서늘한 공기가 내려오므로 신체도 조열(燥熱)해지지 않고 시원하다. 가을 하늘이 특별히 높게 보이는 것도 공기가 깨끗하여 시야에 높이 보이는 것이다.

---

80) 증상 병세 따위의 진행이 멎어 편하게 됨

그런 까닭에 경신(庚辛)인 금(金)은 간정(干淨)한 뜻이 있다. 금(金)에 다시 수(水)가 더해지면 특별히 맑고 깨끗한 것을 사랑한다.

금(金)은 주로 내려가고 또한 거두는 것이다. 거두는 것은 곧 수렴(收斂)으로 목성(木性)이 발산(發散)하는 것과 상대적이다. 사람의 사유에 대응한다면 이성적인 사유, 체계적인 사유, 냉정(冷靜)한 사유에 해당된다. 그래서 이과(理科)나 물리(物理)에 대응한다. 왜냐하면 금(金)은 일종의 비교적 무거운 물건이며, 물리에서 말하는 것은 실재적인 물질과 힘이기 때문이다.

오늘날 금융학은 경금(庚金)을 대표한다. 금융의 목적은 자금을 증대시키는 것이며, 빌려주고 거두어 들이는 관계가 동시에 출현해야 한다. 예를 들면 을경(乙庚)이 서로 합하면 을목(乙木)은 식신(食神)이고 경금(庚金)은 인(印)이므로 곧 금융의 뜻으로 표시할 수 있다.

아래에서 경일(庚日)과 다른 천간(天干)과의 관계를 살펴보겠다.

경일(庚日)이 갑(甲)을 보면 편재(偏財)인데, 예를 들어 갑신시(甲申時)에 태어나면 편재가 허투(虛透)한다. 이런 부류의 사람은 특별히 돈을 쓰는 것을 좋아하고 돈이 있어도 모으지 못한다.

甲 庚 壬 甲 申 戌 申 午	**건조** 일은 하지 않고 한량으로 지내며, 여자도 많다.

경일(庚日)이 을(乙)을 보면 정재(正財)인데, 예를 들어 을유시(乙酉時)에 태어나면 시(時)의 정재가 신(身)과 합한다. 만일 이 을(乙)이 년(年)과 월(月)의 지지(地支)에 있는 재(財)가 아니라면 별 뜻이 없으며, 다만 그가 돈을 쓰지만 비교적 절약하는 것을 표시한다. 만일 년월(月)에 묘(卯)나 미(未)가 있으면 재부(財富)를 얻는 것을 표시한다.

乙 庚 己 庚	**곤조**
酉 子 卯 戌	시상의 乙木 재성은 거의 약한 재성으로 보이나 인두재로 실제로는 매우 큰 재부를 대표한다. 일주가 도달하여 얻는 것이 乙이니 큰 재부를 얻을 수 있음을 표시한다.

경일(庚日)이 병(丙)을 보면 칠살(七殺)인데, 경금(庚金)은 본래 완고[頑]하여 병화(丙火)가 와서 단련해주는 것을 아주 기뻐한다. 그런 까닭에 경일(庚日)은 병술시(丙戌時)의 배합을 기뻐하며 재부(財富)의 급별도 비교적 높다. 그러나 병(丙)은 신(辛)이 와서 합하는 것을 기뻐하지 않으며 합하면 곧 손재(損財)하게 된다.

丙 庚 壬 丁	**곤조**
戌 申 寅 酉	원국은 식신이 官을 制한다. 양인이 財를 制한다. 단, 관살포국이 출현하여 식신의 상이 괴되었다. 午運은 三合火局으로 자기를 제주(制住)하니, 丁火가 得旺하여 식신을 괴하여 자유를 잃는다.

경일(庚日)이 정(丁)을 보면 정관(正官)인데, 경(庚)은 정(丁)을 보는 것이 두려운데 어째서인가? 이때 경(庚)은 하나의 철판(鐵板)으로 이

해해야 하며, 정(丁)은 창으로 철판에 많은 구멍을 내면 이 철판은 못쓰게 되는 것과 같다. 경(庚)이 정해시(丁亥時)와 배합하면 해(害)가 심하지 않은데 왜냐하면 정(丁)이 해수(亥水)의 제약을 받기 때문이다. 그러나 왕(旺)한 정(丁)이 투간(透干)하면 안 되는데, 두개의 정(丁)이 경(庚)을 극하면 완전히 부서지게 된다.

丁 庚 丁 甲 亥 戌 卯 寅	**건조** 庚일주가 관성의 협극(夾克)을 당하고 있다. 즉 관살 2개가 머리를 집게로 꽉 잡고 있으니 凶이다. 지지의 寅卯戌이 전부 흉신(凶神)이다. 庚午運의 庚운에 사망응기가 출현한다.

경일(庚日)이 무(戊)를 보면 편인인데, 경(庚)에 대한 무(戊)의 좋고 나쁨은 경(庚)의 상태에 있다. 예를 들면 경(庚)이 허지(虛地)에 처하면 무(戊)를 보는 것이 아주 기쁘니 경자(庚子)나 경인(庚寅)의 종류이다. 경(庚)이 왕지(旺地)에 처하면 무(戊)를 보아도 무용하다.

戊°庚 甲 丙 寅 寅 午 寅	**건조** 이 명조는 庚金일간이 午月에 태어났으며 왕(旺)한 丙火가 천간에 투출하고 있다. 이처럼 庚金이 강한 불을 만나 마치 가마에서 제련되는 것과 같다. 또한, 庚金이 戊土의 생(生)을 받고 있어 마치 주조 틀에서 흙을 빚어내는 것과 같다. –화가. 서예가 귀재

경일(庚日)이 기(己)를 보면 정인(正印)인데, 기(己)는 경(庚)을 생하지 못하고 기본적으로 무용하다. 그러나 갑(甲)이 와서 합하게 되면

재(財)가 곧 나에게 이르니 주로 길(吉)하다.

己 庚 甲 壬 卯 寅 辰 子	**곤조** 빈주의 甲木이 辰土를 통제, 辰은 큰 규모, 나는 관리자를 대표, 寅木은 나의 財, 동쪽으로 감. 주공은 子水가 寅木을 생함. 甲은 크고 己는 규모가 작다. 대운에서 甲己 合하면 큰 것을 버리고 작은 호텔 경영한다.

경일(庚日)이 경(庚)을 보면 비견인데, 경진시(庚辰時)와 배합하고 일주(日主)가 시(時)로 이동할 때에는 진(辰)의 용도를 보아야 한다.

庚 庚 乙 癸 辰 申 丑 丑	**곤조** 庚申은 폐(肺)인데 축고(丑庫)로 墓하니 한습(寒濕)한 土로 생기(生機)가 없다. 戊辰運에 해소로 10년간 고생하였는데 약간의 陽氣가 끊어졌다. 己運에 墓가 이르니 己丑年에 병이 나고 庚寅年에 絶地를 보아 병으로 죽었다.

경일(庚日)이 신(辛)을 보면 양인(羊刃)인데, 신사시(辛巳時)와 배합하면 일반적으로 길(吉)한 배치이다. 그러나 여명(女命)은 대부분 기쁘지 않은데, 사화(巳火)가 남편을 표시하면 남편에게 외우(外遇)가 있으며, 남편이 아닐 경우에는 자기에게 정인(情人)이 생긴다.

辛 庚 癸 壬 巳 戌 丑 子	**건조** 본과학력이며 이과를 배웠고, 당연히 배운 것은 기술전업이며, 직장은 공정기술에 종사하고 월급도 상당히 높다.

경일(庚日)이 임(壬)을 보면 식신(食神)인데, 임오시(壬午時)와 배합하면 식신(食神)이 관(官)을 누른다. 이러한 종류의 조합을 귀(鬼)가 신(身)에 임한다고 알아서는 안 된다. 왜 그런가? 식신(食神)은 관(官)과 합하는 것을 기뻐하지 않는다 하였는데, 이것은 식신(食神)이 체(體)에 해당할 경우에 합관(合官)하면 안 되는 것을 가리킨다. 경일(庚日)에 임오시(壬午時)의 배합은 임(壬)이 허(虛)하여 체(體)가 되지 않으므로 관(官)과 합해도 괜찮다. 허(虛)와 실(實)의 구별이 아주 크다.

壬 庚 癸 乙	건조
午 午 未 卯	식상이 허투하여 재능과 기술이 뛰어남. 乙庚합은 피아노, 卯午파는 파동의 소리를 나타낸다. 유명한 피아니스트이다.

경일(庚日)이 계(癸)를 보면 상관(傷官)인데, 경(庚)에 대하여 좋은 작용이 없어, 무(戊)가 합거(合去)하는 것을 아주 기뻐하며 아름답게 된다. 경(庚)이 계(癸)를 보는 것은 대부분 녹이 스는 뜻을 가리킨다. 경(庚)이 계(癸)를 본 사람은 모두 학습(學習)을 좋아하지 않는다. 머리를 공부하는 방면에 잘 사용하지 않는다.

甲 庚 癸 甲	건조
申 辰 酉 辰	단건업 선생 사촌형으로 특별히 하는 일 없이 백수로 지냄. 庚金이 癸水를 보아 녹이 슨 象이다.

경(庚)이 일주인 사람은 금(金)이 많은 것을 기뻐하지 않는데, 금(金)이 많으면 주로 완고하고, 완금(頑金)은 변화하지 않아 사회에서 무용하다. 경(庚)은 화(火)의 단련을 받아야 비로소 그릇이 된다. 그런 까닭에 경(庚)은 화(火)가 왕(旺)한 것을 두려워하지 않는데, 다만 정(丁)을 보는 것은 기쁘지 않지만 편인(偏印)이 보호해주면 괜찮다. 만일 경금(庚金)이 땅에 떨어져 수(水)에 가라앉으면 오히려 쉽게 감옥에 가는 우환이 있다.

사람은 천지의 조화로 십간(十干)의 성(性)을 받는 것이 달라 각양각색의 인재(人才)가 나온다. 경(庚)은 음(陰)의 대장으로 그 성(性)은 강직(剛直)하여 아첨하지 않는다. 고로 수(水)로 부드럽게 변하는 것을 좋아하며 쉽게 인재가 될 수 있다. 다시 화(火)로 단련하여 그릇이 되면 또한 쓸 수가 있다. 경(庚)이 완고하면 부서지며 녹슬면 어리석어진다. 토(土)가 두터워 너무 습해지는 것을 기뻐하지 않으며, 또 녹이 슬면 무용해진다.

제24절

십천간의 신
(十天干)　　(辛)

가을은 금기(金氣)가 왕(旺)해 지는 시기이다. 당연히 가을이 되면 작물을 거두어 자르고 시든 것은 버린다. 그래서 고인 (古人)은 금(金)이라는 상(象)을 취하였다. 금(金)이 목(木)을 극(克)하는 뜻이다. 만물을 거두는 것은 금(金)인데, 봄에 만물을 생하는 목 (木)과 상대(相對)가 된다.

지금부터 몇 개의 문제를 생각해보려고 한다.

첫째로, 신(辛)은 한자(漢字)중에서 주로 매운[辣] 것이다. 신(辛)은 가을의 서늘한 것인데, 맵고 열이 나며 위로 올라가는 화(火)로 알고 있다. 왜 신(辛)의 매운 것과 서늘한 것이 같지 않은가?

둘째로, 금(金)은 주로 수렴(收斂)하고 숙살(肅殺)하는데, 중약(中 藥)에서 신(辛)은 달고 발산(發散)하므로 양(陽)이 된다. 신약(辛藥)은 양약(陽藥)이고 열약(熱藥)이 대부분인데 왜 그러한 것인가?

셋째로, 신금(辛金)은 수(水)를 생하므로 축축한 것인데 왜 가을은 건조한 것인가?

어떤 사람은 체용(體用)을 이용하여 해석하는데 나름 일리(一理)가 있다. 그러나 여기에서는 시각을 바꾸어 해석하려고 한다.

중국 전통철학에는 네 가지 부분이 있는데, 이(理), 기(氣), 상(象), 수(數)이다. 그것들은 서로 관계가 있으면서 다른 점이 있다. 중의(中醫)는 이(理)와 기(氣)를 사용하고, 술수(術數)는 상(象)과 수(數)를 사용한다. 우리가 현재 배우는 것은 상수(象數)이며 전통 철학 중 가장 어렵고 깊은 부분이다.

구체적으로 신금(辛金)은 중의(中醫)에서 말하는 기(氣)와 명리에서 말하는 상(象)이 서로 같지 않다. 기(氣)와 상(象)을 다른 각도에서 이해하므로 기(氣)와 상(象)의 차별이 생기는 것이다. 기(氣)란 무엇인가? 그것은 하늘에서 육기(六氣)가 펼쳐져 인체에 영향을 미치는 것이다. 상(象)은 그와 비슷한 성질을 나타낸 것이다. 이러한 상(象)을 생활 속에서 구체적인 사물과 대응시켜 형태가 있는 사물로 유추해 낼 수 있어야 한다. 그런 까닭에 흩어지고[散] 조(燥)하는 신(辛)은 중의(中醫)의 기(氣)를 말하는 것이고, 적시고 거두는 신(辛)은 상(象)으로 말한 것이다.

중의(中醫)에서 말하는 모든 것은 기(氣)라는 것을 이해할 필요가 있는데, 기(氣)에서 그치고 상(象)에 까지는 미치지 않는다. 우리가 말하는 일체는 모두 상(象)의 입장에서 이해하는 것이다. 마지막에는 만물(萬物)의 유상(類象)을 깨달아 이용하는 것이다.

신(辛)은 머리에 장식하는 금(金)이며, 하늘에서는 월(月)이고, 땅에서는 금(金)이 된다. 그 물상(物象)으로는 동전, 주보(珠寶), 옥기(玉器), 경첩, 금장식품, 정체(晶體), 악기(樂器), 침(針), 칼, 붓(筆), 돈 꾸러미, 금융, 의원(醫院), 세밀한 가공, 법률이다.

신유(辛酉)의 금(金)이 재(財)일 경우 직업이 변호사일 가능성이 있다.

가을의 달이 가장 둥근데 그 상(象)은 신(辛)으로 취한다. 달은 거울과 같아서 본신(本身)은 빛을 내지 못하고 태양의 빛을 반사하여 빛을 낸다. 고로 병(丙)과 신(辛)이 합하면 그 일월(日月)이 능히 합하는 상(象)을 취한다.

신약(辛藥)은 열이 많아 오직 석고(石膏)의 성미(性味)[81]로만 신(辛)을 서늘하게 하여 열(熱)을 풀수 있다. 인체의 열은 병양(丙陽)과 같은데 석고(石膏)의 합을 만나게 되면 수(水)로 변화하여 몸에 많은 땀을

---

81) 기미(氣味)와 같다. 즉 사기(四氣)와 오미(五味)를 약해서 이른 말. 기미(氣味)는 곧 성질과 맛이다. 약물의 차고(寒) 덥고(熱) 따뜻하고(溫) 서늘한(凉) 네 가지 성질과 맵고(辛) 달고(甘) 시고(酸) 쓰고(苦) 짠(鹹) 다섯 가지 맛의 기본 속성을 가리키는데, 이들은 약물의 작용과 효능에 바로 영향을 끼친다.

내게 하여 열을 풀어준다. 이는 병신(丙辛) 합의 상(象)이다. 석고(石膏)가 만들어내는 이러한 미약(味藥)[82]은 거두는 것인가? 아니면 흩어지게 하는 것인가? 실제로 석고(石膏)의 성질은 흩어버리는 것이지 거두는 것이 아니다. 단지 화(火)의 단련이 있은 후에 비로소 거두는 성질이 있다.

신금(辛金)은 백(白)이고 주로 간정(干淨)하다. 신(辛)이 천간(天干)에 있고 수(水)와 배치되면 이러한 여자의 피부는 상당히 좋다. 또 쉽게 주름이 생기지 않으며, 늙음이 나타나지 않는다.

아래에서 신일(辛日)이 다른 천간(天干)과 배합하여 나타나는 희기(喜忌)에 대하여 살펴보겠다.

신일(辛日)이 갑(甲)과 배합하면 정재(正財)인데, 갑오시(甲午時)와 배합하면 갑오(甲午)가 상하(上下)로 상생(相生)하여 일체가 되며, 목(木)은 화상(火象)을 따르므로 오살(午殺)을 취하여 길흉(吉凶)을 본다. 갑오(甲午)는 귀인(貴人)으로 신금(辛金)이 능히 용(用)을 얻는다면 귀인(貴人)의 도움을 받게 될 것이다. 만일 신금(辛金)이 용(用)을 얻지 못한다면 오히려 해(害)가 된다. 용(用)과 불용(不用)은 신금(辛金)이 앉은 좌지(坐支)를 보아야 한다.

---

82) 약의 냄새, 약의 맛

<table>
<tr><td>甲 辛 己 己
午 亥 巳 卯</td><td>**건조**
팔자의 주공은 午亥 암합 즉, 상관합살이다. 일주 辛金
은 己土의 生을 받고 있다. 상관을 制하는 局이다. 상관
이 포제(包制)당하여 형성된 적포구조이다.</td></tr>
</table>

신일(辛日)이 을(乙)을 보면 편재(偏財)인데, 을미시(乙未時)와 배합하면 재고(財庫)에 임한 것이니, 신(辛)이 용(用)을 얻는지의 여부 또한 지지(地支)를 보아야 하며, 천간(天干)에 있는 것이 아니다.

<table>
<tr><td>乙 辛 庚 壬
未 丑 戌 子</td><td>**건조**
이 명조는 丑運에 戌土를 형(刑)하여 戌土 살고(殺庫)를
제압하는 것이 주공이다. 이 사람은 戌土의 사업에 종사
하였는데, 戌土는 인성에 해당하고 집을 표시한다. 戌안
에 火가 있어 아름다움을 상징한다. 그래서 인테리어업
에 종사하였다.</td></tr>
</table>

신일(辛日)이 병(丙)을 보면 정관(正官)인데, 병신(丙辛)은 상합(相合)한다. 그러나 병(丙)을 배합하여 병신(丙申)이 되면 병(丙)이 허(虛)하므로 어떠한 용(用)이 없으며, 중요한 것은 겁재(劫財)인 신금(申金)을 보아 이러한 명격(命格)은 대부분 귀(貴)하지 않다. 왜냐하면 시(時)에 겁재(劫財)를 쓰면 손을 대표하는데, 손을 사용하여 생활하는 명(命)이므로 크게 부귀(富貴)하기는 어렵다.

丙 辛 戊 壬	**건조**
申 未 申 子	이 사람은 홀아비인데 가정형편이 좋지 않으며 자기 스스로 일할 능력도 없다. 그래서 줄곧 아내를 얻을 수 없었다. 명국(命局)에서 일간이 앉은 자리에 未土를 보고 있는데, 이는 재고(財庫)에 해당하나 고(庫)가 닫혔다.

신일(辛日)이 정(丁)과 배합하면 칠살(七殺)인데, 시(時)에 정유시(丁酉時)와 배합하면 칠살(七殺)이 허투(虛透)한다. 허살(虛殺)은 해(害)가 깊지 않으나 오직 년월(年月)에 왕투(旺透)하여 일(日)을 끼고 있으면 흉(凶)이 된다. 정임(丁壬)을 보아 임(壬)이 와서 합하는 것을 기뻐한다.

丁 辛 己 甲	**곤조**
酉 未 巳 寅	甲寅이 未로 들어가 인성이 방대해짐, 미고(未庫)를 여는 丑대운에 발복함.

신일(辛日)이 무(戊)와 배합하면 정인(正印)인데, 신일(辛日)은 무(戊)를 기뻐하지 않으니 토(土)가 두터우면 금(金)이 묻히는 상(象)이다. 무술시(戊戌時)와 배합하면 인(印)이 많아져 편조(偏燥)하게 된다. 신금(辛金)은 적셔주는 환경을 기뻐하고, 조(燥)나 화열(火熱)은 기뻐하지 않는다. 이 점은 특별한 상(象)으로, 우리 인체의 폐장(肺臟)도 윤(潤)한 것을 기뻐하고 조(燥)한 것은 두려워한다.

戊 辛 壬 辛
戌 未 辰 丑

건조

이 명조는 부동산뿐만 아니라 호텔을 운영하고 탄광업에 투자하여 배당을 받는 등 다양한 사업을 한다. 팔자에 비겁과 비겁고가 끼어있어 합작하여 장사하는 象이 있다. 丑土가 財庫를 冲하는데 丑은 흑암이나 탄광이 된다.

신일(辛日)이 기(己)와 배합하면 편인(偏印)이 된다. 음(陰) 일간(日干)인 을(乙), 정(丁), 기(己)는 모두 편인(偏印)이 투간(透干)하는 것을 두려워하지만, 신(辛)은 편인인 기(己)를 만나면 오히려 기뻐한다. 어째서 그러한가? 신(辛)이 적셔주는 것을 좋아하는 원인 때문이라고 본다. 기(己)는 습토(濕土)로 능히 금(金)을 윤(潤)하게 하므로 기뻐하는 것이다.

신일(辛日)이 기해시(己亥時)와 배합하면 대다수 명(命)은 배합이 아주 좋다. 왜냐하면 기인(己印)은 능히 해수(亥水)의 상관(傷官)을 제거하기 때문이다. 이러한 사람은 학습을 기뻐하고 일하는 것도 아주 좋아한다. 신일(辛日)이 기축시(己丑時)와 배합하면 조금 문제가 있다.

己 辛 乙 乙
亥 未 酉 巳

건조

빈위의 乙巳는 주공을 하지 않아 식상을 재부(財富)로 본다. 시상의 亥水 상관이 財를 차고 있는 것을 보아 未土 재고를 拱한다. 己와 未는 인성이니 가게의 표시가 가능하다. 그래서 가게를 열어 돈을 벌었다.   – 식상을 재로 봄

신일(辛日)이 경금(庚金)과 배합하면 겁재(劫財)인데, 경자(庚子)와 배합하면 경자(庚子)를 전체로 보아 자(子)가 용(用)을 얻었는지를 보아야 한다. 경인(庚寅)과 배합하면 관살(殺)이 겁(劫) 아래에 있으니, 여명(女命)이 이것을 만나면 대다수 혼인이 좋지 않다. 왜냐하면, 그녀의 남편을 다른 사람에게 빼앗기기 때문이다. 그러나 대부분 금전운은 괜찮은데 인(寅)은 재(財)를 표시하기 때문이다.

| 庚 辛 庚 辛 | **곤조** |
| 寅 未 寅 亥 | 책임 회계사로 학력이 높고 일하는 능력도 뛰어나다. 이 것은 金水인 食傷이 두뇌가 총명하고 비겁은 능력이 강함을 표시하기 때문이다. 평생 회계사이고 그 밖에 다른 사업은 하지 않는다. |

신일(辛日)이 신(辛)과 배합하면 비견(比肩)이 되며, 신묘시(辛卯時)와 배합하면 신신(辛辛)이 서로 보아 비교적 바쁘다. 묘재(卯財)는 신고(辛苦)한 재(財)로 인재(寅財) 만큼 크지 못하다.

| 辛 辛 癸 乙 | **건조** |
| 卯 未 未 卯 | 식신이 외변의 재를 生하러 가고, 財가 입묘하여 主位에 도달한다. 庚辰運의 庚運에는 열심히 일했으나 하나도 이루어진 것이 없다. 겁재운이기 때문에 다른 사람이 재와 合하여 달아났다. |

신일(辛日)에 임(壬)이 배합하면 상관이 된다. 임진시(壬辰時)와 배합하면 상관(傷官)이 왕지(旺地)에 앉아 사람이 기백이 있고 야심(野

心)차다. 능력도 비교적 강하며 개성이 분명하게 나타난다. 상관(傷官)은 안빈(安份)하지 못하므로 모두 동정(動靜)으로 추리해야 한다. 능히 성사(成事) 여부는 그 밖의 간지(干支) 배합을 보아야 한다.

壬 辛 己 壬	건조
辰 酉 酉 戌	금백수청으로 명예와 재부가 따른다. 火金을 득하면 부귀가 확실하다. 이 명조는 체육관련 유명인이다.
	−건상비술

신일(辛日)이 계(癸)와 배합하면 식신(食神)이 된다. 계사시(癸巳時)와 배합하면 식신(食神)이 관(官)을 제압하는데, 여인(女人)이 이런 종류의 조합이라면 아주 매력이 있다. 왜냐하면 얼굴이 희고 깨끗하고 또 남자가 기뻐하기 때문이다. 남자도 이러한 시(時)에 태어나면 또한 좋으며 말을 잘하고 능히 귀인(貴人)과 사귄다.

癸 辛 癸 乙	건조
巳 未 未 未	이 명조는 巳火와 조토(燥土)인 未土가 당(當)을 이루고 있다. 시주인 癸巳는 자합(自合)하여 癸水 식신이 巳火 정관에게 제정(制淨)을 당하고 있는데, 관(官)에 공이 있으니 권력으로 보며 관을 하는 명(命)이다. 말을 잘하고 높은 귀인(貴人)과 사귄다.

신금(辛金)은 달의 정기(精氣)를 겸한 상(象)이 드러난 것이다. 하늘에서는 인간에게 아름다움을 주었다. 그 상(象)을 얻으면 주보(珠寶)나 미옥(美玉)이 드러나니 사람들에게 총애를 받는다. 고로 신금(辛

金)의 귀(貴)를 얻으려면 적어야 기이하게 된다. 신(辛)은 윤(潤)한 것을 기뻐하여 수(水)와 배합하는데, 계수(癸水)나 해수(亥水)가 가장 적합하다. 기(己)를 얻으면 능히 도움을 받는데, 계(癸)와 기(己)가 함께 투(透)하면 안 되니, 충돌이 있게 된다.

아름다움을 유지하고 청춘으로 머무르고자 하면 곧 신금(辛金)을 보아야 한다.

제25절

십천간의 임
(十天干)　　　(壬)

먼저 하나의 문제를 생각해보자. 어째서 많은 동남아 국가의
경제 명맥(命脈)이 모두 중국인의 수중에 장악되었는가?

동남아 국가의 제일 부자는 모두 중국인이며 그 나라 사람이 아니
다. 어떤 사람은 "이것과 간지(干支)가 무슨 관계가 있는가?"라고 묻
는데, 당연히 관계가 있다. 중화문명의 기원(起源)은 어째서 남방(南
方)에 있지 않고 생존조건이 아주 난고(難苦)한 북방에 있는가?

이 두 가지 문제는 실제로 하나의 문제이다. 간지(干支) 해석을 이
용하면 문명(文明)은 임(壬)과 관련이 있다. 임(壬)은 북방이며, 북방
의 황제가 화하(華夏) 문명을 탄생시켰는데 북방은 몹시 추운 지역으
로 사람의 생존 조건이 좋지 않기 때문에 민족을 형성하게 된 데에는
두 가지 특징이 있다.

하나는 겨울이 길어서 농사를 짓지 못해 집 안에 있으면서 여러

가지 문제를 생각하게 되었다. 문제를 생각하는 것을 좋아하는 관계로 위대한 성인(聖人)과 선철(先哲)이 문명을 탄생시켰다. 또 하나는 생존하기 어려운 지방에서는 근로하는 습관을 길러야 한다. 근로에 다시 하나의 지혜를 더하여 중국민족을 형성하였다. 이것이 또한 임수(壬水)의 뜻으로 표시된다.

임수(壬水)에는 두 가지 뜻이 있는데, 하나는 이성과 지혜이고, 또 하나는 부담, 책임, 담당, 신고(辛苦)이다.

반대로 남방민족은 생존하기가 쉬운 까닭에 나태한 습관으로 노동을 좋아하지 않고, 사고(思考)하는 것도 좋아하지 않았다. 그런 까닭에 중국인이 이러한 지방에 이르면 반드시 이 속에서 재부(財富)를 창조하는 것이다.

어째서 여자가 아기를 배는 것을 임(妊)이라고 하는가? 왜냐하면 아기를 밴 여자는 책임과 부담이 아주 크기 때문이다. 어째서 농력(農曆)에 윤월(閏月)이 있는가? 윤(閏)이라는 글자는 문(門)안에 임(壬)이 있는데, 윤월(閏月)과 임(壬)에는 어떤 관계가 있는가?

임신하려 하지 않아도, 윤월(閏月)이 있는 해에는 쉽게 아이를 밴다. 이것은 임(妊)과 윤(閏)이 관계가 있음을 설명한다. 윤월(閏月)에는 집중(集中)하여 보결(補缺)하는 뜻이다. 2개의 중복된 달이 출현하면 임(壬)이 두 개의 수(數)란 뜻이 된다.

임(壬)은 강하(江河)의 수(水)인데, 하늘에서는 운해(雲海)가 되고 땅에서는 강하(江河)와 호해(湖海)가 된다. 물상으로는 대해(大海), 수택(水澤), 강하(江河), 호수, 항운(航運), 운수(運輸), 무역, 수산(水産), 욕업(浴業), 석유, 수채(水彩), 계산, 숫자이며, 명리 응용(應用) 시에는 대부분 숫자와 관계하며, 다른 조합을 더하면 쉽게 회계사가 직업이다.

임(壬)의 계산(計算)과 숫자의 함의(含義)에는 어떤 관계가 있는가? 구주(歐洲)나 북구(北歐)에는 수학자나 물리학자와 철학자가 나오고, 이탈리아 남쪽 지역은 예술가가 많다. 이것은 북방이 한랭한 지역이기 때문에 겨울에는 아주 오래 문을 나서지 않는데, 이것은 사상과 정력(精力)이 왕성한 사람이 집 안에 머물러 사고하는 까닭에 수학자나 철학자가 나오는 것이다. 예를 들면 덴마크는 근대 물리학인 양자역학의 발원지이고, 파리에 저명한 코펜하겐 학파가 창설되었으며 독일에는 이성사상과 철학의 전통이 있으며 많은 위대한 철학자가 탄생하였다.

아래에서 임수일(壬水日)과 십간(十干)과의 관계를 살펴보고자 한다.

임일(壬日)이 갑(甲)을 보면 식신(食神)인데, 갑진시(甲辰時)와 배합하면 식신(食神)이 살(殺)을 제(制)하는 것으로 길(吉)로 논한다. 임일(壬日)이 갑진(甲辰)시에 태어나면 대부분 귀(貴)하다. 갑목(木)은 고귀

한데 기토(己土)인 정관이 와서 합하는 것이 두려우며, 한 번 합하게
되면 곧 귀(鬼)가 몸을 둘러싸게 된다.

甲 壬 壬 壬 辰 子 子 午	**건조**
	이 명조는 시간의 甲木 식신 아래에 辰土가 있는데, 辰土 는 관살이고 양인(羊刃)의 묘(墓)이니 군대를 통제·관리 한다. 그리고 子水는 午火 재관(財官)을 통제, 관리한다. 따라서 이 사람은 장차 공직, 군대에 소속되어 재부(財富) 를 통제하게 될 것이고, 능히 원수(元首)가 될 수 있다.

임일(壬日)이 을(乙)을 만나면 상관(傷官)인데, 을사시(乙巳時)와 배
합하면 상관(傷官)이 생재(生財)하는데, 재성(財星)이 유용한지 아닌
지를 보아야 하며, 유용(有用)하면 길(吉)하다. 음(陰) 상관인 을목(乙
木)이 시(時)에 떨어진 사람은 심안(心眼)이 뛰어나고, 재(財)를 얻으
려 하지 않으며, 정도(正道)를 도모한다.

乙 壬 辛 丙 巳 戌 卯 寅	**건조**
	지지의 寅卯가 戌巳를 건드리고(충돌)있다. 시간에 乙木 이 투출하고 년월에 丙辛合하니 승려가 되거나 혹은 빈 천하고 수명이 짧은 팔자이다. 일찍이 巳運 甲申年에 출 가하여 스님이 되었다.

乙 壬 乙 癸	**건조**
巳 戌 卯 酉	천간의 癸와 乙이 酉를 마주하고 있는 것은 문장이 좋다. 글자와 문장이 뛰어나다. 명주는 문화 예술 쪽의 귀인이다. 한림원 5품 관원 명조이다.

임일(壬日)이 병(丙)을 보면 편재(偏財)인데, 병오시(丙午時)와 배합하면 시(時)가 편재(偏財)를 만나 왕지(旺地)에 떨어지니 사람이 대부분 강개(慷慨)[83]하다. 사귀는 친구가 비교적 많다.

丙 壬 己 乙	**건조**
午 申 卯 卯	2006년에 예측한 것으로 은행에서 신용대출 업무를 담당한다. 그는 역학계의 고수를 찾았으나 모두 그의 직업을 맞추는 사람이 없었다. 내가 은행 일을 한다고 맞추어 그로 인해 그는 나를 아주 믿었다.

임일(壬日)이 정(丁)을 보면 정재(正財)인데, 정미시(丁未時)와 배합하면 정임(丁壬)이 상합(相合)하여 대(大)가 소(小)와 합하니 사람이 화를 잘 내고, 눈이 작고 재(財)를 좋아한다. 만일 임수(壬水)가 왕(旺)을 얻어 재(財)와 합하면 능히 잡을 수 있고 또한 부(富)가 된다.

---

83) 의롭지 못한 것을 보고 정의(正義)가 복받치어 슬퍼하고 한탄(恨歎)함

| 丁 壬 乙 己
未 申 亥 巳 | **건조**
이 명조는 원국이 반국(反局)구조에 해당한다. 년월에서는 월간의 乙木 상관이 년간의 己土 관성을 제극(制克)하고 있고, 일시에서는 丁壬合을 하고 있기 때문이다.
구진포국에 해당하니 감옥에 가는 상(象)이다. |

임일(壬日)이 무(戊)를 보면 칠살(七殺)인데, 무신시(戊申時)와 배합하면 살성(殺星)이 허투(虛透)하여 신금(申金) 인성(印星)이 살(殺)을 머리위에 올려놓는다. 만약 신(申)이 유용(有用)하면 능히 일이 있다.

| 戊 壬 乙 庚
申 子 酉 戌 | **곤조**
뇌옥구조, 물의 방죽을 막는다. 戊子대운 乙亥년 감옥감. |

| 戊 壬 癸 己
申 申 酉 亥 | **건조**
과거급제, 己巳 戊辰운 벼슬이 형통함. 칠살과 양인의 합으로 음을 관할함. |

임일(壬日)이 기(己)를 보면 정관(正官)인데, 임(壬)은 기(己)를 보는 것을 기뻐하지 않으며 다행히 기유(己酉)를 얻으면 허(虛)가 되어 해(害)가 깊지 않다. 기유(己酉)도 또한 일이 있다.

| 己 壬 庚 乙
酉 寅 辰 酉 | **건조**
양쪽의 酉는 숙살지기, 군대의 貴로, 乙亥대운 사망 |

己 壬 辛 壬	**곤조**
酉 辰 亥 申	辰에 申酉가 배치되어 車의 象이다. 申亥穿하니 상처가 월령에 도달한다. 辛亥와 壬申은 체(體)로서 서로 穿하니 신체에 문제가 출현한다.

임일(壬日)이 경(庚)을 보면 편인(偏印)인데, 임일(壬日)은 경술시(庚戌時)와 배합하는 것을 기뻐하며, 살성(殺星)이 배인(配印)하니 대부분 권력이 있는 뜻이다. 다수의 이러한 조합은 단위(單位)의 영도(領導)이다. 임일(壬日)이 경자시(庚子時)와 배합하면 어떤 대용(大用)도 없다.

庚 壬 己 辛	**건조**
戌 戌 亥 丑	壬水가 월령의 祿을 득하고 또 庚의 生이 있어 수원성을 인록(印祿)으로 본다. 戌이 亥를 克하고 戌이 丑을 刑하니 金의 根을 괴(壞)한다. 그래서 폐병이다.

庚 壬 壬 癸	**곤조**
寅 寅 戌 巳	전형적인 심장병, 대운에서 丙丁을 두려워한다. 丙寅運 乙亥年 사망　　　　　　　　　　 - 건상비술

임일(壬日)이 신(辛)을 보면 정인(正印)인데, 임일(壬日)이 신(辛)을 보면 어떤 용(用)도 없으나, 재성(財星)인 병(丙)이 신(辛)과 합하면 아름다워진다. 용(用)이 없는 인성(印星)이 재(財)와 합하는 것을 기뻐한다.

<table>
<tr><td>辛 壬 己 辛
丑 寅 亥 酉</td><td>

곤조

연탄가스 중독으로 사망함. 辛酉와 辛丑은 방이 되는데, 印이 包局한 때문에 바람이 통하지 않는 담이며, 丑은 음암하다. 金이 木을 克하니 바람이 없다.

寅은 따뜻함을 취하는 난로로 사용하는데 寅이 亥의 합을 당하여 화롯불이 불타지않는 것이다. 丑運의 乙酉年 겨울에 집으로 돌아와 추워서 연탄을 피웠는데 연탄가스 중독으로 사망하였다. 酉는 寅 의 絶地이고 丑을 引動하였다. 팔자가 모두 陰으로써 陽이 없어 전부 이 寅木에 의지하여 생명을 유지하였다.

</td></tr>
</table>

임일(壬日)이 임(壬)을 보면 비견(比肩)인데, 임인시(壬寅時)와 배합하면 일주(日主)가 시(時)로 옮겨 식신(食神)을 보는데, 이러한 임인(壬寅)이 유용(有用)해야 비로소 좋아진다. 예를 들면 오(午)를 보면 인(寅)이 오(午)를 생하니 곧 용(用)을 얻는 것이다. 사(巳)의 천(穿)을 보면 용(用)하지 못한다. 임일(壬日)이 임자(壬子)를 보면 비견(比肩)이 시(時)로 옮겨 자(子)를 얻으니 연체(連體)가 된다. 주로 신고(辛苦)한다.

<table>
<tr><td>壬 壬 庚 辛
寅 申 寅 亥</td><td>

곤조

싱가포르 사람으로 독서량이 많으며 학력이 아주 높다. 현재 국내외기업의 공사에서 설계 일을 하고 있다. 인터넷 방면의 설계관리 일을 맡고 있으며, 광고매체 설계 방면의 일도 한다. 또한, 시장영업과 기업계획의 일을 맡고 있다.

</td></tr>
</table>

壬 壬 庚 壬	**건조**
寅 辰 戌 子	컴퓨터 기술관련 일을 함. 고급기술 직원임.

　임일(壬日)이 계(癸)를 보면 겁재(劫財)인데, 계묘시(癸卯時)와 배합하면 임(壬)은 계(癸)를 보는 것을 기뻐하지 않아 쟁탈(爭奪)하는 상(象)이다. 무(戊)가 와서 계(癸)와 합하는 것을 기뻐하니 살(殺)을 끌어오는 것이다. 만일 무계(戊癸)가 합하는 것이 없으면, 계묘(癸卯)는 겁재와 상관으로 지지(地支)에 금(金)이 있어 상관(傷官)과 인(印)이 배치되어 있어야 하며, 금(金)이 없으면 쉽게 국(局)이 부서진다.

癸 壬 戊 己	**곤조**
卯 申 辰 酉	원국의 申은 夫宮으로 酉을 보아 酉는 부궁(副宮)[84]이다. 己와 戊辰은 모두 남편으로 다혼명이다. 재산은 많다.

　임수(壬水)는 지혜(知慧)의 별이며, 사람이 그것을 얻으면 대부분 총명하고 책임감이 있다. 만약 수리(數理)에 쓸 수 있다면 반드시 좋다. 현대는 숫자 기술의 시대로 임(壬)을 쓰는 사람은 대부분 IT의 천재에서 보인다. 임(壬)이 만약 정(丁)과 합하면 글을 쓰는 문장(文章)이 아름답다. 임수(壬水)는 문(文)도 되고 이(理)도 되며 또 소통하는 성질이 있어 연접한 각과(各科)의 지식을 응용하니 얻기 어려운 천재

---

84) 일지 申金을 부궁(夫宮), 같은 오행인 酉를 제2의 부궁(夫宮)으로 본다. 다른 말로 부궁(副宮) 혹은 별궁(別宮)이라 한다.

이다. 임수(壬水)는 체(體)가 되면 신고(辛苦)가 많게 되니, 용(用)으로 쓰는 것만 못하다.

음성(陰性)의 수(水)는 천류(川流)를 쉬지 않고 자강(自强)하여 게으르지 않으며 또 이것은 문명과 문화의 근원이며, 재부(財富)와 이성(理性)인 정신의 상징이다. 대부분 역할과 책임이 있으며, 지혜(知慧)와 재부(財富)가 있다.

제26절

십천간의 계
(十天干) (癸)

계(癸)는 우로(雨露)의 수(水)인데, 하늘에서는 비가 되고, 땅에서는 샘[泉]이 된다.

그 물상으로는 샘물, 서리와 눈, 연못, 결정체(結晶), 눈물, 먹묵(墨), 수산(水産), 목욕업, 후면(後面), 현학(玄學), 지식업[智業], 모략(謀略), 미용(美容), 제순물(提純物), 약(藥) 등이다. 인체로는 신장(腎臟), 눈동자, 골수(骨髓), 뇌(腦), 정액(精液), 월경, 침. 타액 등이다.

수(水)에는 음양(陰陽)이 있는데, 임수(壬水)는 충분(沖奔)[85]하고, 계수(癸水)는 안정(安靜)되고 원윤(圓潤)하다. 계수(癸水)가 천간(天干)에 배치된 사람은 피부가 좋으며, 그런 까닭에 계수(癸水)는 미용과 화장품이 된다.

---

85) 맹렬하게 내달림. 물길이 힘있게 내려가는 모습

계수(癸水)는 어째서 약물(藥物)을 대표하는가? 약(藥)으로 생계를 꾸리는 사람은 계(癸)와 관계가 있다. 계수(癸水)는 주로 미세하고 둥글기 때문에 약(藥)의 상(象)을 표시한다. 계수(癸水)는 맑고 깨끗한 수(水)이므로 중약(中藥)을 대표하지 않고 오히려 제순(提純)한 양약(洋藥)을 대표한다.

계수는 음수(陰水)이며 병(病)을 치료 하는데 쓰이긴 하나 생기(生機)가 없는 양약으로 치병(治病)이 적고 오히려 많은 부작용이 있다.

계(癸)는 십천간(十天干) 중에 가장 끝에 있어 지위(地位)가 가장 낮다. 음(陰)은 오히려 양(陽)을 써야 하므로 계일(癸日)인 사람에게 귀격(貴格)이 많다. 즉 체(體)가 음(陰)이면 양(陽)을 쓴다는 것이다. 그런 까닭에 계일(癸日)에 태어난 사람을 경시(輕視)하면 안 된다.

아래에서 계일(癸日)과 십간(干干)의 희기(喜忌)에 대해 살펴보려 한다.

계일(癸日)이 갑(甲)을 보면 상관(傷官)인데, 계일(癸日)에 태어난 사람은 갑인시(甲寅時)를 기뻐하는데, 반부(攀附)[86]하는 권귀(權貴)가 된다. 갑인(甲寅)은 주로 귀(貴)인데 다시 관살성(官殺星)과 배합하면 쉽게 공문(公門)으로 들어간다. 그러나 계해일(癸亥日)이 갑인시(甲寅

---

86) 신분이 높은 사람이나 돈 많은 사람과 관계를 맺는 것

時)와 배합하면 인해(寅亥)의 합(合)으로 양(陽)이 상(傷)하여 쉽게 모병(毛病)이 발생한다. 계일(癸日)이 갑자시(甲子時)와 배합하면 상관(傷官)이 록(祿)에 앉으니, 그 사람은 청고(淸高)하고 자고(自顧)하며 자애(慈愛)하지만 크게 쓰일 곳이 없다.

甲 癸 戊 丙 寅 酉 戌 午	**건조** 본과학력으로 명예와 재물을 얻는 공직의 명이다. 현재 정처급 간부이다.

계일(癸日)이 을(乙)을 보면 식신(食神)인데, 을묘시(乙卯時)에 태어나면 식신(食神)이 왕(旺)하여 대부분 자유와 향수(享受), 먹고 마시는 것을 좋아하고, 배치가 좋으면 문화와 전파(傳播)가 된다.

乙 癸 壬 庚 卯 丑 午 辰	**건조** 편안하게 향수(享受)하는 부귀명

계일(癸日)이 병(丙)을 보면 정재(正財)인데, 계일(癸日)은 정재를 기뻐한다. 병진시(丙辰時)를 보면 병양(丙陽)이 외투(外透)하여 특별히 양광(陽光)이 정면(正面)에 나타남을 얻게 되며, 사람과의 교제관계가 좋다. 병(丙) 아래에 정관(正官)을 보아 공작(工作)에 수입이 높다. 조건은 반드시 진관(辰官)이 용(用)을 얻어야 한다.

丙 癸 壬 丙	**건조**
辰 亥 辰 申	丙辰의 象은 官이 財를 머리에 차고 있으니 주로 대재이다. 丙이 포국을 보아 국상(局象)이 아주 크다.

계일(癸日)이 정(丁)을 보면 편재인데, 정사시(丁巳時)와 배합하면 기쁜 바가 있다. 편재(偏財)가 시(時)에 떨어지면 돈은 괜찮으나, 단 정사(丁巳)의 재(財)는 일주(日主)가 용(用)해야 좋다.

丁 癸 庚 庚	**건조**
巳 未 辰 戌	이 명조의 공(功)이 어디에 있는지 살펴보자. 일간에 공(功)이 없기 때문에 버리고 보지 않고, 오로지 일지 未土를 보아야 한다. 그런데 未土는 시상의 火재성의 생(生)을 받고 있다. 그 의사는 외변(外邊)의 재(財)가 그의 집안으로 생(生)하여 도달하는 것을 의미하니, 고로 돈이 있는 명(命)이라고 볼 수 있다. 다만, 이러한 종류의 상생(相生)의 효율은 비교적 작아 이 사람은 보통사람으로서 수입이 비교적 높을 뿐이다.

계일(癸日)이 무(戊)를 보면 정관(正官)이 신(身)과 합한다. 무오시(戊午時)와 배합하면 계(癸)는 무토(戊土)와 합하는 것을 기뻐하니 관(官)을 얻어 귀하게 된다. 계일(癸日)에 다시 무(戊)와 갑(甲)이 함께 투(透)하면 상관(傷官)이 관(官)을 보아 기쁘며 오히려 권력을 장악한다.

辛 癸 戊 癸 酉 卯 午 卯	**건조** 癸水가 辛金을 보아 기쁘다. 卯木 식신을 制하는 局으로 형성되었다. 卯旺은 金克을 두려워하지 않는다. 그래서 妻를 克하지 않는다. 戊癸合은 주로 관직이 있다. 辛酉는 주로 사법이니, 경찰이나 검찰의 공직이다.

戊 癸 癸 辛 午 卯 巳 酉	**건조** 부모는 부귀하나, 명주는 평범한 사람보다 약간 지능이 떨어짐.

계일(癸日)이 기(己)를 보면 칠살(七殺)인데, 계일은 기미시(己未時)의 살(殺)을 기뻐하지 않는데 살성(殺星)이 신(身)을 극(克)하여 화성(禍星)[87]이 된다. 관(官)도 꺼리며, 발재(發財)하는 사람은 쉽게 관재(官災)가 발생한다.

己 癸 己 戊 未 巳 未 申	**건조** 이 명조는 거부(巨富)의 명이다. 명국에서 火와 조토(燥土)가 세력을 이루어 년상의 신금(申金)을 제(制)하고 있다. 여기서 巳火는 재(財)이고 申金은 인성으로 巳申이 합하는 것은 巳火 재성이 申金인성과 申金중의 겁재(壬水)를 제(制)하는 것이다.

---

87) 화를 입히다. 피해를 입히다.

己	癸	癸	甲
未	丑	酉	寅

건조

水木傷官 조합으로 월령의 酉印이 坐下의 丑 印庫와 합하여 주공하며, 丑未沖으로 食傷庫를 制하는 주공에 의지한다. 상관고와 상관이 인성과 인성고를 포국(包局)하고 있고, 식상은 두뇌나 기술을 표시한다. 寅丑合과 丑未沖으로 合과 沖으로 빌려주고 거두어들이는 象이며 또 木은 주로 生하고 金은 주로 거두니 은행이 된다.

계일(癸日)이 경(庚)을 보면 정인(正印)인데, 癸日이 경신시(庚申時)와 배합하면 정인(正印)이 시(時)에 떨어져 해(害)가 되지 않는다. 인(印)을 용(用)하는지 못하는지는 인성(印星)과 그 밖의 성(星)과 관련 관계를 보아야 한다.

庚	癸	甲	己
申	未	戌	酉

곤조

이 명조는 인성 포국(包局)이다.
未戌刑으로 財庫를 연다. 戌은 火庫이니 주로 탄광이다.
인성국은 여기에서 기업규모가 큰 것을 표시한다.

庚	癸	戊	乙
申	卯	子	巳

건조

庚은 주로 거두는 象이고 卯는 재의 근원이다. 이 팔자의 주공은 卯申合으로 은행을 표시하고 또 주공이 크다. 卯는 식신이니 이것은 財의 原神으로 은행이며 또 수발(收發)하는 조합이다. 卯酉沖과 寅申沖에는 은행의 象이 있다.

계일(癸日)이 신(辛)을 보면 편인(偏印)인데, 편인(偏印)을 좋아하는 음(陰) 일간은 신(辛) 이외에 계(癸)가 있다. 계(癸)는 신(辛)을 기뻐하는데 금수(金水)가 상봉(相逢)하니 여인(女人)은 반드시 백정(白淨)[88]을 얻게 된다. 그러나 금수(金水)는 주로 냉(冷)한데, 다시 편인(偏印)이 더해지면 성격이 대부분 고괴(古怪)[89] 하니 반드시 냉랭한 여인일 것이다. 만일 병신(丙辛)으로 합을 만나면 몸이 미려(美麗)하고 또한 대범한 사람이 된다. 무릇 인(印)이 중(重)한 것을 보면 반드시 인성(印星)에 공(功)이 있어야 하고, 그렇지 않으면 필요가 없다.

辛 癸 癸 甲 酉 未 酉 午	**곤조** 水木傷官局을 이루고, 癸밑에 殺이 앉아 있으니 주로 권력이다. 옆에 2개의 印이 日主를 보호하니 격국이 아주 높다.

| 辛 癸 戊 庚
酉 卯 寅 申 | **건조**
木은 주로 生이고, 金은 주로 병(病), 사(死)이다. 자기가 生의 근본을 장악하였다. 병인(病人)이 그를 포위하였다. 그래서 중의(中醫)의 대가(大家)이다. 戊癸合하고 관이 허투하여 주로 명성이다.　　　　- 의사 장석순 |

---

88) 희고 깨끗함을 나타낸다. 주로 피부가 고운 사람을 칭함
89) 기이, 괴상, 괴팍하여 정상이 아님을 나타냄

계수(癸水)가 임(壬)을 보면 겁재(劫財)인데, 계수는 특히 임(壬)인 겁재(劫財)가 투간(透干)하여 가깝게 서로 연결된 것을 기뻐한다. 임술시(壬戌時)에 태어나 관성(官星)이 용(用)을 얻으면 길(吉)하다. 어째서 계(癸)는 임(壬)을 좋아하는가? 이것은 우리 생활 속의 상식과도 같다. 임계(壬癸)에 관계없이 수(水)는 모두 합쳐져 함께 흐르는데 이 것은 상식적인 것이다. 경신(庚辛)인 금(金)이나 갑을(甲乙)인 목(木)이나 무기(戊己)인 토(土)는 모두 섞여서 함께하지 못하지만, 오직 수(水)만은 가능하다. 계(癸)가 임(壬)을 보는 것은 작은 시내가 큰 강을 만나는 것이니, 자기의 생각이 방대(放大)해져 당연히 기쁘게 된다. 그러나 임(壬)은 계(癸)를 기뻐하지 않는데, 비록 같이 흐른다 해도 대(大)가 작아지는 뜻이다.

壬癸癸丁 戌卯丑未	**건조** 이 명조는 木火와 燥土로 축토를 위주(圍住: 둘러싸여 포위됨)하고 內食神이 財庫와 합하였다. 또 식상고(食傷庫)를 보아 발재한다. 水木傷官은 財官을 보는 것을 기뻐한다. 대재를 발하는 명으로 부동산을 한다.

그런데 화(火)도 또한 합하여 함께 불타는 것인데, 어째서 병정(丙丁)인 화(火)에는 그런 말이 없는가? 우리의 생활상식에서 보면 실제로 화(火)는 함께 하지 않는데, 화(火)에는 화(火)의 근원이 있어 근원을 떠나면 곧 그 화(火)가 되지 못하나, 수(水)는 오히려 가능하다. 그런 까닭에 수(水)는 함께 하나 화(火)는 함께 하지 못한다.

계수(癸水)가 계수(癸水)를 보면 비견(比肩)인데, 계해시(癸亥時)를 보면 비견(比肩)이 통근(通根)하여 옮겨가니 연체(連體)가 록(祿)을 얻은 뜻이다. 계축시(癸丑時)를 보아도 또한 비견이 옮겨가게 된다. 계축(癸丑)은 수(水)가 탁하니 계해(癸亥)의 청투(淸透)함만 못하다.

癸 癸 庚 庚 亥 未 辰 寅	**건조** 이 명조는 癸水일간이 월지에 辰土 고(庫)가 있고, 다시 시지에 亥水가 있어 근원이 되니, 이 사람은 수명에 관해서는 별 문제가 없을 것이다. 그런데 명국에 水가 이렇게 왕(旺)하지만 공(功)이 없어 농민이다.

계수일(癸水日)은 두려운 기(己)를 제외하고 어떤 것을 만나더라도 모두 유용(有用)하여 꺼리지 않는다. 계일(癸日)은 곧 홍루몽의 유(劉) 할머니가 대관원(大觀園)[90]에 가서 기분이 좋아졌듯이 이러한 인생은 발전할 기회가 많다. 노자(老子)는 말하기를 "상선(上善)은 수(水)와 같다."고 하였다. 수(水)는 음(陰)으로 천하와 다투지 않고, 오히려 천지의 기(氣)를 얻어 자기성취를 한다. 이것이 바로 우리들이 계수(癸水)를 통해서 얻는 생활의 계시이다.

어두운 밤에 흑색(黑色)의 눈동자를 주어서 오히려 그것을 이용하여 광명을 찾게 하는 것이다. 음양(陰陽)의 도(道)에는 이 세계에 대한 근본적인 인식이 있는데, 계수(癸水)는 우리 눈의 눈동자로 그것이

---

90) 대관원. 청(淸)대 소설 『홍루몽(紅樓夢)』 중의 화려한 정원

없으면 아무것도 보지 못할 것이다. 눈동자를 중의(中醫)에서는 신정(腎精)이 변한 것이라고 하며, 신(腎)은 선천의 근본으로 수장(水臟)으로도 보는데, 오히려 용뢰(龍雷) 화(火)의 따스한 것을 간직하여 신체의 양(陽)을 굳게 한다. 이는 수(水)가 능히 양(陽)을 얻는 뜻이다. 고로 음양의 도(道)에서 음(陰)의 체(體)는 반드시 양(陽)을 취하여 용(用)하는 것이 바로 진리이다.

간지의 관계
(干支)

간지(干支)의 관계를 살펴보기 전에 먼저 십이지지(地支)인 자(子), 축(丑), 인(寅), 묘(卯), 진(辰), 사(巳), 오(午), 미(未), 신(申), 유(酉), 술(戌), 해(亥)에 대하여 알아야 한다. 십이지지(十二地支)는 십천간(十天干)에 비해서 복잡한 것이 많다. 그런 까닭에 장절(章節)도 또한 많다.

먼저 십이지지를 음양으로 나누면 위의 자리에서부터 자(子), 인(寅), 진(辰), 오(午), 신(申), 술(戌),은 양이 되고, 축(丑), 묘(卯), 사(巳), 미(未), 유(酉), 해(亥)는 음이 된다.

십천간(十天干)과 십이지지(十二地支)를 서로 배합하면 바로 양(陽)과 양(陽)의 배합과 음(陰)과 음(陰)의 배합이다. 예를 들면 갑자(甲子), 갑인(甲寅), 을축(乙丑), 을묘(乙卯)와 같이 되는 것이다. 음양은 착배(錯配)하면 안 된다. 간지(干支)를 배합하면 모두 60개의 상대적인 관계가 이루어지는데, 이를 60갑자(甲子)라 한다.

천간은 하늘을 상(象)하고, 지지(地支)는 땅을 상(象)하는데, 인사(人事)는 어디에 있는가? 인사는 천지의 가운데에 있으며, 간지(干支)가 관계하는 중이다. 그런 까닭에 간지(干支)의 관계로 인(人)을 상(象)한다.

혼돈상태에서 천지가 처음 나뉜 연후에 음양이 있다. 청기(淸氣)는 상승하여 하늘이 되고, 탁기(濁氣)는 아래로 내려와 땅이 되었다. 고로 천간(天干)은 청경(淸輕)한 기(氣)이며, 그 기(氣)는 순(純)하여 쉽게 나누어진다. 지지(地支)는 중탁(重濁)한 기(氣)로, 그 기(氣)는 잡되어 분별하기가 어렵다.

천간(天干)은 오행의 정기(正氣)를 겸하나 기(氣)의 강도는 비교적 약(弱)하며 지지(地支)에 의지하여 존재한다. 지지(地支)는 사시(四時)와 팔방(八方)으로 통하며 오행의 기(氣)에 쇠왕(衰旺)과 생사(生死)를 싣는다.

우선 우리가 이해해야 할 것은, 비록 천간(天干)의 기가 지지(地支)의 기(氣)보다 가볍지만 자리는 지지(地支)에 비해서 높다. 위(位)는 신분과 지위에 해당하여 기(氣)보다 중요하다. 천간은 군(君)에 비유되고, 지지(地支)는 신하에 비유된다. 신하의 능력이 군왕(君王)에 비해 강한 것이 많지만 군왕은 자리가 높아 신하는 영원히 군왕(君王)의 명령을 받들어야 한다.

천간(天干)과 지지(地支)의 관계를 고대사회의 부부에 비유할 수 있는데, 천간(天干)은 남편이고 지지(地支)는 부인이다. 고대(古代)는 마땅히 여인은 시집을 가서 남편 집에 이른 후에 남편의 성(姓)을 따랐는데, 그것은 남편의 지위가 높아서이다. 그런 까닭에 천간(天干)은 능히 지지(地支)를 극(克)하지만, 지지(地支)는 극(克)하여 천간에 이르면 안 된다. 단지 상하(上下)가 서로 합(相合)하는 특수한 몇 개의 주(柱)는 지지(地支)가 극(克)하여 천간에 이르게 된다. 이것은 너무 깊이 사랑한 남편이 부인을 인정한 것에 해당한다.

먼저 오행(五行)의 금(金), 목(木), 수(水), 화(火), 토(土)의 형(形)과 기(氣)를 구분하는 것에 대해 살펴보자. 수(水), 화(火)는 기(氣)가 되고, 금(金), 목(木), 토(土)는 형(形)이 된다. 기(氣)에는 간지(干支) 조합 중에 비교적 특별한 것이 있는데, 우리는 그것을 음양착배(陰陽錯配)라 한다. 여기서 음양은 위(位)의 음양을 가리키는 것이 아니고, 내장된 기(氣)의 음양을 가리키는 것이다. 예를 들면 임자(壬子)나 계해(癸亥)는 천지(天地)가 수(水)이고, 임(壬)은 양(陽)이며 자(子)중에 감추어진 계(癸)는 음(陰)이다. 계(癸)가 음이면 해(亥)중에 감추어진 임(壬)은 양으로, 음양(陰陽)이 착배(錯配)를 형성한다. 수(水)와 화(火)는 모두 음양의 착배(錯配)이며, 목(木), 금(金), 토(土)의 형(形)은 바로 음양의 정배(正配)이다.

어째서 수화(水火)는 음양이 착배(錯配)하는가? 내가 생각하기로는 수화(水火)는 모두 음양(陰陽)의 양성(兩性)을 가지고 있기 때문이며,

이것이 자연의 이치이기 때문이다. 우리가 화(火)를 관찰하면 외변은 열(熱)이나 속의 화원(火源)은 냉(冷)하다. 수(水)도 또한 같은데, 표면을 보면 약(弱)한데 오히려 물방울이 바위를 뚫는 것이니, 음양의 양성(兩性)이 나타나면 음중(陰中)에는 양(陽)을 감추고 양중(陽中)에는 음(陰)을 감추고 있는 연고이다. 간지(干支) 관계에서는 허실(虛實)의 관계를 이해해야 한다. 이것은 명리체계 중에서 특별히 중요하다.

무엇이 허(虛)인가? 천간(天干)이 지기(地氣)를 얻지 못하면 허(虛)이고, 천간(天干)이 지기(地氣)를 얻으면 실(實)이 된다. 왜냐하면 지지(地支)가 천간(天干)을 지탱하기 때문에 곧 천간(天干)에 허(虛)하거나 실(實)한 개념이 있다. 전통 명리는 쇠왕(衰旺)을 말하는데, 맹파 명리는 오직 허실(虛實)만을 말한다. 허실(虛實)의 관계는 아주 중요하다.

육십 갑자(甲子)중에 반은 허(虛)이고, 반은 실(實)이다. 체(體)가 나타나도 상의(象意)는 다르다. 하늘에서는 상(象)을 드러내고 땅에 떨어지면 형(形)을 드러낸다. 허(虛)는 단체(單體)의 상의(象意)를 나타내는데, 땅에 떨어지면 간지(干支)가 하나의 상이 된다. 간지(干支)의 허실(虛實) 관계는 전적으로 한 절(節)을 할애하여 논술할 것이며, 여기서는 단지 허실(虛實)에 관한 개념을 이해하면 된다. 예를 들면 갑신(甲申)·을유(乙酉)에서 갑(甲)과 을(乙)은 허(虛)가 되고, 갑인(甲寅)·을묘(乙卯)에서는 갑(甲)과 을(乙)이 실(實)이 된다.

간지 관계 중 간지(干支)가 일체인 것을 이해하여야 한다. 무엇이 일체인가? 어떤 종류의 간지(干支) 조합은 하나의 전체적인 사람을 대표하는데, 천간(天干)은 머리를 대표하고 지지(地支)는 몸체를 대표한다. 간지(干支)가 일체인 것은 부서지면 안 되며, 부서지면 생명에 문제가 된다.

1. 천간(天干)이 지지(地支)를 생하는 것을 간지일체(干支一體)라 볼 수 있는데, 경자(庚子), 신해(辛亥), 병진(丙辰)과 같은 종류이다.

2. 천간(天干)이 지지(地支)의 록(祿)과 통(通)해도 간지일체(干支一體)라 볼 수 있는데, 갑인(甲寅), 을묘(乙卯), 임자(壬子), 병오(丙午)와 같은 종류이다.

3. 지지(地支)에서 천간(天干)을 생하는 것이나, 또 지지(地支) 중에 감추어진 왕기(旺氣)가 천간(天干)과 조합(組合)하면 간지(干支) 일체라 본다. 예를 들면 병인(丙寅), 임신(壬申)과 같은 종류이다.

4. 부분적으로 간지(干支)가 극(克)하는 것이 있어도 상의(象意)로는 전체를 이루는 것으로, 갑진(甲辰), 을미(乙未)와 같은 것이다. 갑목(甲木)은 활목(活木)으로 뿌리가 진(辰)에 의탁하고, 임진(壬辰)은 임(壬)이 진(辰)에 떨어졌으니 모두 간지(干支) 일체가 되니 부서지면 안 된다.

간지(干支)가 일체인 것은 사람의 건강을 대표하므로 부서지면 안 되며, 부서지면 생명이 위험하다. 그런 까닭에 한 사람의 명(命)을 볼 때 간지(干支) 일체인 것이 간지(干支) 이체(異體)인 것에 비교해 좋은 것을 보지 못하는데, 일단 간지(干支)가 일체이면 이 간지(干支)가 부서지면 안 된다는 것을 고려해야 한다. 일주(日主) 천간(天干)이 땅에 떨어지지 않는 명(命)이라야 이러한 위험이 없다.

간지(干支)가 상생(相生)하는 주(柱)를 간지(干支)의 화기(化氣)라 한다. 화기(化氣)는 바로 전화(轉化)한다는 뜻으로, 어떤 지(支)는 능히 간(干)을 화(化)하고, 어떤 간(干)은 능히 지(支)를 화(化)한다. 간지(干支)가 화기(化氣)인 사람은 일종의 영동성(靈動性)[91]이 있음을 표시한다. 능히 전신(轉身)[92]과 변화(變化)를 하는데, 용(用)하는 것이 마땅함을 얻으면 명국(命局)의 층 차가 올라간다. 반대로 전화(轉化)를 못 하는 간지(干支)는 비교적 융통성이 없기 때문에 영동(靈動)이나 활발성이 없다.

십신(十神)에 관한 일절(一節)을 보았는데, 재(財)가 화(化)하여 관(官)이 되면 그 재(財)의 급별이 곧 한 단계 올라간다 하였다.

마지막으로 특별히 강조할 한 가지는 간지(干支)가 함께 있는 조합이라면, 곧 남녀가 하나의 가정을 조성(組成)하는 것과 같다. 즉 부부가 화목하거나 화목하지 않아도 모두 한 식구인 것이다. 비유하면 병

---

91) 총명, 기민, 영리, 영험, 신통함을 나타냄
92) 몸을 돌리거나 방향을 바꿈을 나타냄

신년(丙申年)은 비록 간지(干支)가 서로 극(克)하나, 병신(丙申)은 독립적인 상(象)을 취한다. 만일 당신이 간지상(干支象)을 연독(硏讀)한다면, 단지 병신(丙申)이란 하나의 주(柱)로 금년에는 어떤 행업(行業)이 흥성하고 어떤 행업이 쇠패(衰敗)하는 지를 분석해 낼 것이다.

간지(干支)의 천(天)은 오(五)로 10개를 배치하여 둥글고, 지(支)는 삼(三)과 사(四)의 12개로 방위를 배치한다. 지지(地支)는 천간의 생왕(生旺)과 쇠패(衰敗)를 싣는다. 오행(五行)의 생사(生死)가 윤회하는 과정으로 만물의 성주괴공(成住壞空)[93]과 사람 생명의 생장(生長)과 장노(壯老)를 상(象)하는 것이다.

---

93) 세계가 성립되는 지극히 긴 기간인 성겁(成劫), 머무르는 기간인 주겁(住劫), 파괴되어 가는 기간인 괴겁(壞劫), 파괴되어 아무 것도 없는 상태로 지속되는 기간인 공겁(空劫)을 말함. [시공불교사전]
사겁(四劫)인 성겁(成劫)·주겁(住劫)·괴겁(壞劫)·공겁(空劫)을 말함. [한국고전용어사전]

제28절

오행의 생사 1
(五行)   (生死)

십간(十干)은 지지(地支)의 생(生)에 의지하고, 지지(地支)는 십
간(十干)의 쇠왕(衰旺)과 생사(生死)를 싣는다. 천간의 오행을
십이지지(十二地支)에 대비한 십이운성이 있다. 장생(長生), 목욕(沐
浴), 관대(冠帶), 임관(臨官), 제왕(帝王), 쇠(衰), 병(病), 사(死), 묘(墓),
절(絶), 태(胎), 양(養)이다. 만물의 생사 윤회과정을 상징한다.

그러나 『맹파명리』는 이렇게 복잡한 것은 사용하지 않고, 오행의
생사(生死) 중 여섯 종류의 상태만을 사용하는데, 생(生), 왕(旺), 묘
(墓), 절(絶), 사(死), 퇴(退)이다.

무엇이 생(生)인가? 생(生)은 바로 장생(長生)으로 만물이 처음 생하
는 상태를 상징한다. 이때 오행은 왕세(旺勢)에 처하고 의탁하는 지
지(地支)의 장기(藏氣)가 전부 양(陽)이다. 양기(陽氣)가 있어야 비로소
장생(長生)하며 장생(長生)의 장소에서 생겨난 오행은 모두 뿌리를 의
탁할 수 있다.

무엇이 왕(旺)인가? 왕(旺)이란 바로 제왕(帝王)이며, 만물이 생장하는 것이 왕성한 극점(極點)에 처한 것을 상징한다. 그러나 왕성한 극에 이르면 반드시 쇠(衰)해지는 까닭에 이때 지지(地支)의 자리는 비록 양위(陽位)에 있으나 장기(藏氣)는 이미 음(陰)으로 바뀌어 비록 왕(旺)하지만 음(陰)이 이미 이루어진다. 왕지(旺地)의 오행이 극성기에 머문다.

무엇이 묘(墓)인가? 묘(墓)는 곧 입묘(入墓)이다. 만물이 죽으면 묘(墓)로 돌아감을 상징하며 수장(收藏)하는 상(象)이다. 이때 오행은 근기(根氣)가 아주 왕(旺)한 상태에 처하는데, 반드시 드러내거나 혹은 충묘(沖墓)해야 좋으며, 드러내지 않거나 묘(墓)가 열리지 않으면 비록 있어도 무용(無用)하다. 묘기(墓氣) 중에 오행의 장기(藏氣)는 모두 음(陰)의 상태이다. 만약 생(生), 왕(旺), 묘(墓)의 오행이 수(水)라면 이것은 신자진(申子辰) 삼합국의 세 개의 지지(地支)이다.

아래에서는 절(絕)과 사(死)와 퇴(退)에 대하여 살펴보겠다. 무엇이 절(絕)인가? 절(絕)이란 오행의 소망(消亡)이나 소실(消失)한 상태에 처하는 것이다. 명리적으로 묘절(墓絕)이 함께 나타나면 주로 사망이며, 절지는 생사를 결정한다. 절지는 장생과 서로 대응되는데 4대 장생지인 인(寅), 신(申), 사(巳), 해(亥)는 곧 4대 절지이기도 하다. 예를 들면 화(火)의 생지(生地)는 반드시 금(金)의 절지(絕地)에 해당한다.

무엇이 사(死)인가? 사(死)란 오행의 생기(生氣)가 소실(消失)된 상태를 가리키는데, 형(形)은 다시 존재하며 단지 기(氣)만 소실될 뿐이다. 자(子), 오(午), 묘(卯), 유(酉)는 제왕(帝王)의 지(地)이며 그 밖의 것은 상대적인 오행의 4대 사지(死地)이다. 예를 들면 화(火)의 사(死)는 유(酉)에 있고, 금(金)의 왕(旺)도 유(酉)에 있다.

무엇이 퇴(退)인가? 이는 퇴기(退氣)나 여기(餘氣)를 가리키며, 오행이 본 계절에 임하여 비록 왕(旺)을 얻었으나 그 계월(季月:土月)에 이르면 퇴기(退氣)가 출현한다. 예를 들면 목왕(木旺)이 봄에 있으면, 인묘(寅卯)는 왕(旺)하나 진(辰) 3월은 목(木)의 퇴기(退氣)가 된다. 퇴기(退氣)는 묘기(墓氣)와 서로 대응(對應)하는데, 이는 진(辰), 술(戌), 축(丑), 미(未)의 4가지 토신(土神)이다. 명리학에서는 상(象)을 취하여 쓰는데, 예를 들면 남편이 퇴기(退氣)에 임하면, 반드시 전에 이혼했던 사람으로 물러난 사람을 표시한다. 혹자는 혼인이 오래가지 않아 물러나는 것을 표시한다.

중요한 점을 살펴보자. 앞에서 형(形)과 기(氣)를 말하면서, 금목(金木)은 형(形)이 되고, 수화(水火)는 기(氣)가 된다고 하였다. 그러면 형(形)과 기(氣) 중 어느 것이 양(陽)에 속하고 어느 것이 음(陰)에 속하는가? 당연히 기(氣)가 양(陽)이 되고, 형(形)이 음(陰)이 된다. 그렇기 때문에 기(氣)인 수화(水火)는 주로 변동(變動)하여 머물지 않고, 주류(周流)하여 게으르지 않다. 형(形)은 단지 안정(安靜)하여 그 자리를 지킬 뿐이다. 우리가 형기(形氣)를 이용하여 생(生), 왕(旺), 묘(卯), 절(絶), 사(死), 퇴(退)를 연구하면 아주 많은 재미있는 현상을 발견할 수 있다.

먼저 장생(長生)인 인(寅), 신(申), 사(巳), 해(亥)의 4대 장생을 말하면, 수화(水火)의 기(氣)는 양간(陽干)과 장생(長生)이 배합하는데 임신(壬申)과 병인(丙寅)이며, 금목(金木)의 형(形)은 양간(陽干)과 배합하면 장생(長生)이 되지 못한다. 이것은 무엇을 설명하는가? 바로 수화(水火)의 기(氣)에는 근원(根源)이 있기 때문으로 화(火)에는 착점(着點)이 있어야 하고 수(水)에는 원두(源頭)가 있어야 한다. 호수를 이루는 긴 강물도 그 근원은 조그만 개천에서부터 시작된다.

금목(金木)의 형(形)은 시기에 도달하면 가능한 한 빨리 그의 기원(起源)을 떠나려 한다. 목(木)은 해(亥)에서 생하지만 단지 을해(乙亥)와 배합해야 하는데, 목(木)이 초생(初生) 시기에는 작고 어린 싹이다. 금(金)은 사(巳)에서 장생하지만 단지 신사(辛巳)로 배합해야만 금(金)이 처음 생하는 때이므로 화(火)의 단련이 필요하다.

우리가 또 알게 된 것은 수화(水火)의 기(氣)는 생왕묘(生旺墓)에 배합하는데, 모두 양간(陽干)이라야 배합이 가능하고 음간(陰干)은 배합하지 못한다. 금목(金木)의 형(形)은 생왕묘(生旺墓)에 배합하지만, 양간(陽干)과는 배합이 안 된다. 인오술(寅午戌)은 병양(丙陽)과 배합하고, 해묘미(亥卯未)는 단지 을음(乙陰)과 배합이 가능하다.

이것은 또 무엇을 설명하는가? 양(陽)은 기(氣)로 화(化)하고, 음(陰)은 형(形)을 이루기 때문이다. 반대로 말하면 양(陽)은 기(氣)와 배합하고, 음(陰)은 형(形)과 배합한다. 다시 말해서, 수화(水火)는 동(動)

하고, 금목(金木)은 정(靜)하다. 동(動)하는 것은 양(陽)과 배합하고, 정(靜)하는 것은 음(陰)과 배합한다. 그런 까닭에 신자진(申子辰)과 인오술(寅午戌)은 양(陽)이 되고, 해묘미(亥卯未)와 사유축(巳酉丑)은 음(陰)이 된다.

마지막에 가장 머리를 열어주는 한 가지를 살펴보겠다. 기(氣)는 사(死)를 두려워하고, 형(形)은 절(絶)을 두려워한다. 반대로 말하면, 기(氣)는 절(絶)을 두려워하지 않고 형(形)은 사(死)를 두려워하지 않는다. 이것은 무엇 때문인가? 명리(命理)에서 화(火)는 유(酉)의 사(死)를 두려워하고 해(亥)는 두려워하지 않는다. 수(水)는 묘(卯)의 사(死)를 두려워하고 사(巳)는 두려워하지 않는다. 금(金)은 인(寅)의 절(絶)을 두려워하고 자(子)는 두려워하지 않는다. 목(木)은 신(申)의 절(絶)을 두려워하고 오(午)는 두려워하지 않는다.

간지(干支)의 이치는 자연의 이치와 통한다. 무엇이 사(死)인가? 사(死)는 오행(五行)의 생기(生氣)가 소실된 상태를 가리킨다. 형(形)은 존재하며 단지 기(氣)만 소실될 뿐이다. 그런 까닭에 형(形)은 사(死)를 두려워하지 않는다. 사(死)는 기(氣)가 소실되는 것이니, 그런 까닭에 기(氣)는 사(死)를 두려워한다.

목(木)이 사(死)한 것은 기(氣)가 소실된 것이고, 형(形)은 다시 존재하므로 형(形)은 사(死)를 두려워하지 않는다. 식용작물이 사(死)에 해당하면 남겨둔 종자(種子)를 우리가 식용(食用)한다. 태양(太陽)은 병

(丙)으로 유(酉)를 보면 사(死)인데, 태양(太陽)은 서쪽으로 떨어져 양(陽)이 없어진다. 형(形)은 절(絶)을 두려워하는데, 절(絶)은 곧 무엇이든 남는 것이 없다. 그런 까닭에 경자(庚子)나 갑오(甲午)의 배합은 바로 형(形)이 기(氣)로 화(化)하여 기(氣)로 돌아가는 것이니, 사(死)를 위주로 하지 않고 오히려 길(吉)이 된다.

마지막으로 진술(辰戌)과 축미(丑未)의 구별에 대하여 살펴보겠다. 명리(命理)에서 축미(丑未)는 묘(墓)가 되는데 반드시 열려야 하며, 진술(辰戌)은 반드시 묘(墓)가 열려야 용(用)하는 것이 아니다. 어째서 그러한가? 진술(辰戌)은 기고(氣庫)로 기(氣)는 주로 동(動)이며 주류(周流)하여 쉬지 않는데 마치 양택(陽宅)과 같다. 그 본신(本身)은 동(動)에 있으므로 반드시 열리지 않아도 쓸 수가 있다. 축미(丑未)는 형묘(形墓)이며 형(形)이란 주로 정(靜)하니 마치 음택(陰宅)과 같다. 그런 까닭에 쓰고자 하면 반드시 열려야 한다. 바로 이러한 원인 때문이다.

간지(干支) 오행의 쇠왕(衰旺)과 생사(生死)는 바로 자연의 도와 생활의 이치를 모사(模似)한 것이다. 성인(聖人)께서 상(象)을 베풀어 천도(天道)를 다 하였고, 감(感)하여 마침내 통(通)하니 항상 깨닫고 항상 새로워지는 것이다.

제29절

오행의 생사 2[94]
(五行)   (生死)

맹파명리 72쪽 표(表)는 아주 중요하니, 여러분은 반드시 기억해야 한다. 이것은 바로 오행과 지지(地支)의 여섯 가지 상태를 말한 것이다.

먼저 앞 절(節)에서 제시한 문제에 회답하려고 한다. 수화(水火)는 어째서 절(絶)을 두려워하지 않는가? 왜냐하면 수화(水火)는 기(氣)이고, 절(絶) 하나 정(情)이 있기 때문이다. 수화(水火)가 상호 융합(融合)하는 실질적인 뜻은 수(水) 중에 화(火)가 있고 화(火) 중에 수(水)가 있다는 것이다. 중의(中醫)에서 수화(水火)는 심신(心腎)을 말하는데, 신장(腎臟)안에 화(火)를 감추고 있고 심장(心臟)안에는 수(水)를 감추고 있다 한다. 신수(腎水)가 위로 올라가 심화(心火)를 받들고, 심화(心火)는 아래로 내려가 신장(腎臟)을 구제한다.

---

94) 박형규 역 『맹파명리』 상원문화사 2011 「십이지지와 음양, 오행과 십간관계」 66쪽~72쪽 참고

형(形)이 절(絶)하면 무정(無情)하여 금목(金木)이 교전(交戰)하며, 기(氣)는 절(絶)해도 유정(有情)하며 수화(水火)가 기제(既濟)한다. 두 가지는 근본적으로 다름이 있다.

다음은 토(土)의 생사(生死)에 대하여 살펴보겠다. 토(土)에 관해서는 두 가지 종류의 설이 있다. 하나는, 토(土)는 화(火)를 따르므로 장생(長生)이 인(寅)에 있다 하고, 또 다른 하나는 토(土)는 수(水)를 따르므로 장생(長生)이 신(申)에 있다고 하는 것이다.

어떤 말이 맞는 것인가? 실제로 두 가지 설이 모두 맞다. 토(土)를 천상(天上)의 토(土)와 지상(地上)의 토(土)로 구분한다. 천상의 토는 화(火)와 같다. 천상(天上)의 토(土)는 화(火)가 화생(化生)한 것으로 보아 화(火)를 따른다고 하였다. 예를 들면 무(戊)는 병(丙)이 화(化)한 것이다.

지상(地上)의 토(土)는 왜 수(水)와 장생(長生)이 같은가? 십간(十干)은 천기(天氣)를 관할하고 팔괘(八卦)는 지기(地氣)를 관할한다. 수(水)는 신(申)에서 장생하며, 신(申)에 토(土)를 더하면 곤(坤)이 된다. 토(土)는 곤방(坤方)에 기생(奇生)하는 까닭에 지상(地上)의 토(土)는 신(申)에서 장생(長生)하는 것이다.

이와 같다면 토(土)의 묘(墓)는 곧 2개가 있게 된다. 천토(天土)는 술(戊)에 묘(墓)하고, 지토(地土)는 진(辰)에 묘(墓)한다. 생각해보라. 진술(辰戌)은 무엇인가? 술(戌)은 천문(天門)이고 진(辰)은 지호(地戶)이다. 천문(天門)은 천토(天土)의 묘(墓)이고, 지호(地戶)는 지토(地土)의 묘(墓)이다. 그런 까닭에 진(辰)은 십이지지(十二地支) 중에서 가장 큰 지지(地支)이다. 또 진(辰)은 다만 수(水)를 묘(墓)하는 것뿐만 아니라 토(土)도 묘(墓)하는 까닭에 용(龍)의 상(象)을 취한다. 열두 가지 띠 중에서 용(龍)보다 인내가 더 큰 것은 없다. 고로 축(丑)과 미(未)는 능히 진(辰)으로 들어가 묘(墓)한다. 이 때문에 진(辰)이 지상(地上)의 묘(墓)가 된다.

진토(辰土)는 십이지중 노대(老大)[95]하여 거의 어떤 것도 두려워 하지 않는다. 다만 술(戌)만이 대항할 수 있다. 왜냐하면 술(戌)은 천상의 토묘(土墓)이기 때문이다. 진(辰)은 대단하지만 단 하나의 자(字)에 비교적 두려움을 느끼는데, 그것이 바로 자(子)이다.

자(子)가 진(辰)을 보면 진(辰)을 풀어서 소해(消解)시킨다. 커다란 코끼리는 어떠한 동물도 두려워하지 않는데 늙은 쥐는 두려워한다 하였다. 왜냐하면 늙은 쥐는 능히 코끼리의 콧속으로 들어가기 때문이다.

진(辰)이 자(子)를 보면 능히 화(化)하여 굳은 얼음이 녹는 것과 같은 상(象)이다. 진(辰)이 아무리 큰 역량이라도 쓸 수가 없다. 이른바

---

95) (형제나 자매의) 맏이. 첫째. 나이가 많고 노숙함을 나타냄

"작은 것이 능히 큰 것을 극(克)한다."는 것이다. 강대한 사물이라도 천적(天敵)이 있는데, 천적이 커도 큰 제약을 주지 못할 때는 종종 작은 것으로 파괴할 수 있다. 천 리나 되는 제방도 개미 혈(穴)에 부서지는 것이 바로 이와 같은 도리이다.

4대(大) 장생(長生)은 인신사해(寅申巳亥)이고, 4대 제왕(帝王)은 자오묘유(子午卯酉)이며, 4대 묘고(墓庫)는 진술축미(辰戌丑未)이다. 이들 세 가지는 각기 그 성(性)이 있다.

인신사해(寅申巳亥)는 기(氣)가 발산(散)하는 것이고, 자오묘유(子午卯酉)는 기(氣)가 전일(專一)한 것이고, 진술축미(辰戌丑未)는 기(氣)를 모으는(聚) 것이다.

먼저 기(氣)가 전일(專)한 것에 대해 말하겠는데, 기(氣)가 전일하다는 것은 무엇을 가리키는가? 자(子), 오(午), 묘(卯), 유(酉)는 기(氣)가 전일한데, 이것은 간지(地支)에 암장(暗藏)된 천간이 단일하여 탐영망생(貪榮忘生)하느라 다른 간지(干支)를 돌아보지 않고 오직 자기만을 주관(管)한다. 이러한 사람의 성격은 소뿔처럼 전일(專一)하여 교만하고 고집스러우며 융통성이 없고, 특히 자립하고 독행(獨行)하며, 찬연(鑽研)[96]하는 정신인데, 정(情)적인 면이 부족하다.

---

96) 깊이 연구함

그런 까닭에 좌지(坐支)가 자(子), 오(午), 묘(卯), 유(酉)인 사람은 많거나 적거나 간에 이러한 특징의 개성이 있다. 또한 기(氣)가 전일 하다는 특징으로 미루어 어떤 행업(行業)이나 직업(職業)인지를 이해할 수 있다.

인(寅), 신(申), 사(巳), 해(亥)는 기(氣)를 발산하는데, 왜냐하면 암장된 기(氣)가 많고 또 생(生)이 있고 왕(旺)이 있기 때문이다. 이러한 사람의 성격을 보면 관용(寬容), 대도(大度)[97], 포용(包容), 발산형의 사고, 많은 커뮤니케이션, 진보, 베풀고 나누어주는 것을 바란다.

진(辰), 술(戌), 축(丑), 미(未)는 기(氣)를 모으는 것인데, 왜냐하면 묘(墓)이기 때문에 능히 모으는 것이다. 사람의 성격을 보자면, 계획이 있으면 움직이고, 침착하고 심각(深刻)하며, 능히 사람과 재(財)를 모으며, 어떤 때는 비교적 답답해 보이는데 표현하는 것을 좋아하지 않는다.

중의(中醫)에서 쓰는 개(開), 합(合), 추(樞)의 개념으로 보면, 인신사해(寅申巳亥)는 주로 개(開)이고, 진술축미(辰戌丑未)는 주로 합(合)이며, 자오묘유(子午卯酉)는 주로 추(樞)[98]가 된다. 개(開)는 개방(開放), 교류(交流), 구통(沟通)이고, 합(合)은 폐장(閉藏), 침정(沉淀)[99]이며, 추

---

97) 도량이 큼
98) 중심적인 부분, 중요한 부분
99) 모이다, 가라앉다, 쌓이다. 침전됨을 나타냄

(樞)는 추기(樞機), 기관(機關), 교경(巧勁)[100]이다. 이러한 사상을 모두 사용하여 사람의 성격이나 행업(行業) 그리고 직업을 추단할 수 있다.

삼원(三元)이 만법(萬法)의 종(宗)임을 알고자 하면, 먼저 지재(地載) 와 신공(神功)을 살펴야 한다. 하늘에 오행(五行)이 펼쳐지고, 땅에 오행의 생사(生死)와 왕절(旺絶)을 실어 능히 공(功)을 나타내는 사람은 이름을 날리고 만방에 우뚝 서며, 공(功)이 없는 사람은 일생(一生)을 평범하게 산다.

---

100) 교묘하고 굳셈

지지의 둔장[101]

(地支)　　　(遁藏)

지금부터 살펴보려고 하는 내용은 바로 지지(地支)의 둔장(遁藏)이다.

	子	丑	寅	卯	辰	巳	午	未	申	酉	戌	亥
藏干	癸	己辛癸	甲丙戊	乙	戊癸乙	丙戊庚	丁己	己乙丁	庚壬戊	辛	戊丁辛	壬甲

천간(天干)은 경청(輕淸)한 기(氣)이고, 지지(地支)는 중탁(重濁)한 기(氣)이다. 그런 까닭에 지지(地支) 안에 암장(暗藏)된 천간(天干)이 있는 것이다. 지지(地支)에 암장된 간(干)에는 규율이 있다.

1. 인(寅), 신(申), 사(巳), 해(亥)는 4대 장생(長生)의 지(地)로 암장된 천간(天干)은 모두 양(陽)이다.

---

101) 박형규 역 『맹파명리』 상원문화사 2011 「지지둔장」 73~74쪽 참고

266 ● 맹파명리 간지오의

왜냐하면 장생(長生)은 생생(生生)하는 기(氣)이기 때문인데, 단지 양기(陽氣)만 있어야 비로소 추동(推動)하여 생장하기 때문이다. 이 4대 장생(長生)에 암장된 것은 기본적으로 2개의 기(氣)인데, 첫째는 본기(本氣)이고 둘째는 장생(長生)의 기(氣)이다.

예를 들면 인(寅)의 본기(本氣)는 목(木)이니 갑(甲)이 암장된 것이며, 장생(長生)은 화(火)이기 때문에 화(火)를 암장한다. 인신(寅申)은 또 토(土)의 장생(長生)이기 때문에 인신(寅申) 중에는 양토(陽土)가 암장(暗藏)되어 있지만, 암장된 토(土)가 너무 약(弱)하기 때문에 기본적으로 소홀히 하여 계산하지 않는다.

사(巳)는 화토(火土)의 왕지(旺地)인 까닭에 암장된 화(火)는 모두 왕(旺)하다. 또한 금(金)이 장생(長生)하는 곳이기 때문에 또한 암장된 양금(陽金)이 있으며, 금(金)은 본기(本氣)인 화(火)의 극(克)을 받는 까닭에 금(金)의 왕도(旺度)가 비교적 약(弱)하다. 해수(亥水)는 단지 2개의 기(氣)를 암장하고 있고 토(土)는 없는 걸로 본다.

2. 자(子), 오(午), 묘(卯), 유(酉)는 4대 제왕(帝王)으로, 암장된 천간(天干)은 모두 음(陰)이다.

왜냐하면 사물이 발전하여 극왕점(極旺點)에 이를 때에 이미 양(陽)의 극(極)을 지나 음(陰)이 생하므로 다시 역량(力量)을 추동(推動)하여 발전하지 못하는 까닭에 암장된 기(氣)는 모두 음(陰)인 것이다. 이 4대 제왕은 단지 본기(本氣)나 왕기(旺氣)를 암장할 뿐이다. 화(火)와

토(土)는 함께 생하고 함께 왕(旺)함으로, 오(午)도 또한 토(土)의 왕기점(旺氣點)이 되어, 단지 오(午)에 암장된 것은 두 개의 기(氣)가 있고, 자(子), 묘(卯), 유(酉)는 오직 한 개의 기(氣)만 암장하고 있다.

3. 진(辰), 술(戌), 축(丑), 미(未)는 4대 묘고(墓庫)로 그 본기(本氣)는 모두 토(土)가 된다.

암장된 기(氣)도 모두 음(陰)이다. 왜냐하면 사(死)하여 묘(墓)로 돌아가 생기(生機)가 없기 때문이다. 그러나 묘고(墓庫)의 본신(本身)은 음양으로 나뉜다. 축미(丑未)는 음토(陰土)이고, 진술(辰戌)은 양토(陽土)가 된다. 묘고(墓庫)에 암장된 묘기(墓氣) 이외에 다시 암장된 여기(餘氣)[102]가 있다. 그런 까닭에 묘고(墓庫)에는 세 가지 종류의 기(氣)를 암장하고 있는데, 본기(本氣), 묘기(墓氣), 여기(餘氣)이다.

천간(天干) 오행의 지지(地支) 왕기(旺氣)는 두 가지이다. 예를 들어 목(木)이라면 인묘(寅卯)에서 왕(旺)하게 된다. 인(寅)의 기(氣)는 흩어지고 묘(卯)의 기(氣)는 전일하다. 그런 까닭에 양(陽) 일간은 인(寅)으로 록(祿)을 삼고, 묘(卯)로 양인(羊刃)을 삼는다. 양인(羊刃)은 기(氣)가 너무 전(專)하여 응기(凝氣)하여 양인(羊刃)이 된 것이며 살벌(殺伐)하는 힘의 상징이다. 단지 양(陽)일간(日干)에만 인(刃)이 있고 음(陰)일간(日干)에는 인(刃)이 없다.

---

102) 혹은 퇴기(退氣)라 한다.

수화(水火)의 음양(陰陽)은 착배(錯配)가 되는데, 임자(壬子), 병오(丙午)는 스스로 인(刃)에 앉아 있다.

금목(金木)은 음양이 정배(正配)하므로 방지(旁支)의 인(刃)을 보게 된다. 무토(戊土)의 인(刃)은 특별한데 무인(戊刃)은 미(未)에 있다. 양(陽) 일간은 지지(地支)의 인(刃)을 보는 것 외에 천간(天干)에 있어도 또한 인(刃)이라 하는데, 예를 들면 갑(甲)이 을(乙)을 보거나 경(庚)이 신(辛)을 보고 무(戊)가 기(己)를 보는 것과 같은 것이다.

아래에서는 묘고(墓庫)를 보는 법을 살펴보겠다. 지지(地支)의 묘고(墓庫)는 가장 복잡한데, 많은 사람이 여러 해 명리를 배우지만 묘고(墓庫)에 관계된 문제는 아직도 분명하지 못하다.

첫째로 무엇이 입묘(入墓)이고 무엇이 출묘(出墓)인가?

원국(原局)에 묘(墓)가 있는데 대운(大運)에서 묘(墓)중에 암장된 지(支)가 오면 출묘(出墓)가 된다. 원국(原局)에 지(支)가 있는데 대운(大運)에서 묘(墓)가 오면 입묘(入墓)가 된다. 년월(年月)에 묘(墓)가 있는데 일시(日時)에 묘(墓)중 암장된 지(支)가 있으면 출묘(出墓)가 되고, 반대로 년월(年月)에 지(支)가 있고 일시(日時)에 묘(墓)가 있으면 그 지(支)를 묘(墓)하니 입묘(入墓)가 된다.

둘째는 많으면 입묘(入墓)하는 것이다.

예를 들면 진(辰)이 2개의 자(子)를 보면 2개의 자(子)는 진(辰)으로 입묘(入墓)한다. 진(辰)이 하나의 자(子)를 보면 진(辰)은 소해(消解)를 당하여 자진(子辰)이 서로 합화(合化)한다.

　많으면 입묘(入墓)한다는 것은 또 천간(天干)에 있는 것도 포함된다. 천간에 많고 서로 연결되면 지지(地支)의 묘(墓)에 통한다. 그래서 많으면 입묘(入墓)한다. 예를 들면 천간(天干)에 신(辛)이 많고 신축(辛丑)과 이어지면 신금(辛金)은 축(丑)에 묘(墓)한다. 하나의 신축(辛丑)이라면 신(辛)은 축(丑)에 묘(墓)하지 않는다. 본래 좌고(坐庫)는 입묘(入墓)하지 않는다. 예를 들면 신축(辛丑) 임진(壬辰)은 좌묘(坐墓)가 되나 입묘(入墓)하지 않는다. 신유(辛酉)가 축(丑)을 보면 입묘(入墓)하며, 신축(辛丑)은 입묘(入墓)하지 않는다. 신유(辛酉)가 축(丑)에 들어가는 이유는 많기 때문이다.

　많으면 입묘(入墓)하는 이 같은 현상을 어떻게 이해해야 할까? 예를 들면, 여러 명의 학생이 보이면 그들이 학교에 있는 것이 되며 학교가 거두는 것이다. 한 명의 학생이 보이는 경우라면 집 안에 있는 것으로 판단할 수 있다. 집 안에 있으면 부모(父母)의 사랑을 받고, 학교에 있으면 학교가 그를 관리할 것이다.

　음(陰)인 천간(天干)이 땅에 통하면 그 본묘(本墓)로 들어가는데, 예를 들면 신유(辛酉)는 축(丑)으로 입묘(入墓)하는 것이다. 음(陰)인 천간(天干)이 땅에 통하지 않으면, 입묘(入墓)는 본묘(本墓)에 존재하지 않는다. 계(癸)의 묘(墓)는 미(未)에 있고, 정(丁)의 묘(墓)는 축(丑)에 있고, 신(辛)의 묘(墓)는 진(辰)에 있고, 을(乙)의 묘(墓)는 술(戌)에 있다. 이것은 음(陰) 장생(長生)이 역으로 운행하는 묘지(墓地)이다. 음(陰) 일간이 장생(長生)을 역으로 이용하는 법은 묘(墓)에만 있지 그 밖의 것은 어떤 용처(用處)도 없다.

지지(地支)의 묘고(墓庫)가 가장 어렵다. 만물은 토(土)에서 생하여 토(土)로 돌아간다. 지지(地支)의 토(土)를 알면 묘고(墓庫)가 그 본진(本眞)을 나타낸다. 고(庫)를 얻어 부(富)하면 억만(億萬)의 가업(家業)이고, 묘(墓)로 돌아가 궁(窮)하면 집도 없다.

제31절

십이지지의 육합[103]
(十二地支)　　　(六合)

지(地支)의 육합(六合)에 대하여 살펴보겠다. 자축(子丑)이 합하고, 인해(寅亥)가 합하고, 묘술(卯戌)이 합하고, 진유(辰酉)가 합하고, 사신(巳申)이 합하고, 오미(午未)가 합한다. 지지(地支)의 육합(六合)은 단지 합(合)만 말하고 화(化)는 없다. 육합(六合)의 합화(合化)는 성립하지 않는다. 지지(地支)의 육합(六合)은 생합(生合)과 극합(克合) 2가지로 나뉘며 함의(含義)도 다르다.

생합(生合)에는 인해합(寅亥合), 진유합(辰酉合), 오미합(午未合)이 있고, 극합(克合)에는 묘술합(卯戌合), 사신합(巳申合), 자축합(子丑合)이 있는데, 극(克)의 역량이 비교적 적을 뿐이다.

육합(六合)의 함의(含義)는 다음과 같다.

---

103) 박형규 역, 박형규 · 허항진 편저 『손에 잡히는 맹파명리』 상원문화사 2016 「지지육합」 72~96쪽 참고

첫째, 육합(六合)에는 결합(結合), 연접(連接), 부착(附着)의 뜻이 있다.

합(合)하는 두 개의 지(支)는 가능한 한 이어져 함께 해야 한다. 예를 들면 문의 자물쇠와 열쇠, 이어폰을 귀에 꽂는 것 등이다.

둘째, 육합(六合)은 얻는다는 뜻이 있다.

합(合)이 이르러 얻을 수 있는 것은 무엇인가? 합에 이르러 좋은 것을 얻는 경우도 있고, 파괴된 것을 얻는 경우도 있는데, 이는 사람으로 말미암은 것이 아니고 합하는 접착성이 얼마나 강하냐에 달려있다.

셋째, 육합(六合)은 통제, 지배의 뜻이 있으며, 국(局)의 제한은 극합(克合)에 있다.

묘술(卯戌)의 합은 묘(卯)가 능히 술(戌)을 지배한다. 사신(巳申)의 합은 양자(兩者)의 역량에 따라 대비(對比)하므로 강한 당(黨)이 상대방을 지배한다. 그런 까닭에 극합(克合)으로 주공(做功)한다.

넷째, 육합(六合)은 정유(停留)나 혹은 방향을 표시한다.

합(合)이 어디에 이르는지, 유(留)가 어디에 이르는지, 충(冲)이 어디에 이르는지, 떠나는 것이 어디인지이다. 사람들은 항상 변동하는데, 합(合)이 제시(提示)하는 것을 거쳐 변하여 이르는 방위를 찾는 것이다. 혹은 당신과 서로 만날 사람이 원방에서 올 것 같으면 합(合)은 방향으로 판정할 수 있으며, 합하여 년이나 시(時)에 이르면 일반적으로 변동(變動)의 뜻이다.

다섯째, 가장 중요한 함의는 육합은 얽혀서 묶이는 것으로, 자주성을 잃게 된다는 것이다.

왜냐하면 지지(地支)의 육합은 합(合) 가운데서 가장 접착성이 강한 까닭에 합(合)하는 양지(兩支)는 원칙적으로 반드시 자주성을 잃게 된다. 더욱이 가까이 붙어있는 합(合)의 영향은 강력하며, 멀리 떨어져 있는 합의 영향은 크지 않다. 그런 까닭에 팔자(八字)중에 합(合)이 있으면 대개의 합은 고유의 자주성을 부수어 단지 소수의 합(合)만이 좋은 상황이 될 뿐이다.

다음은 이러한 여섯 종류의 합을 분류하여 살펴보고자 한다.

1. 자축(子丑) 합

자수(子水)는 본래 유동(流動)하는 수(水)인데, 한 번 합하게 되면 곧 멈춘다. 축토(丑土)는 음토(陰土)로 자수(子水)를 고정(固定)시키는 작용을 하지만 강하지는 않다. 만일 자수(子水)를 많이 보면 축토(丑土)는 자수(子水)를 제어할 능력이 없게 된다. 반대로 축토(丑土)는 자수(子水)의 합으로 인해 그 금고(金庫)가 닫히게 된다. 자축(子丑)의 합은 2개의 음(陰)이 합(合)하므로 음(陰)이 맺히는 현상이 출현하여 우울해진다. 만일 양기(陽氣)가 부족하면 쉽게 병(病)이 생긴다.

2. 인해(寅亥) 합

인해(寅亥) 합은 끈끈한 合인데 양(陽)이 손상을 받는다. 인(寅)은

본래 양(陽) 중의 양(陽)으로 생승(生升)하는 기(氣)가 아주 강한데,
해(亥)의 합을 만나면 습기(濕氣)가 인(寅) 안으로 침입(侵入)하여 생
발(生發)하는 기기(氣機)를 가로막아 저지하게 된다. 인(寅)은 또 폭
력(暴力), 탄약(彈藥), 동력(動力)인데, 한 번 합하게 되면 불이 꺼진
다. 해수(亥水)의 본신(本身)은 인(寅)에게 그 수(水)를 흡수당하며,
인(寅)은 곧 해면(海綿)과 같아지고 해(亥)의 수성(水性)도 또한 상실
된다.

3. 묘술(卯戌) 합

묘(卯)가 술(戌)을 공제(控制)하는 뜻이다. 십이지지(十二地支)에
서 2개의 지(支)가 가장 큰데 하나는 진(辰)이고 나머지 하나는 술
(戌)이다. 진(辰)은 자(子)가 소해(消解)시키는 것을 두려워하고, 술
(戌)은 묘(卯)가 합하는 것을 두려워한다. 술(戌)의 능량은 아주 크고
탄피(彈皮)의 상(象)인데, 묘(卯)가 오면 테이프로 동여맨 것과 같아
서 굳게 제어를 당하게 된다. 묘술(卯戌)의 합은 대부분 주공(做功)
이 된다.

4. 진유(辰酉) 합

상생(相生)하는 합으로, 용접이나 접착제와 유사하다. 당연히 유
(酉)라는 정치(精致)한 금속은 진(辰)에 합을 당하면 곧 녹이 슨다.
그러나 진(辰)의 입장에서는 유(酉)가 이르는 것이 괜찮은데, 수고
(水庫)의 역량(力量)을 강하고 굳게 한다. 진유(辰酉)의 합은 고(庫)가
닫히지 않아 수(水)가 능히 진(辰)안으로 나아갈 수 있다. 진유(辰酉)

의 합은 오늘날 빌딩을 지을 때 쓰는 철근과 시멘트가 결구(結構)하는 상(象)을 취한다. 협곡의 댐은 바로 이러한 상(象)으로 건축한 것이다.

5. 사신(巳申) 합

상극(相克)의 합으로 사(巳) 중의 화(火)가 능히 신금(申金)을 극(克)하는데, 만약 신(申)이 왕(旺)을 얻으면 사(巳)가 오히려 신(申)의 극(克)을 당하게 된다. 왜냐하면 신중(申中)에는 충분히 많은 수(水)가 있기 때문으로, 합하게 되면 사(巳)가 부서진다. 양자(兩者)가 서로 합하면 각자 모두 그 자주성을 상실하게 된다. 사신(巳申)의 합은 능히 주공(做功)을 한다.

6. 오미(午未) 합

당연히 육합(六合)중에서 가장 시시한 합이다. 양자(兩者)는 양성(陽性)이 모두 충분하나 호보성(互補性)은 없다. 상호간에 상대방을 얻는다 해도 아무 특별한 뜻은 없다. 오히려 상호(相互)를 견반(牽絆)하여 주사(做事)하지 못한다. 마치 동성(同性) 간의 연애로 조성된 가정과 같아서 그들이 합하여 함께 해도 무엇을 하는지 모른다. 오(午)의 입장에서 말한다면 흘개(吃丐)[104]하는데, 왜냐하면 오(午)가 얻는 것은 하나의 묘고(墓庫)로써 고(庫)안의 물건도 또한 관폐(關閉)를 당하여 쓸모없기 때문이다. 오직 그들이 함께 하나의 축(丑)

---

104) 누구한데 의지하여 살아감을 뜻함

을 충(沖)하거나 혹은 자(子)를 부수는 일을 완성한다면 다시 의의가 있다고 하겠다.

육합(六合)을 제외하고 다시 지지(地支)에는 암합(暗合)과 공합(共合)이 있다. 암합(暗合)에는 세 가지가 있는데, 오해합(午亥合), 묘신합(卯申合), 인축합(寅丑合)이다. 공합(拱合)은 삼합국(三合局)에서 논하겠다. 암합(暗合)은 점접(粘接)의 정도가 육합(六合)에 비해서는 부족한데 공합(拱合)에 비해서는 단단하다.

1. 오해합(午亥合)

오(午)중 정기(丁己)와 해(亥)중 임갑(壬甲)이 상합(相合)한다. 이러한 종류의 합은 아주 의미가 있는데, 긴밀성은 강하지 않지만 양자(兩者)가 자아(自我)를 상실하지 않고 합(合)하는 중에 서로 보충하고 서로 통하는 유무(有無)가 있어, 곧 장사를 하는 쌍방이 서로 필요로 하거나 서로에게 이익이 된다. 이 3개의 암합(暗合)은 실제로 육합에 비해서 가치가 있다.

2. 인축합(寅丑合)

인(寅)중 갑병(甲丙)과 축(丑)중 기신(己辛)이 상합하는 것이다. 인축(寅丑)은 음양의 합(合)으로 인(寅)은 양(陽) 중의 양(陽)이고, 축(丑)은 음(陰) 중의 음(陰)이다. 양자(兩者)가 합하면 서로 보충하고 서로 통하여 양(陽)이 능히 음(陰)을 부리고, 음(陰)은 양(陽)을 따르는데, 이것은 음양이 평형(平衡)하는 상(象)이다.

인축(寅丑)이 합한 명(命)이 있으면 대부분 음양이 변통(變通)하는 이치를 잘 알거나, 나아가 본신(本身)이 음양학(陰陽學)을 공부하는 것에 적합하다. 또 인축(寅丑)의 합(合)에 공(功)이 있으면 대다수는 사업에 아주 좋은 발전이 있다.

3. 묘신합(卯申合)

묘(卯)중 을목(乙木)과 신(申)중 경금(庚金)이 합하는 것으로 이 합(合)을 합절(合絶)이라 한다. 왜냐하면 묘(卯)는 본래 신(申)에서 절(絶)하기 때문에 합(合)하는 중에 반드시 절(絶)을 끼고 있다. 부부관계에서도 이러한 상황이 있는데, 서로 사랑은 하지만 함께 하지 않는 것으로 함께 하면 곧 상호(相互) 상해(傷害)하기 때문이다.

묘신합(卯申合)이 주공(做功)하게 되면 바로 신(申)이 와서 묘(卯)를 다스리는 뜻이다. 만일 인사(人事) 관계나 혼인 관계를 대표한다면 쉽게 극(克)이 있다.

육합(六合)은 퇴폐(頹廢)[105]나 긴반(緊絆)[106]이고, 육충(六沖)은 격양(激揚)[107]이나 분발이다. 합하면 탐연(貪戀)[108]이나 게으른 것이고, 충(沖)하면 강함을 도모한다. 합(合)이 많은 사람은 유순하여 다툼이

---

105) 의기소침하다. 의욕이 없고 활기(원기)가 없다. 퇴폐적이다.
106) 단단하게 묶임
107) 기운(氣運)이나 감정(感情)이 몹시 움직이어 일정(一定)하지 않은 상태(狀態)
108) 연연해하다. 몹시 그리워하다. 미련을 갖다.

없으나, 오히려 너무 평범하여 하는 것이 없다.

합(合)이 많은 사람은 생각하는 것이 많고, 충(沖), 형(刑), 천(穿), 해(害)는 두려움이 없다. 여러분은 한 번 자신과 대조하여 이와 같은지 아닌지를 살펴보라.

십이지지의 육충[109]
(十二地支)　　　(六冲)

지(地支)의 육충(六冲)에 관하여 살펴보겠다. 자오충(子午冲),
축미충(丑未冲), 인신충(寅申冲), 묘유충(卯酉冲), 사해충(巳
亥冲), 진술충(辰戌冲)이다. 육충(六冲)을 3조(組)로 구분하는데, 1조
(組)는 수화(水火)가 상충하는 것이고, 2조는 금목(金木)이 상충하는
것이며, 마지막은 토묘(土墓)가 상충하는 것이다. 함의(含義)는 각기
다르다.

먼저 육충의 공통적인 함의를 살펴보겠다.

육충(六冲)의 본래 뜻은 왕래(往來)하여 호환(互換)하는 것이다.

어떤 것이 왕래하고 호환하는 것인가? 우리가 말하는 무역(貿易)이
곧 왕래하고 호환하는 것이다. 교역(交易)이외에 다시 혼인(婚姻)에도
충(冲)이 있어야 하는데, 왜냐하면 교역(交易)이 바로 호환이며 결혼
하는 것도 바로 왕래이기 때문이다.

---

109) 박형규 역, 박형규 · 허항진 편저 「손에 잡히는 맹파명리」 상원문화사 2016 「지지육충」 148~191쪽 참고

혼인 이외에 세상에 있는 왕래(往來)는 모두 충(沖)을 이용하여 표시한다. 출장[出差]이나 원행(遠行)하는 것도 왕래(往來)이고, 친척 집에 가는 것도 왕래(往來)로 본다.

충(沖)은 교역인데, 합(合)도 또한 교역(交易)으로, 예를 들면 오해합(午亥合), 묘신합(卯申合), 사신합(巳申合)과 같은 종류이다. 충(沖)의 교역과 합(合)의 교역은 무엇이 다른가?

세상의 교역(交易)에는 두 가지 종류가 있는데, 바로 충(沖)과 합(合)의 다른 교역이다. *충(沖)은 간단한 교역이고, 합(合)은 복잡한 교역이다. 충(沖)은 간단한 교환으로, 쉽게 말해 장사하는 것이다.*

갑방(甲方)과 을방(乙方)에서 하나는 공급하고 하나는 공급받는 것이다. 합(合)은 비교적 내용이 많은데, 어떤 것은 포장(包裝)하고, 어떤 것은 브랜드(品牌)를 더하고, 어떤 것은 주식을 배당하는 것으로 그 종류가 많다. 충(沖)은 그 독립성을 잃지 않고, 합(合)은 일부분의 독립성을 상실하지만 공동체에는 이익이 있어 꽤 복잡하다.

아래에서 3조(組)의 충(沖)이 다르다는 것을 분별하여 살펴보겠다.

1. 자오충(子午沖)과 사해충(巳亥沖)

자오충(子午沖)과 사해충(巳亥沖)은 상충(相沖)으로 수화(水火)가 기제(旣濟)하는 것이다. 왜냐하면 이것은 기(氣)의 상충(相沖)으로 실제로 수(水)는 화(火)가 필요하고 화(火)는 수(水)가 필요하기 때문이다.

중의(中醫)에서는 심신(心腎)이 상교(相交)하는 것을 말하는데, 바로 수화(水火)가 충(沖)하면 길(吉)이 된다. 만일 축오(丑午)로 천(穿)하게 되면 심장병에 걸린다.

명리(命理)에서 금수상관(金水傷官)은 관(官)을 보는 것을 기뻐하고, 목화상관(木火傷官)은 인(印)을 보는 것이 기쁘다는 말이 있는데, 이 두 가지는 모두 수화(水火)는 상충(相沖)하고 상견(相見)하는 것이 기쁘다는 뜻이다.

2. 인신충(寅申沖)과 묘유충(卯酉沖)

인신충(寅申沖)과 묘유충(卯酉沖)은 금목(金木)이 교전(交戰)한다고 한다. 반드시 기억해야 할 것은, 금목(金木)이 일단 서로 충(沖)하여 교전(交戰)하면 반드시 금(金)이 목(木)을 이기고, 목(木)은 많아도 금(金)을 극(克)하지 못한다. 나무가 어떻게 한 덩어리의 금(金)을 부수겠으며, 아무리 조그만 금(金)이라도 어찌 큰 나무를 두려워하겠는가? 이것은 수화기제(水火既濟)와는 다른데, 수화(水火)가 상충(相沖)하는 것은 한쪽이 강(强)하면 다른 한 쪽은 반드시 패하게 된다. 수(水)가 강하면 능히 화(火)를 극(克)하고, 화(火)가 강하면 또한 수(水)를 극(克)한다.

금목(金木)이 교전(交戰)하는 것은 형(形)이 다투는 것으로 무정(無情)한 쟁(爭)이다.
왕래(往來)와 호환(互換)의 함의(含義)는 같지만 감정상으로는 한 가지가 아니다. 어떤 일을 하려면 상대와 함께 친구가 되어야 하는데, 이것은 곧 자오(子午)와 사해(巳亥)이다.

사람이 한 평생 일을 하면서 모든 상대와 친구가 되는 것은 불가능한데, 바로 인신(寅申)과 묘유(卯酉)의 충(沖)이다. 그런 까닭에 금융기업은 이러한 양충(兩沖)을 사용하는데 목(木)은 펼치고 금(金)은 거두는데, 한 번 거두고 한 번 펼치는 것이다. 은행(銀行)의 카운터 직원(柜員)이 예금주와 친구가 되는 것을 본 적이 있는가? 행장(行長)이라도 대출 받은 사람과 함께 친구가 되기는 어렵다. 증권업이나 주식투자에서도 누가 돈을 벌고 누가 잃는지를 모른다. 만일 금목(金木)의 부부라면 화해(和諧)하여 함께 살지 못하고, 항상 싸우는 것이 정해져 있다.

3. 축미충(丑未沖)과 진술충(辰戌沖)

축미충(丑未沖)과 진술충(辰戌沖)은 토(土)끼리 충(沖)하여 고(庫)가 열리는 것이다. 고(庫)가 열리지 않으면 묘(墓)가 되고, 충(沖)하면 고(庫)가 된다. 묘(墓)는 무덤으로 영원히 열리지 않는다. 묘(墓) 속에는 많은 보물이 있지만 열리지 않는데, 고(庫)는 수시(隨時)로 상자를 열 수가 있어 그 속의 것을 향용(享用)할 수 있다. 그런 까닭에 묘(墓)가 열리는 것이 곧 고(庫)이다.

축미(丑未)는 충(沖)하여 서로의 고(庫)를 연다. 축(丑)중에는 금수(金水)의 함의가 있고, 미(未)중에는 목화(木火)의 함의가 있다. 한 번

충(沖)하면 함께 용(用)을 얻는다. 고(庫)를 충(沖)하면 공용(功用)이 큰데, 일단 유용(有用)하면 재부(財富)도 또한 많다. 축미(丑未)는 음고(陰庫)가 되며, 진술(辰戌)은 양고(陽庫)가 된다. 진(辰)은 수목(水木)을 머금고 술(戌)은 화금(火金)을 머금는다. 진술(辰戌)은 천문(天門)과 지호(地戶)가 되니 당연히 축미(丑未)에 비하여 급별이 더 높다. 마윈(馬雲)과 마화텅(馬化騰)의 명국(命局)에는 모두 진술충(辰戌沖)이 작용을 한다. 이것은 일반적인 재부(財富)가 아니라 엄청 큰 재부이다.

마지막으로 충(沖)에 대한 또 하나의 함의(含義)를 살펴보려고 하는데, 충(沖)은 곧 동(動)이라는 것이다. 충(沖)을 받는 지(支)는 반드시 동지(動支)가 되는데, 동(動)한다는 뜻은 곧 안한(安閑)하지 않고 모두 일을 하는 것이며, 뛰어다니면서 이것저것을 관여한다. 그런 까닭에 고인(古人)은 충(沖)을 역마성(驛馬星)이라고 보았다.

만일 원국(原局)중의 자(字)가 안정되어 있는데 대운(大運)에서 충(沖)을 만나면 이 자(字)는 동(動)하게 된다. 목(木)이 와서 금(金)을 충(沖)하면 동(動)이 되고, 금(金)이 와서 목(木)을 충(沖)하면 충(沖)하는 중에 극(克)을 끼고 있다. 극(克)을 받는 자(字)가 약하면 충극(沖克)으로 요동한다. 체(體)는 극(克)하면 안 되지만 용(用)은 충극(沖克)해도 무방하다.

유년(流年)이 팔자(八字)중의 자(字)를 충(沖)하는 것 또한 충동(沖動)이다. 무릇 동(動)하면 모두 변(變)이 있고, 변(變)하면 신기(神機)를 본다. 변동(變動)이 어디에 있는지, 즉 본년(本年)의 어디에서 사정이 발생할 지를 안다. 대다수 유년(流年)이 충(沖)하는 것은 흉(凶)이 되지는 않으나, 왕(旺)한 흉신(凶神)이 부딪치면 흉(凶)이 된다. 당연히 원국(原局)에 흉(凶)이 있으면 유년(流年)이 응기가 된다.

대다수의 합(合)은 합괴(合壞)하지만, 대다수의 충(沖)은 충(沖)하면 좋다. 충(沖)과 합(合)의 현기(玄機)를 장악하면 명격(命格)의 고저(高低)를 정할 수 있다. 충(沖)은 여는 것이고, 합(合)은 닫는 것이다. 충(沖)은 동(動)이고, 합(合)은 묶이는 것이다. 동(動)이 많은 사람의 명운(命運)도 언젠가 수청(垂靑)[110]할 때가 있고, 합(合)이 많은 사람도 뜻이 있어도 또한 시전(施展)[111]하기 어려울 때가 있다. 체(體)는 많이 동(動)하는 것을 기뻐하지 않는데, 동(動)하면 힘들기만 하고 공(功)이 없으며, 용(用)은 동(動)하는 것을 기뻐하니, 동(動)하면 곧 공(功)을 이루고 명예가 이루어진다.

---

110) 늘어져 한가함
111) (수완이나 재능을) 발휘하다. 펼치다. 보이다.

제33절

십이지지의 육천[112]
(十二地支)　(六穿)

지지의 천(穿)은 합(合)하는 십신을 충(沖)하는 것을 말한다.
그 종류에는 자미천(子未穿), 축오천(丑午穿), 인사천(寅巳穿), 묘진천(卯辰穿), 신해천(申亥穿), 유술천(酉戌穿)이 있다. 『삼명통회』 등 일부 책에서는 육해(六害)라고도 한다. 『맹파명리(盲派命理)』에서는 육천(六穿)이 아주 중요한데, 전통명리에서는 천(穿)을 말하지 않는다. 사실 천(穿)을 사용하지 않으면 명(命)을 알 수 없다고 본다.

먼저 천(穿)의 함의에 대하여 살펴보겠다.

첫째, 천(穿)에는 배척(排斥), 적시(敵視), 파괴(破壞), 원수(怨讐)의 뜻이 있다.

가령 사람들의 교제에 대하여 표시하면, 일생 중에 많은 사람을 만날 것이다. 특별히 좋아하는 사람도 있고, 특별히 반감을 가진 사람

---

112) 박형규 역, 박형규 · 허향진 편저 『손에 잡히는 맹파명리』 상원문화사 2016 「지지상천」 194~205쪽 참고
박형규 『천의 연원고찰과 맹파명리학의 천의 활용에 대한 연구』 국립공주대학교 동양학연구소 2017

도 있을 것이다. 혹은 당신을 상해(傷害)하려는 사람을 만날 수도 있는데, 그런 사람을 서로 보게 되면 원수와 같다.

천(穿)은 이러한 종류의 사람들과의 교제관계를 표시한다. 만일 천(穿)이 자기와 관련성을 갖게 되면 불행한 일이 발생할 경우가 많다. 작게는 칼에 다치거나 수술하거나 크게는 생명에 관계된 일이 생긴다. 특히 자기의 신체와 신체가 서로 천(穿)하면 명국(命局)이 반국(反局) 되었다고 하며, 요망(夭亡)하는 명(命)이 될 수 있다.

둘째, 천(穿)에는 천도(穿倒)하고 천편(穿偏)하는 뜻이 있다.

천도(穿倒)나 천편(穿偏)의 뜻은 바로 천(穿)하는 두 글자에서 역량이 큰 한 쪽이 다른 한 쪽의 상대를 천도(穿倒)하거나 혹은 천편(穿偏)하는 것을 가리킨다.

천도(穿倒)란 천(穿)으로 인하여 뒤집어지는 것이다. 예를 들면 식신(食神)이 천(穿)을 만나면 식신(食神)을 천도(穿倒)한다 하고, 정인(正印)이 천(穿)을 만나면 정인(正印)을 천도(穿倒)한다고 한다. 즉 천(穿)이 출현하면 십신(十神)의 본래 뜻과 서로 반대되는 뜻이 나타난다. 예를 들면 식신(食神)은 여아(女兒)를 대표하는데 천도(穿倒)하면 곧 여아(女兒)가 태어나지 않고 반대로 남아(男兒)가 태어난다. 정성(正星)은 천도(穿倒)를 기뻐하지 않고 편성(偏星)은 천도(穿倒)하면 바르게 된다.

셋째, 천(穿)은 능히 주공(做功)을 한다.

주공(做功)을 하는 천(穿)은 의외로 많지 않은데, 극(克)하는 뜻을 띠고 있는 천(穿)이 주공(做功)을 한다. 자미천(子未穿)은 미토(未土)가 자수(子水)를 극(克)하니 주공(做功)이 된다. 묘진천(卯辰穿)은 묘목(卯木)이 능히 진토(辰土)를 극(克)하고, 유술천(酉戌穿)은 술토(戌土)가 능히 유금(酉金)을 극(克)하니 주공이 된다.

서로 생(生)하는 천(穿)은 주공이 안 된다. 인사천(寅巳穿)과 신해천(申亥穿)은 주공하지 않는다. 축오천(丑午穿)은 비록 서로 생(生)을 하나, 일음(一陰)과 일양(一陽)이 서로 만나는 관계로 주공(做功)이 가능하다.

넷째, 천(穿)은 능히 동(動)한다는 뜻이 있다.

충(沖)이 동(動)하는 것으로 다들 알고 있는데, 실제로 천(穿)도 또한 동(動)한다. 천(穿)은 정(靜)한 자(字)로 하여금 변동(變動)하게 한다. 일반적으로 천(穿)으로 인한 동(動)은 유년(流年)에서 팔자(八字)중의 자(字)를 천(穿)하는 것을 가리킨다. 예를 들면 신년(申年)이면 해(亥)를 천(穿)하니 해(亥)는 곧 동(動)하는 뜻이 있다.

여섯 가지 천(穿)중에 천(穿)하는 역량의 대소(大小)는 각기 다르다. 양(陽)이 양(陽)을 천(穿)하는 힘은 큰데, 마치 두 명의 남자가 서로 싸우는 것과 같으며, 음(陰)이 음(陰)을 천(穿)하는 능력은 아주 적다. 왜냐하면 양(陽)은 주로 동(動)이고, 음(陰)은 주로 정(靜)이기 때문이다. 인사천(寅巳穿)의 역량이 가장 크며, 신해천(申亥穿)은 역량이 가장 적다. 신해천(申亥穿)은 거의 어떤 힘도 없다. 왜냐하면 이것은 음(陰)과 음(陰)이 서로 천(穿)하기 때문이다.

아래에서 이 여섯 가지 천(穿)에 대하여 살펴보겠다.

1. 인사천(寅巳穿)

서로 생(生)하는 천(穿)이다. 본래 공(功)은 말할 것도 없이 역량이 가장 큰 천(穿)이다. 인(寅)과 사(巳) 두 글자가 모두 양의 성질이다. 그래서 인(寅)과 사(巳)는 황소가 격투하는 상(象)으로 일이 생기면 너 죽고 나 살자는 식의 싸움이 일어난다.

인(寅)에는 폭력의 뜻이 있는 까닭에 인사천(寅巳穿)은 차 사고나 총탄의 사살(射殺), 형사범죄나 수술(手術), 권력투쟁에서 타협하지 않는 뜻이 있다. 인사천(寅巳穿)은 속도가 아주 빠름을 표시한다. 만일 일시(日時)에 인사천(寅巳穿)이 출현하면 차로 빠르게 달리는 것을 좋아한다.

2. 묘진천(卯辰穿)

서로 극(克)을 하는 천(穿)이다. 묘(卯)가 왕(旺)하면 진(辰)을 천하고, 진(辰)이 왕하면 묘(卯)를 천한다. 일반적으로 천(穿)은 좋지 않은 것이지만 여섯 가지 천(穿)중에서 유일하게 천(穿)을 좋아하는 것은 바로 진(辰)이 묘(卯)의 천(穿)을 기뻐한다는 것이다.

여러분은 묘진천(卯辰穿)을 어떻게 생각하는가? 진(辰)은 제방인데, 제방을 만들 때 하나하나 구멍을 뚫어 나무 말뚝을 박으면 비로소 제방이 굳게 되어 부서지지 않는 것이다. 그런 까닭에 진(辰)은 묘천(卯穿)을 기뻐한다. 반대로 진(辰)은 대체로 술(戌)의 충(沖)을 기뻐하지 않는다. 한 번 충(沖)하면 곧 토(土)가 약해진다. 묘진천(卯辰穿)에서 진(辰)이 묘(卯)의 천을 당하면 대체로 좋으며, 천(穿)이 이르면 공(功)이 있다. 묘진천(卯辰穿)은 바로 진(辰)이 좋지 묘(卯)가 좋은 것은 아니며, 묘(卯)는 곧 천괴(穿壞)를 당한다.

3. 자미천(子未穿)

서로 극(克)하면서 천(穿)한다. 자(子)가 미(未)의 천(穿)을 당하면 자(子)가 부서진다. 자(子)가 많으면 미(未)가 천주(穿走)하거나 천도(穿倒)하지만 미(未)를 괴(壞)하지는 못한다. 미(未)가 자(子)를 극해(克害)하는 것은 일정하다. 미(未)는 주로 역량(力量)이고 참고 견디는 힘이다. 그래서 미(未)가 자(子)를 천(穿)하면 오히려 미(未)의 힘이 나타난다. 자미천(子未穿)은 어떤 때는 회계(會計)를 뜻한다. 왜냐하면 자(子)는 구슬이 되고 주산이 되기 때문이다. 천(穿)하면 곧 주판을 두드리는 뜻이다. 그런 까닭에 쉽게 회계(會計)를 한다.

4. 유술천(酉戌穿)

술(戌)은 조토(燥土)이다. 그래서 술(戌)은 유(酉)를 보면 극해(克害)하는 작용을 한다. 술(戌)과 인(寅)은 서로 비슷하며 또 폭력의 뜻이 있다. 술(戌)이 유(酉)를 천하면 유(酉)는 술(戌)의 폭력이나 상해(傷害)

를 당하는 뜻이 있다. 술(戌)이 유(酉)를 천(穿)하면 쉽게 차사고가 발생한다.

5. 축오천(丑午穿)

음양(陰陽)의 천(穿)이다. 축(丑)은 습토(濕土)라 오(午)의 양(陽)을 부순다. 이러한 종류의 천(穿)은 당연히 오(午)가 받는 상처는 아주 엄중하다. 오(午)는 축(丑)에게 부서짐을 당하는 뜻이다. 만일 오(午)가 심장을 대표한다면 이 사람은 반드시 심장병이 일어날 것이다. 축오천(丑午穿)이 일시(日時)에 있으면 또한 쉽게 차 사고가 생길 수 있다.

6. 신해천(申亥穿)

여섯 가지 천(穿)중에 가장 약한 천(穿)이다. 신해(申亥)는 관계가 조화롭지 못한 것을 표시하는 것 이외에는 특별한 상해(傷害) 관계가 없다. 신해천(申亥穿)은 일종의 냉랭한 폭력으로 다스리지도 않고 타협하지도 않는 뜻이다.

우리가 특별히 주의할 것은 묘고(墓庫)가 천(穿)을 만나면 묘(墓)가 열리지 않는다는 것이다. 묘(墓)는 견고하여 부술 수 없으며, 다른 것이 와서 천(穿)하는 것을 두려워하지 않고, 오히려 다른 것을 괴(壞)한다. 이것이 묘(墓)의 특징이다.

천(穿)은 다시 다른 뜻이 있다. 예를 들면 의복(衣服)을 입는 것이다. 어떤 사람은 특별히 좋은 옷을 보면 입고 싶어 한다. 이것은 명

(命)중에 인(印)을 천(穿)한 것에 있다. 왜냐하면 인(印)은 의복이기 때문이다. 천(穿)은 주로 속도인데, 특별히 천(穿) 중에 화(火)를 대동하면 주로 속도가 된다. 예를 들면 류우상[113] 의 팔자를 보면 천(穿)을 끼고 있고, 또 천(穿)이 년(年)에 있으니 년(年)은 주로 발이다.

체용의 관점에서 천을 살펴보자. 명리(命理) 중에 용(用)하는 것은 천(穿)해도 되나, 체(體)는 천(穿)하면 안 된다. 체(體)를 천(穿)하면 수술이나 상재(傷災)이다. 유일하게 체(體)를 천(穿)해도 되는 것은 곧 묘(墓)가 체(體)일 때는 천(穿)해도 된다.

다른 사람을 천(穿)하면 천(穿)에 해당하는 일이 타인에게 일어난다. 즉 천의 결과가 자기에게 일어나지 않는다. 명(命) 중에 천(穿)이 보이면 천(穿)이 좋을 수도 있고 나쁠 수도 있다. 육친에 천(穿)이 보이면 안 된다. 반드시 육친과 인연이 없다. 천(穿)을 끼고 있는 사람은 반드시 개성이 있고 고집과 집착이 있다. 혹은 아주 굳세고 완강하며 정(情)이 없다. 그리고 일을 하는 데 있어 집중력이 강하고 결단력도 있으며 상대를 공격하기도 한다. 합(合)은 하는 일을 질질 끌지만, 천(穿)은 깨끗하고 깔끔하다. 천(穿)을 쓰는 것이 좋으면 사업의 앞길이 유망하다.

---

113) 중국인으로 110미터 허들경기 세계최고 신기록 보유자. 사주는 癸亥 己未 壬寅 乙巳 이다.

제34절

십이지지의 삼합국[114]
(十二地支)　　　　　(三合局)

신자진(申子辰)의 합은 수국(水局)이고, 해묘미(亥卯未)의 합은
　　목국(木局)이며, 사유축(巳酉丑)의 합은 금국(金局)이고, 인
오술(寅午戌)의 합은 화국(火局)이다. 삼합국은 바로 장생(長生), 제왕
(帝王), 묘고(墓庫)이며, 세 가지가 서로 모여 국(局)을 이룬다. 사회관
계 중에 결당(結黨)을 상징한다.

　간지(干支)는 우리 사회와 생활에 대한 유상(類象)이다. 지지(地支)
의 육합(六合)은 결친(結親)을 상징하는데, 예를 들면 부부관계와 같
으며 접합성이 아주 강하다. 지지(地支)의 삼합국은 결당(結黨)을 상
징하는데, 예를 들면 당단(黨團), 단대(團隊), 결사(結社) 등이다. 그런
까닭에 삼합국은 세 부분으로 구성되어 있다. 중요한 것은 바로 중신
(中神)이며 그 밖의 두 가지는 바로 장생(長生)과 묘고(墓庫)로 하나의
당(黨)의 신생(新生) 역량과 일대(一代)의 퇴휴(退休)한 역량이다. 중신

114)　박형규 역 『맹파명리』 상원문화사 2011 「지지삼합국」 80~81쪽 참고
　　　박형규 역, 박형규 · 허항진 편저 『손에 잡히는 맹파명리』 상원문화사 2016 「삼합국」 124~145쪽 참고

(中神)은 곧 조직의 핵심이니, 또한 당국(黨局)의 강령(綱領)이나 목표나 조직의 두목을 표시한다.

삼합국의 점합(粘合)은 비교적 약한데 곧 당(黨)의 단체와 같으나 모임이 있을 때만 함께 모이고 평상시에는 강한 점합성이 없어 부부 관계인 육합(六合)과는 많은 차이가 있다. 비유하면 미국 대통령 선거에서 공화당과 민주당 두 개의 당(黨)이 있지만 단지 선거할 때만 각기 핵심들이 모였다가 선거가 끝나면 곧 흩어지는 것과 같다. 이것이 바로 정상적인 당국(黨局)의 조직이다. 만일 점합성이 너무 강하여 심지어는 강하기가 부부의 육합(六合)보다 더하면 이러한 당(黨)은 정상이 아니다.

아래에서 삼합을 구별하여 살펴보겠다.

1. 신자진(申子辰)

신자진(申子辰) 삼합은 수국(水局)이다. 삼합국의 역량은 아주 크며, 형성된 수(水)의 역량 또한 아주 크다. 이와 동시에 신(申)이 주공하면 금(金)은 설(泄)을 당하고, 진(辰)이 주공하면 토(土)가 되지만 소멸당한다. 다만 수(水)의 일당(一黨)만이 있어 홀로 크다. 신자(申子)는 반합국이고 자진(子辰)도 또한 반합국이고 신진(申辰)은 공국(拱局)이다. 비유하자면 반합국은 당(黨)의 회장이 현장에 있지 않은 상황에서 당원끼리의 학습에 해당하고, 공국(拱局)은 각자의 마음속에 중신(中神)에 대한 숭경(崇敬)의 뜻이 있다.

2. 해묘미(亥卯未)

해묘미(亥卯未) 삼합은 목국(木局)이다. 형성된 묘목(卯木)의 역량은 아주 크다. 해(亥)는 설(泄)을 당하고 미(未)의 토성(土性)은 소멸당한다. 해묘(亥卯)는 반합국이고, 묘미(卯未)도 반합국이며, 해미(亥未)는 공국(拱局)이 되는데 그 의미는 같다.

3. 사유축(巳酉丑)

사유축(巳酉丑) 삼합은 금국(金局)이다. 형성된 유금(酉金)의 역량은 아주 강대하다. 사(巳)가 유(酉)를 보면 화(化)를 당하고, 축(丑)이 유(酉)를 보면 유(酉)를 도우며, 축(丑)에 설(泄)이 없으면 축(丑)과 유(酉)가 결성되어 강한 동맹이 된다.

여기서는 특별히 사(巳)가 강조된다. 십이지지(十二地支) 중에 오직 사(巳)만이 음양(陰陽)이 서로 소통할 수 있다. 이것은 사(巳)의 본성이 화(火)이기 때문에 양(陽)의 일면에 속하므로 오히려 사(巳)는 음금(陰金)과 합(合)을 이루어 음(陰)으로 변한다. 따라서 사(巳)는 음(陰)과 양(陽)의 두 가지 상(象)을 겸하여 능히 음양이 서로 소통한다.

사(巳)를 끼고 있는 대부분 사람은 역학(易學)과 중의(中醫)를 비교적 좋아한다. 사(巳)의 음양 양면성은 목화(木火)를 만나면 화(火)가 되고, 유축(酉丑)을 만나면 금(金)으로 변한다. 그 변화성은 사람의 사유(思惟)와 비슷하다. 양자역학에서 중량자의 음양(陰陽) 양성(兩性)은 입자성과 파동성을 나타내는데, 그것이 바로 사(巳)인 것이다.

이른바 양자(量子)가 묶이는 것이 대뇌의 사고나 인체의 신경원과 비슷한 상(象)이다.

4. 인오술(寅午戌)

인오술(寅午戌) 삼합은 화국(火局)이다. 이것은 삼합국 중에서 유일하게 중신(中神)이 핵심이 되는 국(局)이 아니다. 왜냐하면 삼합하여 화국(火局)이 된 후에는 생조(生助)하는 것이 술(戌)로서, 술(戌)이 오히려 당(黨)의 중심을 이룬다. 삼합국은 단지 사회조직을 묘술 하는 일종의 형식이다. 명리학에서 말하는 당(黨)은 단지 삼합국에만 해당하는 것이 아니다. 십이지지(十二地支)를 나누면 양당(兩黨)이 된다. 단지 당(黨)에 한 세력이 형성되어 있으면 곧 하나의 조직이 형성되었다고 표시한다.

이 같은 입장에서 신자진(申子辰)과 축(丑), 유(酉), 신(申), 해(亥)는 일당(一黨)으로 조직을 이룬다. 또 인오술(寅午戌)과 묘(卯), 사(巳), 미(未) 술(戌)은 일당(一黨)으로 조직을 이룬다. 당(黨)이 있고 세력을 이룬 후에 다시 공(功)이 있으면 이러한 명국(命局)은 곧 어디에 이르러도 잘못 되지 않을 것이다. 만일 단지 당(黨)만 있고 공(功)이 없으면 한 무더기의 폐물(廢物)을 기르는 것과 같아서 매일 한가하여서 할 일이 없어 팔자(八字)가 곧 쓸모가 없다.

명리학은 인생을 표달(表達)하는데 인생과 사회를 떠나 헛되이 명리(命理)를 이야기 한다면 모두 일종의 헛된 망상일 뿐이다. 그런 까닭에 우리들이 명리(命理)를 배우면 먼저 간지(干支)의 관계가 어떻게 우리들의 생활과 대응하는지를 생각해야 한다. 만약 대응(對應)하는 것에 분명함이 있다면 비로소 배워서 안다고 할 것이나 만일 대응(對應)을 취함이 없이 간지(干支)를 간지(干支)로 말하고 설명한다면 배우지 못한 것이라 할 수 있다. 명리의 어려운 점이 여기에 있다. 지금까지 명리에 관한 많은 지식을 배웠다. 그러나 아직도 공부할 것이 많이 있다. 앞으로 어떻게 이러한 점을 영활(靈活)하게 응용해야 하는지는 아주 어려운 것이다.

제35절

십이지지의 형·파[115]
(十二地支) (刑·破)

이번 절에서는 삼형(三刑)과 지지(地支)의 파(破)에 대하여 살펴 보겠다.

1. 삼형(三刑)

삼형(三刑)에는 2가지가 있다. 인사신(寅巳申) 삼형과 축술미(丑戌 未) 삼형이다.

인사신(寅巳申), 이 세 가지는 동시에 출현해야 형(刑)이 성립한다. 사신(巳申)을 보면 합(合)이고, 인신(寅申)을 보면 충(沖)이며, 인사(寅 巳)를 보면 천(穿)이 된다. 만일 두 개를 보고 있는데 대운(大運)에서 세 번째 자(字)가 오면 또한 삼형이 성립한다. 유년(流年)에서 세 번째 자(字)가 오면 인동(引動)이 되며 삼형은 성립하지 않는다.

---

115) 박형규 역, 박형규·허항진 편저 『손에 잡히는 맹파명리』 상원문화사 2016 「지지상형. 지지상파」 206~220쪽 참고

축술미(丑戌未), 이 세 가지가 서로 보면 삼형(三刑)이 된다. 만일 축미(丑未)가 보면 충(沖)이 되고, 축술(丑戌)이 보면 형(刑)이 되며, 미술(未戌)이 보는 것도 또한 형(刑)이 된다. 축술형(丑戌刑)은 일음(一陰)과 일양(一陽)이므로 능히 주공(做功)하며 축(丑)의 힘이 크면 술(戌)이 부서지고, 술(戌)의 힘이 크면 능히 축(丑)을 부순다. 미술(未戌)이 서로 형(刑)을 하면 주공(做功)은 안 되고 단지 고(庫)를 열 뿐이다.

삼형(三刑)의 구성은 형벌(刑罰)을 대표하지 않는다. 삼형이 출현하면 상(傷)함이 육친(六親)에 미친다. 중간에서 두 개의 형(刑)을 당한 글자에 문제가 출현한다. 혼인궁(婚姻宮)에 삼형이 구성되면 혼인(婚姻)에 문제가 출현한다. 묘(墓)를 서로 형(刑)하는 축술(丑戌)과 미술(未戌)의 형(刑)은 고(庫)를 여는 뜻이 있다.

체(體)는 형(刑)을 당해서는 안 되며, 육친(六親)도 형(刑)을 당해서는 안 된다. 왜냐하면 형(刑)에는 파괴, 수난(受難), 완전하지 않음, 손상(損傷)의 뜻이 있기 때문이다. 그런 까닭에 체(體)를 형(刑)하면 체(體)에 해당하는 자(字)에 문제가 있게 된다. 문제의 정도를 판단하여 그 길흉(吉凶)의 상황을 판단한다. 어떤 책에서는 진오유해(辰午酉亥)라는 자형(自刑)을 주장하지만 응험이 없다. 그래서 여기에서는 논하지 않는다.

2. 파(破)

지지(地支)의 파(破)는 세 가지가 있다. 자묘(子卯)가 서로 파(破)하고, 묘오(卯午)가 서로 파(破)하며, 자유(子酉)가 서로 파(破)한다. 파(破)의 원리는 본래 상생(相生)하나 생(生)하지 않고 오히려 파(破)한다. 왜 자오묘유(子午卯酉)는 서로 파(破)하는가? 이 네 개의 지기(支氣)는 오로지 자기만을 돌 볼뿐 다른 사람은 돌보지 않음으로 서로 보아도 생하지 않고 오히려 파(破)하기 때문이다.

예를 들어보면, 모든 부모가 자신의 아이들을 사랑하는 것은 자신들이 아이를 낳았기 때문이다. 그런데 어떤 부모의 아이들은 오히려 자라면서 자기들의 원수가 된다. 왜 그런가? 첫째는 부모가 아이에 대해 너무 이기적이기 때문이고, 둘째는 부모가 너무 독선적이기 때문이다.

자오묘유(子午卯酉)는 바로 독선적이거나 이기적이고 일신(一身)에만 집중한다. 이 세상에서 이기적이고 독선적인 사람들을 적지 않게 볼 수 있다. 포용성과 박애정신이 없는 까닭에 서로 보면 파(破)하는 것이다. 이 사자(四字)가 끼어있는 친구들을 생각해보고 얼마나 이기적이고 독선적인지 점검해보아라.

머리를 열고 생활 속에서 파(破)를 끼고 있는 사건이나 사물이 어떤 것이 있는지를 생각해 보아라. 큰 소리로 욕을 하는 것은 바로 파(破)의 상(象)을 이용한 것이다. 두 입의 갈라진 곳에 파(破)를 끼고 있는 것이 곧 그러한 상황인 것이다.

파(破)의 용법(用法)에 대하여 결론을 내려 보겠다. 예를 들면 형사 사건의 해결은 검찰이나 경찰의 명(命)중에서 쓸 수가 있다. 남녀관계가 문란한 여인에게서도 파(破)를 볼 수 있다. 즉 파(破)를 통하여 남자가 찾는 여인이 바른 사람인지 아닌지를 알 수 있다. 우리가 늘 보게 되는 파산, 파재도 파(破)의 일종이다. 수만 권의 책을 읽는 사람이 있는데, 이때 파(破)는 독서가 많은 것과 학력이 높은 것을 표시한다. 권력을 잡는 사람도 있다. 만일 다른 사람의 재(財)를 파(破)하거나 다른 사람의 가정을 파(破)하거나 사람을 망(亡)하게 한다면 이것은 반드시 판검사 혹은 경찰 등의 법을 집행하는 공무원일 것이다.

파(破)는 당연히 대부분 좋지 않지만 용(用)을 얻게 되는 상황에서는 아주 좋게 된다. 자기(自己)를 파(破)하면 안 되고 다른 사람을 파(破)해야 된다. 다른 사람을 파(破)하는 경우에 사람의 몸을 수술하는 의사의 직업이 될 수 있다.

세 가지 파(破)중에 묘오파(卯午破)가 가장 위해하고, 그 다음은 자묘파(子卯破)이며, 자유파(子酉破)는 거의 파(破) 작용이 없다. 왜냐하면 묘오(卯午)는 모두 양(陽)이기 때문인데, 양(陽)은 동(動)으로 양(陽)이 양(陽)을 파(破)하는 파(破)가 가장 흉(凶)하다.

자유(子酉)가 서로 견(見)하면 음(陰)이 음(陰)을 보는 것이니, 그런 까닭에 자유(子酉)가 서로 견(見)하는 것은 서로 너무 멀리 떨어져 있어 파(破)라고 하지 않는다. 서로 떨어져 있다는 말은 무슨 뜻인가?

이것은 신해(申亥)가 천(穿)하는 뜻에 상당하며 서로를 이해하지 않는 냉정한 폭력이다.

묘오파(卯午破)로 파(破)하는 것이 신체라면 곧 심뇌혈관(心惱血管) 종류의 돌발성 병(病)이 출현한다. 왜냐하면 오(午)는 심장이 되고 묘(卯)는 혈관이 되기 때문이다. 파(破)는 즉 혈관이 파열(破裂)하는 것으로 늘 생명의 위험이 있다. 묘오파(卯午破)는 만일 묘(卯)가 책에 해당한다면 만권의 독서를 하는 것으로 표시할 수 있다. 어떤 변호사나 법률에 종사하는 사람은 묘오(卯午)가 파(破)하는 조합이 있다, 묘(卯)는 조문(條文)을 나타내는데 이것을 파(破)하기 때문이다. 또한 묘오파(卯午破)에서 묘(卯)가 만일 포(布)[116]가 되면 이것은 재봉(裁縫)을 뜻한다.

자묘(子卯)가 서로 파(破)할 경우, 자수(子水)는 묘(卯)에서 사(死)하는 것이 두려운데, 자묘파(子卯破)가 신체에 있으면 아주 흉하다. 특히 신장(腎臟)에 병이 생길 수 있다. 만일 일시(日時)에 출현하면 가벼운 파(破)라도 또한 오줌을 자주 누거나 혹은 전립선의 질병이 출현하게 된다.

파(破)중에는 오유(午酉)도 또한 파(破)한다. 왜냐하면 본래 극(克)에 파(破)를 더하니 역량이 강해져 상해(傷害)가 크기 때문이다.

---

116) 천, 베, 포 등의 섬유를 가르킴

제36절

지지의 묘
(地支)　　　(墓)

지지(地支)의 묘(墓)에 대하여 살펴보려 한다. 진술축미(辰戌丑未)의 묘고(墓庫)에서 진(辰)은 수묘(水墓)이고, 술(戌)은 화묘(火墓)이며, 축(丑)은 금묘(金墓)이고, 미(未)는 목묘(木墓)가 된다.

먼저 묘고(墓庫)의 함의에 대하여 말하자면, 묘(墓)는 수장(收藏)[117], 획취(獲取)[118], 공제(控制)[119], 취집(聚集)[120] 등이며, 이외에도 사망(死亡)의 함의가 있다.

열리지 않은 것을 묘(墓)라고 하고, 열리는 것은 고(庫)라고 한다. 묘(墓)에는 입묘(入墓)와 출묘(出墓)의 두 가지 종류의 용법(用法)이 있다. 년월(年月)에 묘(墓)가 있고 일시(日時)에 묘(墓)의 신(神)을 보면 인출(引出)이 된다. 다만 거리가 아주 가까운 것은 입묘(入墓)라 논한다.

---

117) 거두어 깊이 간직함. 보관
118) 얻다. 획득하다.
119) 통제, 억제, 제어
120) 한데 모음, 집중

예를 들면 월(月)에 묘(墓)가 있고 일(日)에 묘(墓)의 신(神)을 보면 아주 가까운 까닭에 출묘(出墓)라 하지 않고 입묘(入墓)로 보아야 한다. 반대로 년월(年月)에서 묘(墓)의 신(神)을 보고, 일시(日時)에서 묘(墓)를 보면 입묘(入墓)가 된다. 만일 원국(原局)에 묘(墓)가 있는데 대운(大運)에서 묘(墓)의 신(神)이 출현하면 묘신(墓神)을 인출(引出)한다. 만일 원국(原局)에 묘(墓)의 신(神)이 있는데 대운(大運)에서 묘(墓)를 보면 입묘(入墓)가 된다. 대운(大運) 이외에 유년(流年)도 또한 인출(引出)할 수 있다.

인신사해(寅申巳亥)의 4대 장생점(長生點)은 그 대응하는 묘신(墓神)을 보면 입묘(入墓)한다. 자오묘유(子午卯酉)의 제왕점(帝王點)은 그 대응하는 묘신(墓神)을 보면 공국(拱局)이 된다. 단지 중신(中神)이 쌍현(雙現)하거나 혹은 다현(多現)하면 많은 것은 입묘(入墓)하므로 반드시 그 묘(墓)로 들어간다. 천간(天干)과 지지(地支)가 서로 연결되어 묘(墓)를 보는 것 또한 입묘(入墓)한다. 예를 들면 신유(辛酉)가 축(丑)을 보거나 을묘(乙卯)가 미(未)를 보면 곧 입묘(入墓)한다. 2개의 신(辛)이 서로 붙어있는데 신축(辛丑)을 보면 또한 입묘(入墓)한다.

진술(辰戌)은 양(陽)의 묘(墓)이며 기(氣)의 묘(墓)가 된다. 축미(丑未)는 음(陰)의 묘(墓)이고 형(形)의 묘(墓)가 된다. 두 가지의 함의는 아주 큰 구별이 있다. 양(陽)의 묘(墓)는 양택(陽宅)과 같고 음(陰)의 묘(墓)는 분묘(墳墓)와 같다. 양(陽)은 주로 동(動)이고 음(陰)은 주로 정(靜)이다. 그런 까닭에 양(陽)의 묘(墓)로 들어가는 것은 흉(凶)이 적고, 음(陰)의 묘(墓)로 들어가는 것은 흉(凶)이 크다.

흉이 적고 흉이 큰 것은 무엇을 말하는가? 예를 들면 양(陽)의 묘(墓)로 들어가는 흉(凶)은 병원에 입원하거나 혹은 구치소에 가는 것과 유사하다. 음(陰)의 묘(墓)로 들어가는 것은 사람이 죽을 가능성이 있다.

아래에서는 어떻게 묘(墓)가 열려서 고(庫)가 되는지를 살펴보겠다. 먼저 고(庫)와 묘(墓)의 뜻에 관한 상(象)의 구별에 대하여 논하겠다.

묘(墓)가 열리면 고(庫)가 되어 속에 있는 물건을 뜻에 따라 취할 수 있다. 열리지 않은 것은 묘(墓)가 되며, 묘(墓)속에 물건이 있지만 취하지 못한다. 그러나 주의할 것은 양(陽)의 묘(墓)는 열리지 않아도 쓸 수가 있지만, 음(陰)의 묘(墓)는 반드시 열려야 한다. 이것은 양(陽)은 동(動)이 되고 음(陰)은 주로 정(靜)이 되는 까닭이다.

묘(墓)를 여는 데는 세 가지가 있는데, 직접적으로 형충(刑沖)하여 묘(墓)를 여는 것이 첫 번째 방법이다. 충(沖)은 능히 묘(墓)를 열고 형(刑)도 또한 여는 것이다. 미술(未戌)의 형(刑)이나 축술(丑戌)의 형도 모두 묘(墓)를 열 수 있다. 예를 들면 도널드 트럼프(特朗普)의 명(命)은 기미일(己未日)이 술년(戌年)을 보았는데, 미(未)의 묘(墓)가 곧 술형(戌刑)을 당해 열려서 속에 있는 살성(殺星)을 쓸 수가 있다.

두 번째 묘(墓)를 여는 방법은 옆에서 여는 것으로 이것은 직접적으로 충(沖)을 하여 묘(墓)를 여는 것이 아니고, 옆에 있는 묘(墓)의 신(神)을 충(沖)하는 것으로 옆에서 여는 것이라 한다. 예를 들면 지지(地支)에 축(丑), 신(申), 인(寅)을 보면 인신(寅申)으로 충(沖)하여 축(丑)을 열기 때문에 옆에서 묘(墓)를 여는 것이다.

세 번째 묘(墓)를 여는 방법은 비교적 적은데, 천묘(天墓)를 연다고 한다. 지지(地支)에 충(沖)이 없으면 투(透)하여 천간(天干)에 이르면 묘(墓)의 신(神)을 대표하는 것과 서로 충(沖)하는 것을 말한다. 예를 들면 지지(地支)의 축(丑)이 충(沖)은 없지만 천간(天干)에 투(透)한 계(癸)는 능히 축(丑)을 대표하므로 정(丁)이 충(沖)하는 것을 보면 천(天)을 열어 고(庫)가 된다. 당연히 신(辛)이 투하여 을(乙)의 충(沖)을 보면 또 축(丑)을 여는 것이다.

지지(地支)의 인묘(引墓)에 대해, 일시(日時)와 대운(大運)에서 묘(墓)중의 신(神)을 인출(引出)하는 방법 외에 다른 인법(引法)이 있다. 이를 천인법(天引法)이라 한다. 천인법(天引法)은 바로 천간(天干)의 허투(虛透)를 거쳐서 능히 묘(墓)중의 신(神)을 인출(引出)하는 것이다. 그러나 반드시 허투(虛透)해야 한다. 예를 들면 원국(原局)에 축(丑)이 있는데, 천간(天干)의 다른 곳에 투출(透出)하여 신(辛)이 오면 천간(天干)에서 축묘(丑墓)의 금(金)을 인출한 것이 된다.

충(沖)은 묘(墓)를 여는 가장 완전한 것이다. 인출(引出)은 그다음이다. 또 직접적으로 여는 것이 가장 완전하고, 옆에서 여는 것은 그다음이 된다. 지지(地支)에서 여는 것이 비교적 온전하며, 천(天)에서 끌어내는 것은 그다음이다. 지(地)에서 인출(引出)하는 것은 고(庫)에 파이프를 연결하거나 혹은 수고(水庫) 중에서 도랑으로 이끌어내는 뜻이다. 천인(天引)은 탈선(脫線)과 유사하다. 예를 들면 한 벌의 모의(毛衣)에서 한 가닥의 실을 뽑으면 모의(毛衣) 전부를 실로 변하게 할 수 있지만 시간과 효율이 높지가 않다.

또 무엇과 같은가? 물건 파는 것에 비유해보자. 집의 창고에 물건이 가득 차 있으면 일부라도 팔아야 밖에서 물건을 새로 사가지고 올 수가 있다. 이때 매출은 이루어지더라도 수입은 늦게 들어온다. 그런 까닭에 천인(天引)의 상(象)을 취하는 것은 물건을 파는 명국(命局)의 조합에 아주 많다. 직접적으로 여는 것은 하나도 남기지 않고 몽땅 파는 것이다. 당연히 직접 여는 것이 효율이 높다.

마지막으로, 축미(丑未)와 해자(亥子)는 모두 진묘(辰墓)로 들어가는 것으로, 어떻게 이 문제를 분별해야 하는가? 이 문제는 참으로 알기가 어렵다.

먼저 축미(丑未)가 진(辰)을 보는 것에 대하여 살펴보겠다. 이론적으로는 그들이 모두 진묘(辰墓)로 들어간다 하겠지만 만일 축미(丑未)가 동시에 출현하면 진축(辰丑)은 일당(一黨)이기에 진(辰)은 단지 축

(축)만을 거두고 미(未)는 거두지 않는다. 이것은 두 명의 어린아이가 서로 싸우는 데, 축(丑)의 부모가 온다면 곧 축(丑)을 데리고 집으로 돌아가는 것과 같다. 이때 축미(丑未) 충(沖)은 성립하지 않는다.

그러나 만일 미자(未子)가 동시에 출현하면 어떻게 되겠는가? 미자(未子)가 함께 출현하면 진(辰)은 미(未)는 거두지 않고 오히려 자(子)를 껴안으므로 자미(子未)가 서로 천(穿)하는 것이 더욱 격렬(激烈)해진다.

해미(亥未)가 동시에 출현하여 진(辰)을 보면 어떻게 되는가? 해미(亥未)가 서로 합하기 때문에 함께 입묘(入墓)한다.

해자축(亥子丑)이 진(辰)을 보면 어떻게 되는가? 해자축(亥子丑)이 함께 묘(墓)로 들어간다. 또한 해자(亥子)가 진(辰)을 보면 자진(子辰)은 공(拱)하는데 다시 자(子)가 진묘(辰墓)로 들어가는가? 이것은 오술(午戌)은 공(拱)하는데 다시 사오(巳午)를 보면 술(戌)로 들어가는가? 그 이치는 동일하여 많이 보면 곧 한꺼번에 묘(墓)로 들어간다.

끝으로 묘고(墓庫)와 주공(做功)에 대하여 논하고자 한다. 묘(墓)는 충개(沖開)해야 유용(有用)하지만 반드시 주공(做功)할 필요가 있는데, 당연히 주공(做功)을 해야 더욱 강(强)해진다.

축미(丑未)와 진술(辰戌)이 상충(相沖)하는 것과 축술(丑戌)이 상형

(相刑)하는 것은 모두 주공(做功)이지만, 미술(未戌)이 형(刑)하는 것은 주공(做功)이 안 되고 단지 묘(墓)만 열 뿐이다.

묘(墓)의 신(神)을 묘고(墓庫)로 들여보내면 본신(本身)[121]이 공(功)을 취하는 것이다. 그 뜻은 바로 능량(能量)을 취집(聚集)하는 뜻이다. 축(丑)이 진묘(辰墓)로 들어가는 것과 미(未)가 진묘(辰墓)로 들어가는 것은 바로 방대해지는 뜻이며 또한 공(功)이다.

묘고(墓庫)가 주공(做功)하는 능량(能量)은 거대하다. 이것은 묘(墓)가 바로 오행(五行)이 돌아가야 할 곳이기 때문이다. 일단 묘고(墓庫)가 주공(做功)하면 보유하는 것은 전부 사용한다는 뜻이다. 양(陽)의 묘(墓)는 기(氣)를 얻고, 음(陰)의 묘(墓)는 형(形)을 얻는다. 다만 세상 사람 중에 묘(墓)가 있는 사람이 많아도 능히 묘(墓)를 사용하는 사람은 적다. 전묘(全墓)를 얻는 사람은 적은 중에서도 또 적다.

---

121) 묘고(墓庫)를 의미함

제37절

십이지지의 자
(十二地支) (子)

본 절에서는 십이지지(十二地支) 중 자(子)에 대하여 살펴보겠다. 자수(子水)는 맑고 반짝반짝한 수(水)로 간정(干淨), 청결, 수정, 투명함을 대표한다. 하늘에서는 우로(雨露)이고, 땅에서는 샘이 되며, 물(物)에서는 수정(水晶)이 된다. 양(陽)의 자리를 점유하였지만 음(陰)을 갈무리하고, 표현은 양수(陽水)의 특징이 된다. 고로 능히 주류(周流)하여 쉬지 않고 유전(流轉)하며 게으르지 않다. 그 기(氣)는 전일 하여 원윤(圓潤)하고 포만(包滿)하며 또 영동(靈動)하여 활발한 사람이다. 지혜와 이성적인 사상(思想)이 특징이다.

자(子)는 월(月)로는 동지(冬至) 월인데, 동지(冬至)에 일양(一陽)이 생하면서 태양이 남회귀선의 극점(極點)을 직사(直射)하기 시작하는 때이다. 일(日)에 있어서는 자시(子時)가 된다.

민간에서는 자(子)의 동물을 쥐(鼠)라고 하는데, 왜 그렇게 배치하였는가? 자시(子時)는 늙은 쥐가 출몰하는 시간이며, 늙은 쥐의 앞발

톱은 발가락이 4개만 있고, 뒤의 발톱은 발가락이 5개 있는데, 앞은 음(陰)이고 뒤는 양(陽)이니, 그것은 바로 음양의 분계(分界)에서 왕래하고 교제함을 나타낸다.

자수(子水)의 상(象)을 나누면 아래 네 가지 종류의 뜻이 있다.

1. 처음 일어남과 근본의 뜻이 있다.

중국에서는 고대 성현(聖賢)들을 자(子)로 칭하였는데, 노자(老子), 공자(孔子), 장자(莊子) 등이다. 그들은 모두 중화 문화를 개창(開創)고 또한 그들의 학술사상은 인류 문명의 근본문제를 해결하였다. 그런 까닭에 자(子)는 본원(本原)을 대표하고 철학을 대표하고 처음 시작을 대표한다.

2. 어째서 아자(兒子), 손자(孫子), 노자(老子)도 또한 자(子)라는 글자를 사용하여 불렀는가?

이는 본원(本原)의 뜻을 연신(延伸)한 것이다. 중국에서 말하는 가족의 전승은 뿌리(根)에 머문다는 것인데, 자(子)는 근(根)의 뜻을 대표한다. 우리가 농작물을 가꾸려면 종자(種子)를 심어야 한다. 종자(種子)가 곧 식물(植物)의 유전(遺傳)이라는 것도 이러한 뜻이다. 자(子)라는 글자는 다음 세대로 유전(遺傳)하여 생생불식(生生不息)하는 뜻이다.

3. 자(子)는 숫자를 표시한다.

왜냐하면 수화(水火)는 양단(兩端)의 기(氣)를 나타내는데, 화(火)는 인류의 감성과 사유(思惟)를 나타내고 수(水)는 인류의 이성과 사유를 나타내어, 이성과 사유는 최초의 본원(本原)으로 수(數)를 발명하였다. 따라서 해자(亥子)는 모두 숫자를 표시하고, 자(子)의 수(數)는 작은 것으로 세분(細分)된 숫자를 표시한다. 그런 까닭에 자(子)를 끼고 있는 사람은 숫자에 대해 비교적 민감하며 또 자세(仔細)하다. 계산이나 운산(運算)하는 종류의 직업에 적합하다. 자(子)를 끼고 있는 사람은 간정(干淨)하며, 깔끔하고 단정함을 좋아하며, 지저분하고 너저분한 것을 좋아하지 않는다.

4. 자(子)는 작은 것, 둥근 것, 굴러서 움직이는 물건을 표시한다.

자수(子水)는 유전(流轉)하여 쉬지 않는 수(水)로 강하(江河)의 수(水)를 표시한다. 다시 인신(引伸)하면 유동(流動)이나 유전(流轉), 그리고 전동(轉動)하는 뜻이 있다. 왜냐하면 자(子)는 본래 작은 것이며, 또 원(圓)을 표시하기 때문이며, 자동차의 바퀴로도 표시한다. 혹은 자동차로도 표시한다. 생활 속에서 무릇 둥글게 보이고, 작으면서 움직이는 물건은 모두 자(子)로 표시하여 이용할 수 있다. 예를 들면 바둑알, 주판알, 약물(藥物), 동전, 물방울 등이다. 십이지지(十二地支)의 속상(屬相) 중에 늙은 쥐는 체중(體重)이 가장 작은 동물이다. 이것은 자(子)가 작다는 것과 일치한다.

아래에서 자(子)와 십이지지(十二地支) 중에 관련성이 있는 지지(地支)와의 관계에 대하여 살펴보겠다. 자(子)와 축(丑)은 상합(相合)한다. 이러한 종류의 합은 수(水)가 빨아들임을 당하는 뜻이다. 이 합(合)은 곧 수(水)가 더러워지는 것이 되며, 수(水)를 고화(固化)시켜 유동(流動)

하지 못하게 한다.

<table>
<tr><td>壬 癸 甲 丁
子 丑 辰 巳</td><td>**건조**

壬寅運 丙子年에 뇌옥을 범함. 3년 판결 받음 −건상비술</td></tr>
</table>

<table>
<tr><td>庚 丁 癸 甲
子 丑 酉 寅</td><td>**건조**

이 명조는 丁火일간이 丑土 위에 앉았는데, 丑土는 재고
(財庫)가 된다. 그런데 원국에서 丑土가 열리지 않았으
며, 다시 子水에 합을 당하여 丑土가 닫혔다. 丑土는 습
토(濕土)로서 비록 子水를 극(克)하지는 못하나 능히 子
水를 합반(合絆)하 므로 본래는 길(吉)로 논한다.</td></tr>
</table>

자(子)와 묘(卯)는 파(破)가 된다. 자묘(子卯)가 파(破)하는 것은 자(子)
에 대한 상해(傷害)가 엄중하다. 만일 자(子)를 타이어로 표시하면 묘
파(卯破)는 곧 타이어가 펑크 나거나 흉포하게 달리는 것인데, 자(子)
의 원(圓)이나 포만(飽滿)한 성질이 다시 존재하지 못하게 된다. 자수
(子水)는 본래 부드럽게 흘러가는 것인데, 파(破)가 되면 수(水)가 흘러
가지 못하게 되거나 흐름이 끊어지는 것이다.

<table>
<tr><td>癸 壬 癸 壬
卯 子 卯 寅</td><td>**건조**

신장방면에 질병, 丁未運에 신장질병 발생　−건상비술</td></tr>
</table>

자(子)와 진(辰)은 공합(拱合)인데, 자진(子辰)이 합하면 정제[提純]하
는 뜻이다. 왜냐하면 진(辰)은 진흙인데, 수(水)와 진흙이 혼합한 물

(物)이고 자수(子水)는 맑고 깨끗하여, 진(辰)이 자(子)로 화(化)하면 곧 제순(提純 : 정제)이 된다. 수성(水性)인 화공(化工) 생산품으로 제약(製藥)이 바로 자진(子辰)이 서로 합(合)한 상(象)이다.

丙 戊 戊 壬 辰 子 申 寅	**곤조**
	이 명조는 원국에서 寅申沖하여, 申金 식신이 寅木 살성을 충제(沖制)하는데, 이는 재물을 얻는 것을 표시한다. 본래 충(沖)은 왕래교환의 의미로 무역의 상(象)이 있다. 甲辰 대운으로 가는 것을 기뻐하는데, 이 대운에서 명주는 외국무역을 하여 억대의 자산을 벌었다. 水局이 빈위의 살을 생하니 살통재이고, 인신충하니 주공이 비교적 크다.

자(子)와 오(午)의 충(沖)은 교환(交換)이 되며, 수화(水火)가 기제(旣濟)하는 상(象)이다. 자오(子午)는 또 황문(皇門)[122]이 된다. 왜냐하면 황궁(皇宮)은 정 자오선(子午線)에 좌(坐)하고 있고, 일반 백성의 집은 일반적으로 정계선(丁癸線)으로 좌하기 때문이다. 양극(兩極)을 점한 충(沖)은 음양(陰陽)의 기(氣)가 화(化)하여 음양이 중화(中和)한다.

甲 丙 丙 癸 午 午 辰 卯	**건조**
	이 사람은 실내인테리어 사업으로 돈을 벌었다. 시간의 甲木, 丙火와 午火를 보아 아름다움에 뜻이 있고, 가구를 만드는 것을 나타내니 인테리어의 표시가 가능하게 된다. 壬子 대운과 辛亥 대운으로 행하니, 辰土로부터 인출된 水와 午火가 서로 충(沖), 합(合)하여 발재하였다.

---

122) 황실을 의미. 현대는 청와대를 의미한다고 보면 됨.

자미천(子未穿)은 주판으로 계산하는 상(象)을 취한다. 자(子)는 구슬이고 천(穿)은 상하(上下)로 손을 움직이는 것이다. 자미천(子未穿)은 또한 차(車)사고도 된다. 즉 자(子)는 차가 되고 미(未)의 천(穿)은 차가 뒤집어지는 상(象)이다. 자미천(子未穿)에서 부서지는 것은 자(子)이고 미(未)는 아니다. 그런 까닭에 미(未)가 체(體)를 점하고 용(用)인 자(子)를 천(穿)하는 것이 좋으며, 반대이면 곧 부서진다.

丁 壬 丁 丁 未 子 未 丑	**곤조** 선천성 심장병 子가 穿을 당하고 丁이 壬을 공격함.

丁 壬 戊 戊 未 子 午 午	**곤조** 빈천, 나쁜 팔자. 2살에 모친死, 父재혼, 이혼

乙 丙 甲 戊 未 子 子 申	**곤조** 子는 남편으로, 甲子는 같은 象으로 甲은 남편의 머리이다. 甲이 未를 본 것은 甲木의 근이다. 甲乙은 연체로 통근이다. 단 未가 子를 천하니 반국이다. 남편의 신체와 머리가 분리되는 상이니, 사망이다.

자신(子申)의 합은 생공(生拱)이다. 자(子)의 세력을 가강(加强)하여 자수(子水)가 근원을 얻으므로 돌진하는 세력이 있다.

戊 丁 戊 庚 申 未 子 申	**건조** 조업풍부, 출신가정 부자. 己丑대운 경제 문제로 부친 감옥

자해(子亥)는 비(比)이며 모두 수(水)이다. 자수(子水)는 주로 동(動)이고 해수(亥水)는 주로 정(靜)이다. 그런 까닭에 자수(子水)는 묘(卯)를 보면 생하지 못하고 오히려 부순다. 해수(亥水)는 목(木)을 생하는 것이 쉬운데 본래 목(木)의 뿌리를 머금고 있다.

하늘에서 첫 번째로 생겨난 것이 수(水)이다. 그 수(水)가 자(子)로써 바로 천지의 시작이다. 자수(子水)는 본래 영동(靈動)하고 또 전일(專一)하다. 영활(靈活)한 것과 전주(專注)를 모은 일체(一體)로 만물의 시작이다. 고로 자(子)를 얻어 귀(貴)하게 된 사람은 능히 일방(一方)을 다스려 통치하고, 자(子)를 얻어 부자가 된 사람은 반드시 재지(才智)가 함께 온전하다. 하늘은 일(一)을 얻어 편안하며, 땅은 일(一)을 얻어 맑으며, 인명(人命)이 그것을 겸하여 쓰면 순정(純正)한 기(氣)가 된다. 공자(孔子)는 경자일(庚子日)에 태어났고, 소자(邵子)[123]도 또한 갑자일(甲子日)에 태어났으니 이것으로 증명이 된다.

---

123) 중국 북송(北宋)의 학자로 소강절로 부르기도 한다. 도가(道家)에서 '도서선천상수학(圖書先天象數學)'을 배우고, '상수(象數)'를 원리로 하는 관념론적 철학을 수립하였다.
'역(易)'의 '태극(太極)-양의(兩儀)-사상(四象)-팔괘(八卦)'의 도식을 만물이 만들어지기까지의 우주생성의 과정이라 보고, 팔괘(八卦)가 교차하여 만물이 만들어진다고 생각하였다.
이 확신으로부터 천하 일체의 현상을 천지(天地)의 8상(八象)으로 귀착시켰다. 이것이 그의 '상학(象學)'이다.
[네이버지식백과] 소옹 [邵雍] (철학사전, 2009., 중원문화)

제38절

십이지지의 축
(十二地支) (丑)

본 절에서는 십이지지(十二地支) 중 축(丑)에 대해 살펴보겠다. 축(丑)은 음습(陰濕)한 토(土)로, 하늘에서는 흙비[霾]가 되고, 땅에서는 동토(凍土)[124] 이며 물(物)에서는 금석(金石)[125]이 된다. 월(月)로 보면 음력으로 섣달이다. 바로 하늘 날씨가 가장 한랭(寒冷)한 시절이다.

축(丑)이란 글자를 만들 때 그것의 특징을 체현하였는데, 토(土)라는 글자 위에 측면을 쌓은 집의 상(象)이다. 축(丑)은 토(土)이고 또 창고를 설명한다.

축(丑)은 음(陰)중의 음(陰)이다. 이것은 무엇을 말하는가? 먼저 12지(支)를 나누면 목화(木火)는 양(陽)이 되고, 금수(金水)는 음(陰)이 된다. 또 양위(陽位)를 점하는 것은 자(子), 인(寅), 진(辰), 오(午), 신(申),

---

124) 언 땅. 차가운 토
125) 금속과 옥석, 견고한 것. 단단한 것

술(戌)로 양(陽)이 되고, 음위(陰位)를 점하는 것은 축(丑), 해(亥), 유(酉), 미(未), 사(巳), 묘(卯)로 음(陰)이 된다. 그런 연후에 다시 지지(地支)에 장간(藏干)한 음양을 보아야 한다.

십이지지(十二地支) 중에 유(酉)는 음(陰)중의 음(陰)인데, 왜냐하면 유(酉)는 금수(金水)의 한 쪽에 있고, 또 음위(陰位)를 점유하고 있으며, 또 음간(陰干)을 장(藏)하고 있기 때문이다. 이 축(丑)도 바로 음(陰)중의 음(陰)으로 축(丑)은 유(酉)에 비해서 더 음(陰)의 지방이고, 그것이 있는 곳은 더 한(寒)하며 1년(一年)의 끝자리를 점하고 있으므로 바로 음극(陰極)의 뜻이다.

음(陰)중의 음(陰)으로 그 상의(象意)을 인출(引出)해 보겠다.

1. 흑암(黑暗)이나 은장(隱藏)의 뜻이 된다.

예를 들면 감옥, 암흑사회(黑社會), 지하실, 하수도, 변소, 갱도[鑛井], 음모(陰謀), 무덤 등이다. 여기에서 다시 하나의 직업을 유추해 낼 수가 있는데, 흑사회와 대립하는 경찰이다. 양위(陽位)를 점유하여 음축(陰丑)을 제압하는 것이 바로 경찰의 뜻이다.

2. 금(金)의 고(庫)가 되는데, 은행이나 군영(軍營)으로 표시할 수 있다.

은행의 본신(本身)은 바로 전고(錢庫)이고, 군영(軍營)은 바로 무고(武庫)이다. 임한 십신(十神)의 다름을 근거하여 상(象)을 취한다.

3. 축(丑)은 장(臟)이나 혹은 오점(汚點)을 대표한다.

그리고 사람이 보이지 않는 장소이다. 청소부나 세탁공이 축자(丑字)와 관련이 있을 가능성이 있다. 축(丑)과 기(己)는 관련성이 아주 강한데 일부 상의(象意)는 매우 비슷하다. 축(丑)은 인체에서 생식기를 대표한다. 이것은 바로 축(丑)이 은폐(隱蔽)의 뜻이기 때문이며, 또 음(陰)중의 음(陰)이니 특별히 여성을 가리킨다. 그런 까닭에 어떤 특수한 직업여성은 축(丑)과 관련이 있을 것이다. 오늘날 축자(丑字)는 추악하다는 뜻이 있다. 번체(繁體)로 축(丑)을 알코올중독이란 뜻으로 보는 것은 문제가 있다.

4. 축(丑)은 현학(玄學)과 관련이 있다.

축(丑)은 음(陰)중의 음이며, 상(象)은 블랙홀과 같다. 인류는 미지(未知)의 것과 이해하기 어려운 것, 그리고 신비한 학문에 대하여 모두 천연적인 호기심이 충만하며 근원을 분석하려 시도한다. 현학(玄學)과 역학(易學)은 모두 축(丑)으로 표시한다.

아래에서는 축(丑)과 십이지(十二支) 중에 관련성이 있는 지지(地支)와의 관계에 대하여 살펴보고자 한다.

축(丑)과 자(子)에서 축(丑)은 자(子)에게 합을 당하여 그 고(庫)가 닫히며, 축(丑)의 음한(陰寒)의 성질이 더욱 강해진다. 축은 본래 한습(寒濕)한데 자수(子水)의 기(氣)가 더해져 가중(加重)되면 고화(固化)하여 소멸시키기가 어렵다. 명주(命主)에 출현하면 신체(身體)에 대하여는 불리하다.

己 癸 戊 乙	**건조**
未 丑 子 未	부모조기사망, 아래 형제사망, 본인도 가난함, 病이 多, 무혼.

축(丑)과 인(寅)은 음양의 합(合)이다. 인축(寅丑)은 본래 암합(暗合)으로 일음(一陰)의 극(極)과 일양(一陽)의 극(極)이 음양(陰陽)으로 상합(相合)하여 중화(中和)한 성(性)을 나타낸다. 고로 인축(寅丑)이 합한 것을 보면 대부분 길(吉)하다. 예를 들면 공안(公安)의 조합이 되거나, 이런 조합의 사람은 역학(易學)을 하는데 성취가 아주 높다.

戊 乙 壬 丁	**건조**
寅 丑 子 未	양포음국(阳包阴局)으로 子未穿한다. 財가 印을 制하고 印이 合하여 관살庫에 도달하니 주로 권력이다. 고로 검찰, 경찰 등의 간부이다.

戊 己 甲 癸	**건조**
辰 丑 寅 丑	2개의 丑이 寅을 포위하여, 음이 양을 포위하고 己土가 입묘한다. 亥運에 亥가 寅木과 合하니 양이 괴되어 감옥감.

축(丑)과 진(辰)은 축(丑)이 진묘(辰墓)로 들어가므로 방대(放大)한 뜻이다. 축(丑)이 묘(墓)로 들어가면 한 방면은 묘(墓)가 고(庫)로 들어가는 것이니 폐물(廢物)을 다시 이용하는 것이고, 다른 한 방면으로는 소(小)가 대(大)로 변하는 것이다. 그러므로 용(龍)을 얻어 화(化)하니 탈변(脫變)하여 중생(重生)하는 것이다.

丙 己 丙 癸 寅 丑 辰 卯	**곤조** 丑은 陰中의 陰이고, 寅은 陽中의 陽이다. 2개의 丙이 寅을 차고서 辰丑을 包제하니, 정의(正義)가 사악(邪惡)을 이긴다. 즉 공개(公开)가 은폐(隐蔽)를 이기니 여자 공안(公安)이다.

甲 丁 己 丁 辰 丑 酉 未	**곤조** 甲이 丁을 生하고, 丁이 己를 生하니, 己가 丁未와 연(連)되었다. 식신 未가 좌지의 재고를 충개(沖開)한다. 식신이 주공이고, 未는 주로 음식이다. 그래서 주점(酒店)을 열었다.

축(丑)이 사(巳)를 보면 공합(拱合)이 된다. 사화(巳火)가 해소(解消)하여 성(性)이 변하고, 축(丑)은 그 성(性)이 공고(巩固)해진다. 축(丑)의 견빙(堅氷)을 녹여내지 못하고, 오히려 그 화(火)가 소진되니 베풀어도 공용(功用)이 없다.

壬 癸 辛 庚 子 丑 巳 戌	**건조** 甲申運 丙子유년에 절도죄로 구속됨.

축(丑)이 오(午)를 보면 천(穿)이라 한다. 축(丑)은 손(損)이 없고, 단지 오(午)가 천(穿)을 당하여 동(動)한다. 오(午)는 오히려 욕(辱)을 받는다.

丁이 甲午.丙午를 본 것은 연체이고, 酉를 본 것은 사지이다. 그래서 丁酉대운은 사망의 상이다. 丁丑년에 申酉가 丑에 입묘하니 차량의 상이 구성된다, 록을 천하니 사망이다.

축(丑)이 미(未)를 보면 충(沖)이라 한다. 축고(丑庫)는 미(未)를 보아 열리고, 축(丑)은 그 용(用)을 다하는 것이 기쁨이 된다. 축(丑)의 음습(陰濕)이 미(未)의 파(破)를 당하면 곧바로 녹는다.

| 己 癸 丙 丁 | **건조** |
| 未 丑 午 未 | 辛丑대운 辛卯년 丁酉월 丙子일 폐암으로 사망 |

축(丑)과 신(申)이 서로 보면 신(申)은 축묘(丑墓)로 들어간다. 신(申)은 축(丑)을 대표하고 축(丑)은 신(申)을 대표한다. 가히 일가(一家)가 된다.

| 戊 癸 庚 癸 | **건조** |
| 午 丑 申 巳 | 아버지 1명에 엄마가 4명이다. 庚申은 자기의 친모이다. |

축(丑)이 유(酉)를 보면 공국(拱局)이 된다. 하나의 유축(酉丑)을 보면 생(生)하면서 공(拱)하고, 유(酉)를 많이 보면 축(丑)에 묘(墓)한다.

축(丑)은 또한 유(酉)를 대표하며, 유(酉)도 또한 축(丑)을 대표하므로 일가(一家)가 된다.

庚 丁 癸 甲 子 丑 酉 寅	**건조**
	癸酉는 관이 재를 차고 있어 직장이다. 酉.丑은 일가(一家)이다. 그래서 관련성을 가져 직장에 근무한다.

축(丑)이 술(戌)을 보면 상형(相刑)이다. 축(丑)은 술(戌)의 형(刑)을 보면 묘(墓)중의 물(物)이 유용(有用)하다. 그러나 동시에 형괴(刑壞)를 당하는 상(象)이다. 이것은 형(刑)을 말하였을 때 논술하였다.

壬 癸 辛 壬 戌 丑 亥 寅	**곤조**
	재정부문의 처급간부이나 상관이 지지에 있어 집행관은 아님. 癸일은 壬戌시를 기뻐한다.

축(丑)은 우(牛)로 상(象)하는데, 축(丑)이 소와 어떤 점에서 비슷한가? 소의 고기는 한성(寒性)이 없어 오히려 비장을 보(補)한다. 헤아려보건대, 소는 이빨이 없기 때문에 잇몸[肉]으로 씹는 것을 대신하니, 축(丑)은 육(肉)이 되고, 금(金)의 묘(墓)는 이빨이 없는 상(象)이다.

제39절

십이지지의 인
(十二地支) (寅)

본절에서는 십이지지(十二地支)의 인(寅)에 대하여 살펴보겠다. 인(寅)은 생발(生發)하는 목(木)으로 하늘에서는 바람이 되고, 땅에서는 수목(樹木)이 되며, 물(物)에 있어서는 문루(門樓)[126]가 되고, 월(月)에 있어서는 1년이 시작하는 정월(正月)이며, 시(時)에 있어서는 새벽 3~5시이다.

인(寅)은 양(陽)중의 양(陽)으로 십이지 중에서 가장 양(陽)한 지(支)이다. 축(丑)은 3음(陰)을 점유하고, 인(寅)은 3양(陽)을 점유한다. 그 첫째는 목화(木火)는 양(陽)이 되니 양(陽)을 점(占)하고, 둘째는 음양의 위치에서 양위(陽位)를 점하며, 셋째는 인(寅) 중에 감추어진 것이 전부 양(陽)이다. 고로 양(陽)중의 양(陽)이 된다.

인목(寅木)의 기(氣)는 실체가 견고하며 기상(氣象)이 장엄하다. 인

---

126) 궁문, 성문(城門), 지방(地方) 관아(官衙) 따위의 바깥문 위에 지은 다락집

(寅)은 만물이 처음 생하는데 양기(陽氣)를 가득 지닌 것과 같다. 상(象)은 다음과 같다.

첫째는 학당(學堂)이 된다.

인(寅)은 화(火)의 장생(長生)이고, 문명(文明)의 상(象)이며, 문화의 근원이다. 그런 까닭에 선생 직업이 인(寅)과 관련이 있다 하였으며, 다시 이것으로 학력의 고저(高低)를 판단한다 하였다. 그러나 선생이 거나 학력이 높다 해서 다 인(寅)으로 보는 것이 아니다.

둘째는 공문(公門)이 된다.

인(寅)에는 폭력의 뜻과 생조(生助)하는 뜻이 있다. 공문(公門)에 이러한 두 가지 뜻을 갖추었는지 아닌지를 본다. 즉 국가는 폭력과 통제를 현시(顯示)해야 하고, 동시에 사회를 구조(救助)해야 한다. 인(寅)이 공문(公門)일 때 다른 한 가지 뜻은 바로 조직(組織)이라는 것인데, 목(木)의 상(象)은 생발(生發)하는 능력이며 조직의 계통이다.

셋째는 고당(高堂)[127]이 된다.

고당(高堂)은 부유하고 화려한 당황(堂皇)[128]을 가리킨다. 인(寅)에 삼수(三水)를 더하면 연(演)이 되는데, 연희(演戲)[129]는 아름다운 무대가 필요하다. 여기서 인신(引伸)하면, 높이 지은 누각, 다락집, 회의

---

127) 높다랗게 지은집. 높은 대청
128) 기세가 웅장한 건물을 뜻함
129) 연기, 상연, 공연 등을 나타냄

장소, 호텔이나 술집이 된다.

동방은 청룡(靑龍)인데 고귀한 상(象)이다. 인(寅)에다 화(火)를 더하면 주로 아름다움인데, 합(合)하면 이러한 상(象)이 된다. 만일 당신의 좌하(坐下)에 인(寅)이 있다면 실내 장식하는데 반드시 신경을 써서 정할 것이다.

넷째로 인(寅)은 창탄(槍彈)이나 폭력이다.

인(寅)이 사(巳)를 천(穿)하면 폭력적인 면을 나타낸다. 차가 너무 빨리 달려서 난 사고의 경우는 인사(寅巳)의 천(穿)일 가능성이 있다. 이것은 인(寅)이 화(火)를 끼고 있기 때문인데, 화성(火性)을 가진 물건은 주로 빠르고 또한 힘이 있다.

인체(人體) 중에서 인(寅)은 머리를 표시하고 또한 눈으로도 표시한다. 오장(五臟) 중 심장과 간담(肝膽)을 인(寅)으로 볼 수 있다. 오사(五邪)중에 풍사(風邪)는 인(寅)이 되고, 간(肝)은 주로 풍기(風氣)이며, 중풍(中風)이나 심근경색, 그리고 뇌근경색을 인발하는 것이 곧 머리이다. 간(肝)은 또 눈에서 개규(開竅)[130]한다. 그런 까닭에 간지(干支)의 입장에서 말하면 이것들은 모두 서로 통한다. 중의(中醫)의 기본이론은 여기에서 근원한 것이다.

---

130) 구멍을 연다는 뜻으로 눈은 간과 연결되어 있어 눈에서 간기(肝氣)가 소통 됨

아래에서 인(寅)과 십이지지(十二地支) 중에서 관련성이 있는 지지(地支)와의 관계에 대하여 살펴보겠다.

인(寅)이 묘(卯)를 보면 묘(卯)에는 쟁탈(爭奪)하는 뜻이 있으며, 인묘(寅卯)는 두 가지 다른 종류의 목(木)이다. 인(寅)이 묘(卯)를 보는 대운(大運)은 인(寅)이 왕지(旺地)로 달리는 것을 가리킨다.

甲 壬 丁 甲 辰 寅 卯 戌	**건조** 년주에서 甲木이 재고 戌土를 차고 있어 부유한 집안의 출생이고, 총명하고 지혜가 있고, 학업에 정진함.

辛 甲 乙 癸 未 寅 卯 酉	**곤조** 丁巳대운에 차량사고로 불구가 된 명조이다. 酉는 차의 상으로, 巳酉가 공하고 巳와 천하니 차가 과속하여 자기가 부상당함이 명백히 일어난다.

인(寅)이 사(巳)를 보면 상천(相穿)이 된다. 인(寅)이 강(强)하면 사(巳)가 부서지고 사(巳)가 강(强)하면 인(寅)이 부서진다. 상호 굴복하는 기(氣)가 아니며 폭력으로 쟁투(爭鬪)하며 너 죽고 나 살자 한다. 인사천(寅巳穿)은 체(體)가 되면 안 되며, 체(體)를 천(穿)하면 신체가 부서진다.

丁 戊 丙 己 巳 午 寅 巳	**건조** 丙은 록이 투한 것이고, 丙이 寅에 앉은 것은 하나의 상이다. 寅巳穿은 신체반국이니, 필히 사망한다. 戊寅年이 응기이다.

인(寅)이 오(午)를 보면 인오(寅午)의 화국(火局)으로 공(拱)하는데, 인(寅)이 불타버리는 뜻이다. 목(木)이 화(火)가 불타는 것을 보면 화(火)는 왕(旺)해지며 인목(寅木)은 변하여 재(灰)가 되니, 이것을 탈기(脫氣)라고 하는데 일종의 전화(轉化)이다. 인(寅)은 형질(形質)인데, 화(火)로 변하면 기(氣)가 되니, 형(形)이 기(氣)로 화(化)하는 뜻이다.

戊 壬 丙 丁	**건조**
申 寅 午 未	壬寅대운 丁丑년 庚戌월 乙未일에 돌발적인 차량사고로 20일 혼수상태였다가 辛亥월 戊午일 사망

인(寅)이 미(未)를 보면 입묘(入墓)한다. 인(寅)이 미(未)로 돌아가 일가(一家)가 된다. 그러나 입묘(入墓)하면 쉽게 변괴(變壞)하여 자유를 잃어버리게 된다. 인(寅)은 능히 미(未)를 대표하고, 미(未)도 또한 인(寅)을 대표한다.

丁 壬 丁 丁	**곤조**
未 寅 未 酉	인생의 굴곡이 심하다. 3번 결혼, 큰돈을 번 후 파재함.

인(寅)이 신(申)을 보면 상충(相沖)이 된다. 인신(寅申)은 수방(收放)하는 충(沖)이다. 인(寅)은 주로 방(放)하고 신(申)은 주로 수(收)한다. 수방(收放)하는 조합이 가능한 것은 바로 은행(銀行)이며 또한 대형(大型) 무역도 가능하다. 인(寅)이 신(申)의 충(沖)을 당하면 상(傷)함을 받으므로 인(寅)은 체(體)가 되면 안 된다.

| 乙 壬 甲 乙 | **건조** |
| 巳 寅 申 未 | 복이 없고 단명팔자. 체의 성향을 나타내는 寅木이 괴됨. |

　인(寅)이 술(戌)을 보면 공국(拱局)이며, 인술(寅戌)로 화국(火局)을 공(拱)하므로 인(寅)은 술토(戌土)를 극(克)하지 못하며 일종의 서로 조응(照應)하는 관계가 있다. 인술(寅戌) 간의 점합성은 강하지 않고 약간의 관련성이 있을 뿐이다.

庚 壬 壬 癸	**곤조**
戌 寅 戌 巳	전형적인 심장병 환자
	천간에 丙.丁火가 투출되는 것을 두려워함.

　인(寅)이 해(亥)를 보면 상합(相合)이 된다. 인해(寅亥)의 합(合)은 해수(亥水)가 인(寅) 중의 양(陽)을 꺼버리는데 이것을 풍습병(風濕病)[131]이라 한다. 인(寅)은 주로 풍(風)이며, 해(亥)는 습(濕)으로 습성(濕性)이 점니(粘膩)[132]하여 한 번 합하면 인체의 중요한 부위로 침입한다. 인(寅)이 만일 체(體)가 된다면 뇌출혈의 상(象)이다.

---

131) 풍습으로 인해 생기는 병증을 아울러 이르는 말. 풍(風)·한(寒)·습사(濕邪)를 감수함으로 인해 신통(身痛) 혹은 신중(身重) 혹은 관절동통 굴신불리(關節疼痛 屈伸不利) 등의 주증이 나타나는 질병
132) 기름처럼 붙다.

辛 壬 癸 壬	**곤조**
亥 寅 丑 子	寅亥합하니 간(肝)이 답답하여 氣가 막힌다. 寅은 머리이
	니, 머리가 어지럽고 불면증에 걸렸고, 머리에 여드름이
	났다. 亥는 血이니 월경이 불순하다. 酉運으로 행할 때
	病이 많았는데 갈수록 심하였다.

인(寅)이 축(丑)을 보면 암합(暗合)이 되며 양(陽)이 음(陰)을 얻은 것이다. 축(丑)은 음(陰)인데 양(陽)을 얻으면 기뻐하며, 비천한 것이 고귀한 것과 합한 것이다. 인(寅)은 본래 양성(陽性)인데 합(合)하여 제(制)하면 오히려 그 능력이 나타난다. 인축(寅丑)의 합은 인(寅)이 축(丑)을 제(制)하는 것으로 용(用)을 삼는다.

辛 壬 癸 壬	**곤조**
亥 寅 丑 戌	빈한한 출신, 부모 조기사망, 혼인불행, 중년에 남편사망

丁 丙 丁 甲	**건조**
亥 寅 丑 辰	지지의 辰丑亥가 합한 象은 감옥의 상이다. 亥는 辰을 대
	표하고 寅과 합하여 양을 멸한다. 유일한 甲木이 투간하여
	길이지만, 庚辰운에 癸酉년에 흉을 피하지 못하여 감옥감.

인(寅)은 호상(虎象)인데, 호호(虎虎)는 바람을 생한다. 호골(虎骨)은 능히 골(骨)로 들어가 바람을 제거하는데 이것은 동기(同氣)가 서로 구하는 것이다. 호(虎)는 산(山)에서 왕인데, 인(寅)은 간위(艮位)에 있

어 주로 산(山)이고, 축(丑)은 산에 있는 돌이니, 인(寅)은 산(山)의 세력이 된다. 인(寅)의 명기(命氣)를 얻으면 기세(氣勢)가 충분하고, 인(寅)은 주로 동(動)하고 바람을 내며, 강력하여 생기가 넘쳐 위엄을 드러낸다.

인(寅)은 청룡(靑龍)이며 귀함이고 또한 머리이며 모든 양(陽)이 모이는 곳이다. 양(陽)의 기가 일신(一身)에 모이면 사공권(司公權)의 명(命)이며, 은위(恩威)를 함께 쓰고 그 세력이 창현(彰顯)한다. 세(歲)의 시초가 되고 생기(生機)가 발발(勃發)하며 개척(開拓)함이 있는 상(象)이다.

제40절

십이지지의 묘
(十二地支)　　　　(卯)

본 절에서는 십이지지(十二地支) 중 묘(卯)에 대하여 살펴보겠다. 묘(卯)는 하늘에서는 뇌(雷)가 되고, 땅에서는 벼가 되며, 물(物)에 있어서는 등나무(藤)가 된다. 월(月)에 있어서는 1년 중 2월(月)이 되며, 시(時)에 있어서는 새벽 5~7시가 된다.

인(寅)은 종자가 생장하여 팽창하는 상태이고, 묘(卯)는 종자(種子)가 발아(發芽)하는 상태인데 종자가 땅을 뚫고 나오는 상태이다.

인(寅)에는 은위(恩威)라는 두 가지 상반되는 성질이 있고, 묘(卯)에도 또한 두 가지 상반되는 성질이 있다. 묘(卯)의 상반되는 성질은 전(專)과 유(柔)이다. 그런 까닭에 묘목(卯木)이 살았으면 버드나무가 되고, 죽었으면 리벳(Rivet)[133]이 된다. 버드나무는 유미(柔美)하고 리벳은 전강(專强)하다.

---

133) 강철판·형강등의 금속재료를 영구적으로 결합하는 데 사용되는 막대 모양의 기계요소. 체결용 부품의 일종. 환봉(丸棒)에 머리가 달린 것. 철판이나 강재 등을 겹쳐서 뚫은 구멍에 리벳을 꽂고 끝을 압착하여 체결한다. [네이버사전]

묘(卯)에는 세 가지 유상(類象)이 있다.

첫째는 만곡(彎曲)의 유상(柔象)이다.
예를 들면 초목, 화목(花木), 밧줄, 방직물, 사선(絲線) 등이다.

둘째는 강(剛)한 전상(專象)이 된다.
예를 들면 무기(武器), 힘줄, 못, 전연(專研), 전주력(專注力) 등이다.

셋째는 만곡(彎曲)의 상(象)에서 파생된 상(象)으로, 곧 현대의 전파와 미디어이다.
당연히 인터넷 망도 이 상(象)에 속한다. 묘목(卯木)의 유성(柔性)으로 인해 묘목(卯木)의 여자는 몸매에 곡선미가 좋다.

전주(專注)와 산만(散漫)은 상대적이다. 인신사해(寅申巳亥) 4장생(長生)은 주로 산(散)하는 것이고, 자오묘유(子午卯酉) 4제왕(帝王)은 주로 전(專)한다. 이 4제왕(帝王) 중에 묘(卯)가 더욱 기본이 된다. 묘(卯)는 형(形)을 점하고 있어 자오(子午)가 기(氣)를 전(專)하는 것과 비교된다. 형(形)중에 있으면서 또 양(陽)을 점하고 있으니, 그런 까닭에 유(酉)에 비해서 다시 전(專)하다.

사람의 발명과 창조하는 능력은 4장생(長生)에 있고, 4제왕(帝王)은 사람의 장인(匠人)정신을 표시한다.

아래에서 묘(卯)와 십이지지(十二地支) 중에서 관련성이 있는 지지(地支)와의 관계에 대하여 살펴보겠다.

묘(卯)와 진(辰)은 상천(相穿)인데, 묘(卯)가 진(辰)을 보면 묘(卯)는 반드시 그 전성(專性)[134]이 나타난다. 왜냐하면 전일(專一)해야만 비로소 천(穿)할 수 있기 때문이다. 진(辰)은 제방이고 묘(卯)는 제방을 견고하게 하는 말뚝이다. 말뚝을 제방 속에 박아 제방을 다시 굳게 한다. 고로 묘진천(卯辰穿)은 진(辰)에게는 이롭고 묘(卯)에게는 불리하다. 묘(卯)가 손(損)해야 진(辰)은 성취하는 것이다.

壬辛乙戊 辰卯丑申	곤조
	卯申合이 卯를 制한다. 申이 丑墓를 得하니 하나의 대기구로 財를 차고 있는 기구이다. 즉 은행의 관원이다. 卯를 制한 것이 간정(干淨)하다. 적포구조를 형성하였다.

묘(卯)가 사(巳)를 보면 그 상(象)이 책이나 문장이 된다. 묘(卯)는 필(筆)이고 사(巳)는 문장이나 서화(書畫)가 된다.

乙癸癸辛 卯卯巳丑	건조
	탄광업으로 발재한 집안으로 돈이 풍족하고 복을 누리는 명

---

134) 한 가지에 몰입하는 성질을 나타냄

묘(卯)가 오(午)를 보면 파(破)가 된다. 묘오파(卯午破)는 묘(卯)도 상(傷)하고 오(午)도 상(傷)하는데, 예를 들면 오(午)는 심장이 되고 묘(卯)는 혈관이 되며 다시 인(寅)인 머리와 연관되면 반드시 심뇌혈관이 파열되는 중재(重災)가 된다. 묘오파(卯午破)는 또한 상(象)으로 의복의 재단(裁斷)이 되는데, 묘(卯)는 포(布)로써 파(破)하여 자르는 것이다.

甲 乙 甲 丙 申 卯 午 申	**건조** 이조의 乙木은 록인 卯에 앉아 있다. 卯申暗合으로 년시상의 정관이 合하여 일주에 도달한다. 년상의 申金은 丙午火에 위제(圍制)당하니 상관이 관을 制하는 功이다. 피제된 관성이 合하여 주위에 도달한다. 그래서 官을 하는 命이다.
戊 癸 戊 癸 午 卯 午 巳	**곤조** 甲午운에 심뇌혈관(心惱血管)건강에 주의요망

묘(卯)가 미(未)를 보는 것은 반합국(半合局)이 된다. 묘(卯)가 미(未)를 보면 건축이나 철근, 시멘트의 상(象)을 취한다.

甲 癸 辛 甲 寅 卯 未 子	**건조** 건축자재인 철사로 망을 씌운 창문 사업을 함.

묘(卯)가 신(申)을 보면 암합(暗合)이 되는데, 묘신(卯申)의 합은 수방(收放)[135]이 되니 상(象)을 취하면 은행이 된다.

庚 癸 乙 庚 申 卯 酉 辰	건조
	민국 시절에 중앙은행장을 지낸 공양희의 명조이다.

묘(卯)가 유(酉)를 보면 상충(相沖)인데, 상충은 본래 호환(互換)하여 왕래하는 것으로, 묘(卯)는 주로 방(放)하고 유(酉)는 주로 거두니 상(象)을 취하면 은행이 수방(收放)하는 것과 같다. 묘유(卯酉) 충(沖)은 반드시 묘(卯)가 상(傷)함을 입는다. 예를 들면 묘(卯)가 록(祿)인데 유충(酉沖)이나 혹은 신합(申合)을 만날 경우 생조(生助)하는 것이 없으면 쉽게 지체(肢體)나 근골(筋骨)의 병이 생기게 된다.

辛 癸 戊 癸 酉 卯 午 卯	건조
	癸水가 辛金을 보아 기쁘다. 卯木 식신을 制하는 국으로 형성되었다. 卯旺은 金克을 두려워하지 않는다 그래서 妻를 克하지 않는다. 戊癸合은 주로 관직이 있다. 辛酉는 주로 사법이다. 실제 공안의 관이다.

묘(卯)가 술(戌)을 보면 합(合)인데, 묘술합(卯戌合)의 상(象)을 취하면 토목(土木)의 조합이니 건축이나 부동산의 상(象)이 된다. 묘(卯)를 얻거나 술(戌)을 공제(控制)하는 뜻이 된다.

---

135) 빌려주고 거두어 들인다는 뜻으로, 봄에 키워서 가을에 수확하는 의미이다.

己 乙 己 庚	**건조**
卯 卯 卯 戌	卯가 戌과 합하고, 庚이 戌을 차고서 乙과 합한다. 庚戌을 공제(控制)한다. 財가 官을 차고 있으니 財가 크다. 일주는 사기업의 큰 사장이다. 3개의 卯가 戌과 합하니 3개의 기업을 관리한다.

辛 癸 丙 庚	**곤조**
酉 卯 戌 寅	전도양양한 사주, 壬午.辛대운 스스로 집안을 일으킴. 크게 발전할 명

묘(卯)가 해(亥)를 보면 장생(長生)과 서로 공합(拱合)하는 것인데, 이것은 묘목(卯木)을 생왕(生旺)하게 하며 또한 묘(卯)는 활목(活木)이 된다.

己 乙 癸 癸	**곤조**
未 亥 卯 丑	지혜가 있고 일처리가 뛰어남. 기업의 영업부 근무

묘(卯)가 자(子)를 보면 파(破)인데, 자(子)는 묘(卯)를 생하지 않고 오히려 묘(卯)가 자(子)의 파(破)를 당하며, 친한 것을 생하지 않고 오히려 원수가 된다. 묘(卯)가 자(子)의 파(破)를 당하면 목(木)이 썩어 문드러진다.

壬 癸 壬 壬	**건조**
子 卯 子 辰	복도 없고 수명도 짧다. 대홍수로 물에 떠내려감.

묘(卯)가 인(寅)을 보면 겁재(劫財)이다. 인묘(寅卯)가 지(地)에서 서로 이어져 있으면 전산(專散)이 한결같지 않고 묘(卯)가 인(寅)의 편의(便宜)를 점하게 된다. 인(寅)은 크고 묘(卯)는 작은데, 묘(卯)가 능히 인(寅)에게 붙는다.

甲 癸 辛 丙 寅 卯 丑 申	**건조** 군대에서 부귀가 있다. 좋은 사주

丙 癸 壬 壬 辰 卯 寅 寅	**건조** 선천적 맹인, 丙癸는 눈을 나타냄

묘목(卯木)은 인체 중에서는 간담(肝膽)과 사지(四肢)가 된다. 묘(卯)에는 만곡(彎曲)의 상(象)이 있기 때문에 인체(人體) 중에 만곡(彎曲)한 부위는 모두 묘(卯)로 볼 수가 있다. 예를 들면 사지(四肢)의 관절, 척추, 팔뚝, 발목 등이다. 인체의 근육도 묘(卯)로 보는데, 중의(中醫)에서는 간(肝)은 주로 근육이라 하는데 이것은 같은 상(象)이 된다. 근골(筋骨)은 묘신(卯申)의 합(合)으로 상(象)을 취할 수 있는데, 신(申)이 골상(骨象)을 나타내기 때문이다.

묘(卯)는 토상(兎象)이 되는데, 어째서 토(兎)를 취하였는가? 아마도 토끼(卯)가 입술이 없는 것은 묘진천(卯辰穿)을 취하는 까닭에 그렇지 않나 싶다.

제41절

십이지지의 진
(十二地支)　　　(辰)

본 절은 십이지지(十二地支) 중 진(辰)에 대하여 살펴보겠다. 진(辰)은 하늘에서는 용(龍)이 되고, 땅에서는 진흙이 되며, 물(物)에 있어서는 제방이 된다. 월(月)에 있어서는 1년 중 3월에 해당하며, 시(時)는 오전 7~9시가 된다.

진(辰)은 양(陽) 중의 음(陰)인데, 목화(木火)로 양(陽)을 삼고 금수(金水)로 음(陰)을 삼는 입장에서 생각해보면 진(辰)은 수묘(水墓)로 陰에 속하지만, 오히려 상반년(上半年)의 양기(陽氣)가 상승할 때를 점하고 있다. 고로 진(辰)은 양(陽) 중의 음(陰)이며, 그에 대응하는 술(戌)은 음(陰) 중의 양(陽)이라고 칭한다. 그 상(象)은 태극도 안에서 두 개의 어안(魚眼)과 같다. 고로 진(辰)에는 음(陰)과 양(陽)의 양성(兩性)이 있어 능히 음양(陰陽)이 구통(溝通)한다.

진(辰)은 생멸(生滅)이라는 양성(兩性)을 가지고 있다. 생(生)하는 한 면에서의 진(辰)은 온난(溫暖)한 토(土)로서 북방에서는 이 계절에 씨를 뿌린다. 초목이 소생하여 생장하고 만물이 되살아나므로 진정한 봄의 소식은 이때 진발(進發)하여 나온다. 음양(陰陽)이 교접하는 진(辰)은 대자연의 생명에 기(氣) 활동을 주는 것이다.

멸(滅)하는 면에서의 진(辰)은 양(陽) 중의 음(陰)이기 때문이며, 또 묘(墓)의 원인(原因)을 점하고 있다. 장생(長生)은 주로 흩어지고 제왕(帝王)은 전일하며 묘고(墓庫)는 주로 거두거나 모은다. 진(辰)은 4개의 묘(墓)중에서 가장 큰 묘(墓)에 해당하는데, 왜냐하면 그것은 이미 수묘(水墓)이면서 또한 토묘(土墓)이기 때문이다. 지호(地戶)[136]라고 하며, 수취(收取)하는 능량도 가장 크다.

진(辰)의 본상(本象)은 바로 댐이나 제방인데, 확장하여 유추해석하면 항운(航運)이나 항구(港口)와 관련 된다. 연해(沿海)에서는 항상 이러한 직업을 볼 수 있다. 만일 땅이 되면 진(辰)은 토지(土地)나 부동산 등의 상(象)이 된다.

진(辰)은 또한 화공(化工)의 행업(行業)으로 취할 수도 있는데, 진(辰)은 수토(水土)가 혼합한 물(物)이 되니, 수성(水性)을 화공(化工)하여 제순(提純)한 것은 진(辰)과 관련이 있다. 진(辰)이 자(子)와 배합한 것이 있고, 또 진(辰)과 해(亥)가 배합한 상황이 있다.

---

136) 지호는 지구의 동남방을 이른 말로 방위로서는 손(巽)방향, 지지는 진사(辰巳)이며, 지의(地醫)라고도 한다. [역학사전]

진(辰)은 또 중약(中藥)의 상(象)을 취하는데, 왜냐하면 진(辰)의 본신(本身)에는 토(土), 수(水), 목(木)을 머금었기 때문이다. 중약(中藥)은 광물과 초목이 있는데, 삶고 달여서 수(水)가 되는 것으로 진(辰)은 목(木)의 여기(餘氣)[137]이며 또 주로 풀뿌리나 나무껍질 등이 된다. 진(辰)은 동방에 있으므로 중의(中醫)와 합하면 동양의학이 된다.

진(辰)에는 기계의 상(象)이 있는데, 이것은 진(辰)중에 자수(子水)가 있기 때문으로 자(子)는 전동(轉動)이 되며, 전동(轉動)하는 많은 물건의 조합이 함께하면 그것이 기계이다. 이를 유추하면 진(辰)은 자동차가 된다. 갑진(甲辰)과 경진(庚辰)은 차상(車象)으로 취할 수 있다. 왜냐하면 차(車)는 인(印)을 취하고 실어 나른다는 뜻이기 때문이다.

진(辰)은 다시 감옥으로 표시할 수도 있다. 우리는 축(丑)도 감옥이 된다는 것을 알고 있는데, 진(辰)에 감옥의 뜻이 있는 것은 그것이 양(陽) 중의 음(陰)의 상(象)이 있기 때문이다. 한 낮에 모두 바쁘게 활동하는데 단지 진처(辰處)에서는 안정을 취하게 된다. 또한 묘(墓)를 점하면 주로 수(收)하는 것이니 곧 감옥으로 표시한다.

현재 인터넷망에서 형성된 웅대한 교호(交互) 시장과 사교망(SNS) 또한 진(辰)으로 표시할 수 있다. 왜냐하면 진(辰)은 지상에서 가장 큰 것이고, 술(戌)은 천상에서 가장 큰 것으로, 양자(兩者)는 서로 보

---

137) 여기(餘氣)는 퇴기(退氣)라고도 한다. 즉 기운이 쇠락함을 나타낸다. 목의 기운을 볼 때 寅·卯·辰으로 흘러 간다. 그래서 辰을 여기나 퇴기라 한다.

면 상충(相沖)하니 가히 인터넷 망으로 표시할 수 있다. 마윈(馬云)과 마화텅(馬化騰)[138]의 성공은 모두 진술(辰戌)의 충(沖)에 있다. 진(辰)은 인체에 있어서는 방광(膀胱), 내분비계통, 췌장으로 표시한다. 더불어 수액(水液)의 대사(代謝)와 관계한다.

아래에서 진(辰)과 십이지지(十二地支) 중에서 관련성이 있는 지지(地支)와의 관계에 대하여 살펴보겠다.

진(辰)과 미(未)는 미(未)가 진묘(辰墓)로 들어가는데, 그러나 자축(子丑)을 보면 미(未)는 진(辰)으로 들어가지 않는다. 진(辰)은 미(未)를 거두고 진(辰)이 주공(做功)한다.

壬 壬 辛 己 寅 辰 未 未	**곤조** 당관하는 사주로 공직에 근무하고 있음.

乙 壬 丁 丁 巳 辰 未 酉	**건조** 사업하는 명, 부동산 건자재업

진(辰)과 신(申)은 서로 공(拱)한다. 진(辰)의 토성(土性)은 본래 부족하여 신(申)을 보면 설기(泄氣)하고 수(水)로 화(化)하는 경향이 있다.

---

138) 대표적인 예가 바로 오늘날 텅쉰(騰讯, 텐센트)을 이끄는 마화텅(馬化騰)과 알리바바를 이끄는 마윈(马云)이다. 이들은 한국인들에게도 친숙한 웨이신즈푸(微信支付, 위챗페이)와 즈푸바오(支付宝, 알리페이) 등 전세계 핀테크산업의 리더로서, 오늘날 제4차 산업혁명을 주도하고 있다. [네이버사전]

진(辰)과 유(酉)는 서로 합(合)하는데, 일반적으로 묘(墓)와 합하면 닫히게 되나, 대운(大運)의 진(辰)이 유(酉)에 합을 당하면 합동(合動)이 된다. 유(酉)는 능히 진(辰) 중의 목(木)을 상하게 하고, 진(辰)은 유금(酉金)에게 설기(泄氣) 당하지 않는다.[139]

乙 庚 癸 丁 酉 辰 丑 巳	**곤조** 辰酉合, 酉는 묶임, 癸는 병충해의 뜻이 있다. 대재가 없다.

진술(辰戌)이 서로 보면 상충(相沖)이 된다. 양고(兩庫)가 충(沖)하는 역량은 모두 크며, 고로 큰 시장을 운영하는 데에도 진술(辰戌)의 충(沖)이 있다. 당연히 진(辰)은 수고(水庫)로 용(用)해야지 체(體)로 쓴다면 술충(戌沖)을 당하면 안 된다. 한 번 충(沖)하게 되면 제방이나 댐이 붕괴하게 된다.

戊 丙 癸 己 戌 辰 酉 丑	**건조** 병무술(丙戊戌)은 연체로 괴됨을 두려워한다. 午대운 辛酉年에 차량사고 사망함.

壬 丙 甲 甲 辰 辰 戌 辰	**건조** 이 명은 관살이 월령의 겁재를 제한다. 편인이 투간한 것을 기뻐하지 않아 손국(損局)이다.

139) 진(辰)의 입장에서는 유(酉)가 이르는 것이 괜찮은데, 수고(水庫)의 역량(力量)을 강하고 굳게 한다. 진유(辰酉)의 합은 고(庫)가 닫히지 않아 수(水)가 능히 진(辰)안으로 나아갈 수 있다. 진유(辰酉)의 합은 현재 빌딩을 지을 때 쓰는 강근(鋼筋)과 시멘트가 결구(結構)하는 상(象)을 취한다. 삼협대파(三峽大坝:둑)는 곧 이러한 것으로 건축한 것이다. [육합참고]

진(辰)이 해(亥)를 보면 해(亥)는 진묘(辰墓)로 들어간다. 진(辰)은 십이지지 중 두 개의 자(字)를 가장 두려워하는데, 첫째는 술(戌)이고 둘째는 자(子)이다. 술(戌)은 능히 진(辰)을 충괴(沖壞)하고, 자(子)는 능히 진(辰)을 녹인다. 이것을 소해(消解)[140]한다 하는데, 예를 들면 굳은 얼음이 녹아서 변하는 것과 같이 진(辰)이 소해(消解)를 당하는 것이다.

甲甲壬壬 子辰子寅	**건조** 癸丑대운 丙午년 익사함.

甲甲庚辛 戌辰子亥	**곤조** 壬寅대운 己巳년결혼, 庚午년 이혼. 이후 많은 남자와 동거, 독신

진(辰)이 축(丑)을 보면 축(丑)이 진묘(辰墓)로 들어간다. 진축(辰丑)은 모두 음토(陰土)로 일가(一家)가 된다. 두 음(陰)이 서로 보면 음(陰)에다 음(陰)을 더하는 것이 된다. 진(辰)에 축(丑)이 묘(墓)하는 것도 또한 공(功)이 된다.

乙甲壬壬 丑辰寅辰	**곤조** 丑은 관살庫이고 辰은 印庫인데 丑이 辰墓로 들어가니 대권을 장악할 수 있다.

---

140) 없애다. 해소하다. 풀(리)다. 제거하다. 일소하다. 청산하다. 없어지다. 사라지다. [네이버사전]

진(辰)이 묘(卯)를 보면 상천(相穿)이 되는데, 일반적인 상황에서는 진(辰)은 묘천(卯穿)을 기뻐한다. 왜냐하면 진(辰)은 제방이나 댐인데, 묘(卯)의 천(穿)으로 다시 견고해지기 때문이다.

丙 甲 丁 甲 寅 辰 卯 寅	**건조** 火대운에 과거수석, 壬申, 癸酉 대운에 귀향(歸鄉)을 함.

진(辰)의 본성(本性)은 중성(中性)인 토(土)이며, 봄의 계절에 속하고 봄의 생발(生發)하는 본성에 의지하고 있다. 대부분 토성(土性)의 온장(蘊藏)과 승재(承載)이다. 진(辰)은 다른 토(土)에 비해 포용성을 갖추고 있어 능히 음양(陰陽)의 수(水)와 음토(陰土)를 수장(收藏)하는 까닭에 용상(龍象)을 취한다. 진(辰)은 능히 하늘로 올라가고 땅으로 들어가며 구름을 뒤집고 안개를 토해낸다.

진(辰)의 가장 큰 특징은 음양(陰陽)의 양층성(兩層性)에 있는데, 노자(老子)가 말한 것과 같이 음(陰)을 지고 양(陽)을 껴안으며 충기(沖氣)로 조화롭게 한다. 즉 한 면은 음양이 화해(和諧)하는 상태를 표시하고, 다른 면으로는 잠복(潛伏)한 적인(敵人)과 같은데, 수시(隨時)로 양(陽)을 반대할 가능성이 있다.

중국의 청명절(淸明節)은 조상에게 제사를 지내는 날인데, 이 속에 일종의 음양이 교류하는 것을 체현한다. 이 계절에 우리는 앞서간 선인(先人)들에 대하여 슬픈 마음을 기탁(寄託)하지만, 도리어 무수한 생명이 격렬하게 생동하는 생기(生機)에 감동을 받는다. 이것은 중국인에게 생사(生死)에 대한 지혜가 있음을 현시한다. 죽는다고 아주 없어지는 것이 아니고, 그것이 바로 다른 종류의 영생(永生)인 것이다.

제42절

십이지지의 사
(十二地支)　　　　　(巳)

본 절에서는 십이지지(十二地支)의 사(巳)에 대하여 살펴보겠다. 사화(巳火)는 하늘에서는 무지개가 되고, 땅에서는 번화(繁華)가 되며, 물(物)에서는 영상(影像)이 된다. 월(月)은 1년 중에 4월이 되고 시(時)는 상오(上午) 9~11시가 된다.

사화(巳火)는 능히 음양(陰陽)을 소통[構通]한다. 그런데 진토(辰土)가 소통하는 법과는 다른데, 그 본신(本身)은 양(陽)을 점하나 오히려 음(陰)으로 화(化)한다.

사화(巳火)는 본래 화(火)인데 오히려 금(金)의 장생(長生)으로 능히 합하여 금국(金局)이 되면 금(金)으로 화(化)하는 까닭에 음양(陰陽)의 양성(兩性)이 있다. 즉, 사화(巳火)는 한 가지로 말할 수 없다는 뜻이다. 사화(巳火)는 음양(陰陽)의 양성(兩性)이 있어 잘 변화하는데 환경의 상황에 따라 자기를 변화시킨다. 금(金)과 습토(濕土)가 강한 것을 만나면 곧 그 화성(火性)을 잃고 화(化)하지만, 목화(木火)가 강한 것을 만나면 그 화성(火性)을 보여준다.

우리가 마시는 술은 실제로 음양(陰陽)의 양성(兩性)을 가지고 있다.
여러분들은 생각해본 적이 있는가? 술을 마실 때 기분이 방대(放大)해
지고, 순조로운 일을 만나 마음이 열리면 흥(興)을 돋우지만, 마음이
닫히는 일을 만나 우울해지고 근심이 생기면 상심(傷心)을 더 한다.
이것이 곧 음양(陰陽)의 양성(兩性)인 것이다.

사화(巳火)의 첫 번째 특징은 곧 사람의 사상(思想)을 대표한다. 왜
냐하면 사상(思想)은 화성(火性)에 속하고 또 잘 변화하기 때문이다.
무릇 사상(思想)은 모두 음양(陰陽)의 양면(兩面)을 조응(照應)해야 하
며, 그런 까닭에 위대한 사상가의 사상 문제는 아주 심각(深刻)한 문
제이다. 음양의 양면적(兩面的)인 사상을 갖추지 않으면 곧 사상(思想)
이라 할 수 없다.

사화(巳火)의 두 번째 특징은 바로 문자(文字), 문화(文化), 문명(文
明)을 대표한다. 이는 정화(丁火)와 가까운 상(象)이다. 사(巳)의 본래
상(象)은 두 권의 두꺼운 책을 포개놓은 것과 같은데 기(己)와 비슷하
다. 세밀하게 생각해보면, 문화(文化)라는 것은 음양(陰陽)의 양성(兩
性)을 갖추고 있는데, 음(陰)은 주로 정(靜)하고 양(陽)은 주로 동(動)함
으로 문화도 이미 정태적(靜態的)이며 동태적(動態的)이다. 따라서 문
화(文化)는 전파(傳播)할 수 있는 것이다.

사화(巳火)의 세 번째 특징은, 상을 확대 유추하면 컴퓨터 및 그것과 상관된 인터넷이나 이동통신망 산업이 된다. 왜냐하면 사화(巳火)는 스크린을 나타내고, 능히 문자(文字)와 영상(影像)을 나타내므로 이러한 상(象)이 있다.

사화(巳火)의 가변성(可變性)으로 인해 사(巳)를 끼고 있는 사람은 문화나 사상적인 행업에 적합하다. 사화(巳火)가 지닌 음양(陰陽)의 양성(兩性)으로 인해 사화(巳火)는 그 밖의 지지(地支)와 관련성이 아주 강하여, 거의 모두 관련이 있다.

사(巳)가 오(午)를 보면 비겁(比劫)인데, 사오(巳午)가 서로 보면 사(巳)는 그 화성(火性)을 현시하고, 오(午)를 보면 곧 따라간다.

丙 甲 癸 丙	**건조**
寅 午 巳 申	화기가 아주 강하여 본명은 흉이다. 초년 甲午대운 己亥년 사망

사(巳)가 신(申)을 보면 합(合)이다. 사(巳)가 신시(申時)를 보았는데 목화(木火)의 당(黨)이 많으면 신(申)을 제(制)하고, 금수(金水)의 당(黨)이 많으면 사(巳)를 제(制)한다. 사신(巳申)이 합할 때는 사화(巳火)의 화성(火性)은 변하지 않는다.

| 癸辛甲戊
巳卯寅申 | **건조**

보시라이 아버지, 중국의 민국시기에 국가의 재정부장을 함. |

사(巳)가 유(酉)를 보면 반합국(半合局)인데 금(金)을 따라 화(化)한다. 사(巳)는 성(性)이 변하여 금(金)이 되고 다시 그 화성(火性)을 나타내지 못한다. 이 삼합(三合)의 본의(本意)는 자기를 손(損)하여 타인을 돕는 것이다. 사유(巳酉)가 합하면 지지(地支)에 둔장(遁藏)한 병신(丙辛)이 합하는 뜻을 머금게 되며, 그 접합성은 다른 공국(拱局)에 비해서 비교적 강한 일면이 있다.

| 辛癸丁己
酉巳丑巳 | **곤조**

일생 복(福)도 많고 향수(享受)하는 명 |

사(巳)가 술(戌)을 보면 일당(一黨)이 되며 또한 입묘(入墓)한다. 사(巳)가 술(戌)을 보면 반드시 그 화성(火性)이 증가하고 열성(烈性)도 볼 수 있으며, 축유(丑酉)의 합도 겁내지 않는데 왜냐하면 술(戌)이 능히 축(丑)을 부술 수 있기 때문이다. 사화(巳火)가 술(戌)을 보면 본성(本性)으로 회귀(回歸)한다.

| 己癸戊丙
未巳戌子 | **곤조**

심장에 문제가 있다. |

己 癸 甲 己	**건조**
未 巳 戌 亥	할머니 2번 결혼, 심장·중풍을 조심. 사주가 안 좋다.

사(巳)가 해(亥)를 보면 상충(相沖)이 된다. 충(沖)은 왕래(往來)하여 교환하는 것이며 또한 수화(水火)가 교융(交融)하는 것이다. 사(巳)가 강하면 능히 해(亥)를 제(制)하고, 해(亥)가 강하면 능히 사(巳)를 제(制)한다. 주공(做功)으로 용(用)을 삼는다.

己 癸 丁 庚	**건조**
未 巳 亥 午	己丑운 己丑년 丁卯월 庚戌일에 사람들한테 맞아 죽었다.

壬 癸 乙 己	**건조**
子 巳 亥 未	년주의 칠살이니 父가 가난, 혼인은 불행

사(巳)가 자(子)를 보면 절(絕)이 되는데, 자(子)는 능히 사(巳)를 절(絕)하고 사(巳)도 또한 능히 자(子)를 절(絕)한다. 양자(兩者)는 어떤 교집(交集)도 없고 절(絕)하여 무정(無情)할 뿐이다.

辛 癸 壬 丁	**곤조**
酉 巳 子 丑	건강이 안 좋음, 기관지 폐렴수술

사(巳)가 축(丑)을 보면 공국(拱局)이 된다. 이때 사화(巳火)는 성질이 변하여 금(金)이 되며 그 화성(火性)을 상실한다. 사(巳)는 축(丑)을 따라 화(化)하고 양(陽)이 음지(陰地)로 돌아간다.

辛 丁 癸 壬 亥 巳 丑 戌	**곤조** 가정이 가난하고 부모덕도 없고, 15세 학교를 그만두고 술집으로 감. 고독, 질병, 가난한 명

사(巳)가 인(寅)을 보면 상천(相穿)이다. 사화(巳火)가 비록 잘 변하지만 오직 인(寅)을 보면 다시 강렬(剛烈)함을 나타내며, 견결(堅決)하게 응전(應戰)하여 너 죽고 나 살자 한다. 양성(陽性)이 양성(陽性)을 보면 반드시 상대방이 사지(死地)에 이른 후에야 즐거워한다. 만약 원국(原局)에서 사(巳)가 본래 변절(變節)이 있는데 인(寅)이 한 번 천(穿)하는 것을 보면 곧바로 그 화성(火性)의 면목이 나타난다. 그것을 천동(穿動)이라 한다.

己 丁 甲 癸 酉 巳 寅 卯	**건조** 壬子운에 거의 파재하고, 亥운에 굶어 죽었다. −적천수

사(巳)가 묘(卯)를 보면 형(形)이 화(化)하여 기(氣)가 되는데, 주로 문장(文章)이나 아름답게 꾸밈을 나타낸다. 대부분 예술이나 미화(美化)하는 가공(加工)의 부류가 된다. 여인이 이것을 만나면 아름다움으로 사람의 마음을 움직이든지, 아니면 복장을 아름답게 꾸밀

것이다.

| 甲丁乙癸
辰巳卯丑 | **건조**
명리(名利)를 겸한 사주, 의대졸업, 치료기술 뛰어남. |

사(巳)가 진(辰)을 보면 사화(巳火)의 화성(火性)은 감소하고 금(金)의 장생(長生)하는 본질을 나타낸다. 고로 사(巳)는 본래 화(火)이나 오직 유축(酉丑)이나 진(辰)을 볼 때는 금(金)의 모성(母性)을 나타낸다. 예를 들면 대막(大漠)으로 보낸 소군(昭君)이 가한(可汗)을 위해 아이를 낳고 기르지만 오히려 마음은 대한(大漢)에게 가는 것과 같다.

| 庚丁戊己
戌巳辰丑 | **건조**
법학공부, 광동성 심판청장, 법대교수, 재정총장역임 |

사(巳)는 뱀(蛇)의 형(形)으로 만연(蔓延)하며 곡절(曲折)하여 변화를 생한다. 문(文)을 나타내면 미려(美麗)하고 공격을 만나면 돌이켜 공격한다. 인체에 있으면 소양(少陽) 삼초(三焦)가 되고, 화(火)를 얻으면 능히 기(氣)로 화(化)한다. 면(面), 치(齒), 목(目), 후(喉), 소장(小腸)이 응한다.

제43절

십이지지의 오
(十二地支)   (午)

본 절에서는 십이지지(十二地支) 중 오(午)에 대하여 살펴보려 한다. 오(午)는 양화(陽火)인데, 하늘에서는 난양(暖陽)이 되고, 땅에서는 열염(烈炎)이 되며, 물(物)에서는 화기(火器)가 된다. 월(月)은 1년 중에 5월이 되고, 시(時)는 중오(中午)인 11시~1시까지이다.

오(午)는 양(陽)중의 양(陽)으로 양(陽)의 극(極)을 점한다. 5월이나 오시(午時)에 관계없이 양기(陽氣)가 가장 왕성한 시간이다. 양(陽)이 극(極)하면 음(陰)이 생하는 까닭에 오(午)는 비록 화(火)의 양(陽)과 또 양위(陽位)에 처하고 있으나 감추어진 지(支)는 음(陰)이 된다. 음양(陰陽)이 전화(轉化)하는 때의 특징을 체현하고 있다.

오화(午火)는 앞 절에서 말한 사화(巳火)와는 다른데, 사(巳)는 음양의 양성(兩性)을 갖추고 있어 능히 음양을 소통할 수 있지만, 오(午)는 단지 양성(陽性)만이 있어 음(陰)을 보면 대항(對抗)하는 뜻이 있다. 타협하지도 않고 소통하지도 않는다.

그 성질이 곧으며 변통이 없는 것이 바로 오화(午火)의 특징이다. 오화(午火)는 오직 해자(亥子)의 수(水)하고만 교융(交融)하는데, 이것이 바로 수화(水火)가 기제(既濟)하는 상(象)이다.

오화(午火)의 상의(象意)는 사화(巳火)처럼 풍부한 상(象)은 아니다. 오(午)는 그 화성(火性)이 비교적 열(烈)하여 병화(丙火)와 아주 비슷하다. 물상(物象)으로는 무기(武器), 동력(動力), 쾌속(快速)한 물(物)로 표시한다. 현대의 물(物)로 표시한다면, 전자(電子), 색채(色彩), 실내장식, 광고(廣告) 등이다.

오(午)는 또 사정신(四正神) 중에서 유일하게 두 가지 오행(五行)을 감추고 있는데, 왜냐하면 화토(火土)의 왕지(旺地)이기 때문에 안에 기토(土)를 갈무리하고 있다. 이 속의 기토(己土)는 이미 매우 조열(燥熱)하여 금(金)을 생(生)할 능력이 없다. 인오술(寅午戌) 삼합(三合)으로 같은 당(黨)이기 때문에 오(午)의 상의(象意)는 어떤 부분에서는 인술(寅戌)을 차용하여 쓸 수 있다. 비유하면 오(午)에도 또한 공문(公門)의 뜻이 있다.

책에 말하기를 "자오(子午)는 황문(皇門)이 된다."하였다. 오(午)는 중축(中軸)의 선(線)이니 공문(公門)의 상(象)을 취할 수 있으며, 또한 공정하고 엄명(嚴命)한 상(象)이 된다. 즉, 공문(公門)으로 들어가면 쉽게 정직(正職)인 고관(高官)이 된다.

오화(午火)는 양성(陽性)을 체현하니, 성격으로 표현하면 광명정대(光明磊落)하고 대부분 외향(外向)적이며 시비(是非)를 공도(公道)로 가리며, 격양하고 분발한다. 오화(午火)가 인체로는 심장이 된다. 오화(午火)가 태왕(太旺)하면 대부분 양성(陽性)의 체질인데, 만일 다시 목(木)이 생(生)하면 쉽게 양(陽)이 강한 병(病)이 되는데, 표현하면 삼고증(三高症)[141]이 된다.

아래에서 오(午)와 십이지지 중에서 관련성이 있는 지지(地支)와의 관계에 대하여 살펴보겠다.

오(午)가 미(未)를 보면 상합(相合)이 되는데, 상합(相合)하면 공(功)이 없이 반(絆)이 된다. 화(火)는 토(土)를 생하는데 오(午)가 미(未)와 합한 것을 표현하면 화토(火土)의 조성(燥性)이 완성(頑性) 되어 다시는 화(火)의 활발하고 명쾌한 성(性)을 가지지 못한다. 왜냐하면 합(合)으로 인해 암담해져 빛이 없어지기 때문이다.

甲甲癸庚 戌午未寅	**건조** 癸水의 좌하 未는 묘지, 午火는 癸水의 절지. 墓絶이 합하니 흉상. 庚金이 寅 절지, 癸水는 사면초가. 폐·신장 병으로 사망

---

141) 고혈압, 고지혈, 고혈당을 의미한다.

오(午)가 유(酉)를 보면 극파(克破) 한다. 오(午)는 능히 유(酉)를 부수는데, 이러한 종류의 파괴성은 손상(損傷)이나 손훼(損毁)의 뜻이 있다. 만일 유(酉)가 신체라면 오(午)가 파(破)하여 흉터가 생기거나 골절(骨折)이 된다. 유(酉)가 오(午)에 끼친 손해는 크지 않다.

| 乙 甲 丁 丙
亥 午 酉 午 | **건조**
보통직원, 庚子대운 辛未년 결혼, 처가 능력이 있다.
혼인 후 가정생활이 좋았다. 일생 평안한 사주 |

오(午)가 술(戌)을 보면 공국(拱局)이 된다. 화(火)는 토(土)를 생하기 때문이며 화(火)는 술(戌)로 돌아간다. 오술(午戌)은 같은 당(黨)으로 상호 상대방을 대표한다. 오(午)가 이르면 술(戌)이 이른 것이고, 술(戌)이 이르면 오(午)가 이른 것이다.

| 戊 甲 甲 己
戌 午 戌 未 | **건조**
대부호의 명, 건상결[142]에 "상관양인에 관성이 없고 재를
만나면 대부옹이다."라고 함. |

오(午)가 해(亥)를 보면 암합(暗合)인데, 화(火)는 수(水)가 합하여 기제(既濟)가 되는 것을 기뻐한다. 대다수 합을 보면 길(吉)이 되고 또 공(功)이 된다. 오해(午亥)의 합은 IQ가 높고 수리(數理)의 능력도 아주 뛰어나다.

---

142) 『巾箱祕術』 李君 著. 『건상비술』안에 포함되어 있는 구결을 말한다.

| 丙 甲 乙 己 | 곤조 |
| 寅 午 亥 巳 | 어릴 때부터 총명(聰明)하고 학습(學習)이 뛰어남. |

| 丁 甲 乙 己 | 곤조 |
| 卯 午 亥 未 | 출신이 가난, 시주 상관이 양인을 차고 있어 남편을 극함.
丁丑대운 戊寅년 결혼, 남편이 辛巳년에 갑자기 사망 |

오(午)가 자(子)를 보면 상충(相沖)인데, 자오(子午)는 주로 황문(皇門)이며, 관(官)이라면 반드시 고관(高官)이 되고, 만일 장사를 하고 있다면 화물운송선이 항해하여 바다를 건넌다. 자오(子午)가 서로 보고 있으면 수화(水火)가 서로 통(通)하고, 양극(兩極)에서 교류하니 만상(萬象)을 이룬다.

| 甲 甲 庚 丙 | 건조 |
| 子 午 子 申 | 대문학가의 명, 목화통명(木火通明)으로 부친이 조기사망함. |

| 乙 甲 庚 辛 | 곤조 |
| 丑 午 子 丑 | 흉한 명, 단명할 팔자이고, 몸이 축소되는 병(病)이 있다. |

오(午)가 축(丑)을 보면 상천(相穿)인데 축오(丑午)가 천(穿)하면 오(午)가 패(敗)하여 상(傷)함을 받는다. 만일 오(午)가 체(體)라면 반드시 심장의 질병이 있다.

辛 壬 庚 辛	**건조**
丑 午 子 丑	포국을 취하는 상. 인포재국(印包財局)으로 인성이 庫를 차고 있다. 주로 대기업이다. 자신은 재성에 앉아 있다. 기업이 그의 財를 에워싸 돌아가고[轉] 있다. 대기업 財의 권력을 관장한다. 국영기업은 현재 3천억이 넘는 자산이 있다. 줄곧 부이사장직을 담임했다.

오(午)가 인(寅)을 보면 공국(拱局)이 된다. 인오(寅午)는 일당(一黨)으로 오화(午火)를 생조(生助)하니 다시 왕(旺)해진다. 인(寅)이 생(生)하는 것은 마치 바람이 화세(火勢)를 돕는 것이니 그 열염(烈炎)함을 알 것이다.

丁 甲 甲 癸	**건조**
卯 午 寅 卯	도박, 술, 여자등을 좋아함. 상관양인에 도화 중첩, 이로 인해 패가함.

오(午)가 묘(卯)를 보면 상파(相破)인데 묘오(卯午)는 서로 파(破)하고 서로 상(傷)하게 한다. 만일 오(午)가 체(體)라면 대부분 심뇌 혈관의 질병이 있거나 혹은 지체(肢體)에 손상을 당한다.

丁 甲 乙 戊	**곤조**
卯 午 卯 午	火命에 乙卯 양인을 보아 대흉을 면하기 어렵다. 癸丑대운 壬午유년 辛巳월에 두 남자에게 강간당한 후 살해됨.

丁 乙 甲 丙	**건조**
亥 卯 午 午	戊戌대운 乙酉년에 차량사고로 중상을 당함. 2개의 午火 戌을 보니 차량이다. 卯戌合은 자기가 차안에 있는 것이고, 乙酉年은 卯를 인동한다.

오(午)가 사(巳)를 보면 사(巳)는 오(午)를 따라 오화(午火)를 돕는 뜻이 있다.

甲 辛 乙 丁	**곤조**
午 酉 巳 卯	신체에 결함이 있다. 丙午대운 대흉(丙丁과 2개의 午火가 命에 들어옴). 丁丑年에 음독자살

오(午)는 마상(馬象)인데, 왜냐하면 마(馬)는 순양(純陽)으로 체(體)를 삼으므로 오(午)는 마(馬)가 되며 팔괘(八卦)의 건(乾)도 또한 말이 되는데, 선천 팔괘(八卦)에서 건(乾)은 정남(正南)인 오(午)에 배치된다. 동물 중에 오직 말[馬]만이 잠을 자지 않는데, 그것은 순양(純陽)이며 음(陰)이 없으므로 체현된 것이다. 말의 간(肝)은 독이 있어 먹지 못하는데, 왜냐하면 양(陽)이 쌓여서 독(毒)이 생긴 것이다. 사슴도 또한 오상(午象)이 되는데 그 뿔은 순양(純陽)의 물(物)이며, 독맥(督脈)을 통하여 대보양(大補陽) 식품이 된다.

제44절

십이지지의 미
(十二地支)　　　　(未)

본 절에서는 십이지지(十二地支)의 미(未)에 대하여 살펴보겠다.
미(未)는 하늘에서는 습(濕)이 되고, 땅에서는 조토(燥土)가
되며, 물(物)에 있어서는 과실(果實)이다. 월(月)은 1년 중 6월이 되고,
시(時)는 하오(下午) 1~3시가 된다.

미(未)는 목화(木火)인 양(陽)의 끝에 자리하고 있으며 이어서 음(陰)
으로 진입하니 곧 금수(金水)에서 마친다. 미(未)는 조화(燥化)한 토(土)
이며, 성(性)은 간(干)[143]하나 수렴(收斂)하며, 온(溫)하여 화(火)하지 않
고 또 묘고(墓庫)로 안에 을정(乙丁)을 갈무리하고 있다.

미토(未土)에는 아래의 유상(類象)이 있다.

첫째는 주로 과실(果實)이나 음식이 된다.

---

143) 건조하다. 마르다.

왜냐하면 미월(未月)은 과실이 풍부한 계절이기 때문이며 또 위장과 통하는 까닭에 미(未)는 일체 먹는 것이나 맛있는 것으로 표시하며, 음식점을 표시한다.

둘째는 미(未)는 토목(土木)을 모아놓은 것으로 건축이나 빌딩을 표시한다.

과거에는 토목공정(土木工程)으로 말하였는데, 현재는 부동산 개발이나 건축 공정이다. 당연히 조합이 적당해야 비로소 이 직업에 종사할 수 있다.

미(未)는 사대(四大) 묘고(墓庫)중 목(木)의 고(庫)이며, 일반적으로 충형(冲刑)으로 개고(開庫)하여 용(用)하는 것을 기뻐하는데, 예를 들면 기미(己未), 계미(癸未), 신미(辛未)는 형충(刑冲)해도 되나 정미(丁未)나 을미(乙未)는 연체(連體)이므로 형충(刑冲)하면 안 된다.

미(未)는 신체 중에서 주로 비장이며, 비장의 체(體)는 음(陰)이고 용(用)은 양(陽)이며, 능히 수기(水氣)나 습기(濕氣)를 운화(運化)하는 생리적 기능을 한다. 비장이 건강하고 음식이 좋으면 힘이 커지고, 비장이 약하면 음식을 생각하지 않고 연약(軟弱)해져 무력해진다. 미(未)중에는 을(乙)이 감추어져 있어 중의(中醫)에서는 소장(小腸)도 또한 비장에 귀속시키는데 그 상(象)이 서로 통하기 때문이다.

아래에서 미(未)와 십이지(十二支) 중에 관련성이 있는 지지(地支)와의 관계에 대하여 살펴보겠다.

미(未)와 술(戌)은 상형(相刑)한다. 상형(相刑)은 바로 개고(開庫)도 하지만 또한 파괴성이 있는 까닭에 공용(功用)을 파악하여 말해야 한다. 개고(開庫)하는 것은 용(用)할 수 있는데, 만일 미(未)와 술(戌)이 사람을 대표한다면 육친(六親)에 손해가 있다.

己 乙 壬 戊 卯 未 戌 辰	건조
	주룽기[144]명조이다. 未로부터 卯가 나와 卯戌合하니 戌을 공제(控制)한다. 戌은 辰을 沖制하고, 財庫가 印庫를 제하하니, 制한 것이 간정(干淨)하다. 고로 官이 극품에 이르렀다. 투출한 壬은 戊土가 그것을 制하니 丁壬合을 기뻐하지 않는다. 합하면 제할 수 없다.

癸 乙 庚 壬 未 未 戌 寅	건조
	壬子대운 북경사범대 합격. 후에 박사학위 취득. 직위가 청급이고 2개의 인성이 좋다.

미(未)가 자(子)를 보면 상천(相穿)인데, 이 두 가지 천(穿)은 반드시 미(未)가 자(子)를 이긴다. 왜냐하면 토(土)는 능히 수(水)를 극(克)하기 때문이다. 미(未)가 자(子)를 보면 굳게 변하고 천(穿)의 힘도 커진다. 예를 들면 을미일(乙未日)은 자미천(子未穿)을 기뻐하는데 주공(做功)은 인(印)을 제(制)하는 것을 용(用)으로 한다. 미(未)가 자(子)를 천(穿)

---

144) 주룽지는 한족으로 1928년 출생했으며 후난성 출신이다. 1948년 말부터 혁명공작에 참가했으며, 1949년에 중국공산당에 입당했다. 대학 졸업 학력으로 칭화(淸華)대학 전기과(電機系) 전기제조전공으로 졸업했으며, 고급 엔지니어이다. 그는 중국 국무원 총리를 지냈으며, 재임 시기 과단성 있고, 청빈한 생활로 인해 많은 이들의 사랑을 받았다. [네이버사전]

하는 것은 또한 계산(計算)의 상(象)을 취하는데 자(子)는 주판의 알로 천(穿)하면 계산이 된다.

乙 丙 戊 庚 未 寅 子 戌	**곤조** 子는 남편인데 극과 천을 당하니 克夫의 상이다. 갑운에 부궁이 허투하고, 癸未年에 부성이 穿을 당하니, 남편의 사망응기이다.
戊 丙 辛 己 子 子 未 未	**이창호** 정석기술의 제1인자이다. 정석기술은 곧 세기(細棋)이다. 끝내기의 계산능력이 아주 강하다.
己 戊 丁 壬 未 申 未 子	**곤조** 이 사람은 회계사이다. 壬子가 재성에 임하니 子는 주판알과 같다. 子未穿이니, 주판알을 이리저리 튀기는 것이다. 빈위(賓位)의 財는 천제(穿制)를 기뻐하니, 고로 주로 관할하는 것이다.

미(未)가 축(丑)을 보면 상충(相沖)인데 능히 미(未)의 묘(墓)를 충개(沖開)하며, 묘고(墓庫)는 충(沖)해야 용(用)을 얻는다. 예를 들면 축당(丑黨)이 많으면 다시 미고(未庫)안의 물(物)을 제(制)하고, 제(制)하는 것이 깨끗하면 공(功)의 양이 커진다.

戊 乙 己 乙 寅 未 丑 未	**건조**
	국에 2개의 未가 丑을 沖하고, 未中에 丁火를 함유하니 식신제살국이다. 寅은 주로 공문이고 또 寅丑合은 공안 경찰의 상이다. 고로 공안국장이다.

癸 己 癸 丁 酉 未 丑 亥	**건조**
	원국의 財가 식신을 찬 포국(包局)으로 丑未沖은 未中의 殺을 制한다. 그래서 발재의 命이다.

미(未)가 인(寅)을 보면 인(寅)이 미고(未庫)로 들어간다. 미(未)의 입장에서 보면 수입이 풍부해지며 그 세력을 더하여 강해지고 인미(寅未)가 일가(一家)가 되니 그 힘도 더 강해진다. 인(寅)은 주로 폭력이나 공문(公門)이며, 미(未)중으로 들어가면 미(未)에도 이러한 상(象)이 있게 된다.

己 乙 丙 己 卯 未 寅 巳	**건조**
	권위 있는 집안 출신. 이 명은 반드시 대부(大富)를 이룸.

미(未)가 묘(卯)를 보면 공목국(拱木局)이 된다. 목(木)은 능히 토(土)를 극(克)하여 미(未)의 힘을 소멸한다. 단지 묘(卯)가 많으면 미(未)로 들어가는데, 미(未)중으로 목(木)이 들어가면 무용(無用)한 목(木)이 된다. 왜냐하면, 일반적으로 묘(墓)는 열리지 않으면 폐기된 것과 같기 때문이다.

戊 乙 辛 辛
寅 未 卯 未

건조

- 乙木의 기세가 왕함. 乙木의 卯月생은 木이 重하고 金이 弱하면 貴命이다.

- 辛金을 사용. 초운 土金대운 殺의 기세를 도와 조업(祖業)이 풍부, 丁亥대운 辛을 제하고 목이 왕해져 妻[未土를 극]와 자식을 극(궁이 입묘,절지 왕성)하고 일도 안 되어 우울증으로 사망

丙 乙 丁 甲
子 未 卯 寅

건조

丙丁이 투간하여 뛰어남. 가문이 좋고 군대의 우두머리. 壬申. 癸酉대운 비명에 죽는다.

미(未)가 진(辰)을 보면 미(未)가 진묘(辰墓)로 들어간다. 자(子) 혹은 축(丑)과 함께 보면 미(未)는 진묘(辰墓)로 들어가지 못한다. 만일 미(未)가 진(辰)으로 들어가면 이것은 미(未)가 방대(放大)해지는 것과 같으며, 또한 묘고(墓庫)를 얻어 용(用)을 얻는 것이다.

丙 乙 丙 戊
戌 未 辰 戌

건조

木火상관은 문명이 뛰어나다. 戊午運에 과거급제, 문필이 뛰어남. 일생 부귀함.

甲 乙 甲 丁
申 未 辰 巳

곤조

빈천지명, 년주에 식상이 있어 혼인은 먼 곳, 탐색함. 혼인이 안 좋고, 未운에 남편 사별의 근심

미(未)가 오(午)를 보면 오미(午未)가 상합(相合)하는데 주공(做功)이 없다. 미(未)가 오(午)와 합하면 그 고(庫)는 다시 닫힌다.

丁乙丙壬 亥未午寅	**건조** 년월의 壬丙이 휘황찬란, 목화통명, 격국이 높다. 장원급제함.

미(未)는 양(羊)에 속하며, 양(羊)은 무리를 짓는 것을 좋아한다. 그런 까닭에 미(未)는 많이 보아도 꺼림이 없다. 따라서 양(羊)에 속하는 사람은 무리를 이루어도 다툼이 없다. 민간에서 항상 양(羊)띠의 명(命)은 좋지 않다고 하는데 실제로는 그렇지 않다. 청말(淸末)에 양(羊)에 속한 사람이 천하를 통치하는 일이 많았다. 자희(慈禧), 증국번(曾國藩), 이홍장(李鴻章) 모두 양(羊)띠였다. 민국 시대의 원세개(遠世凱)나 염석산(閻錫山)도 또한 모두 양(羊)띠에 속했다.

어째서 양(羊)의 눈에는 신(神)이 없는가? 미(未)가 자(子)를 천(穿)하기 때문이라 본다. 자(子)는 수(水)의 신정(腎精)이고 양(羊)은 신정(腎精)이 없어 신(神)이 없는 것이다. 미(未)는 주로 휴식하는 것인데, 그런 까닭에 쉬는 것과 상관이 있는 행업(行業) 또한 미(未)로 표시한다. 미(未)는 주로 전원생활로 한가하고 쾌적하다. 왜냐하면 미(未)는 양(陽)의 끝에 자리하여 물러나 쉬는 상태이기 때문이다. 더 응용해보자면, 미식(美食)[145], 아거(雅居)[146], 무욕(無欲), 무쟁(無争)이다.

---

145) 맛있는 음식
146) 우아하게 머뭄. 편안한 생활

제45절

십이지지의 신
(十二地支)　　　(申)

본 절에서는 십이지지(十二地支)의 신(申)에 대하여 살펴보고자
한다. 신금(申金)은 하늘에서는 조(燥)가 되고, 땅에서는 금
(金)이 되며, 물(物)에서는 철질(鐵質)을 가진 그릇이 된다. 월(月)은 1
년 중 7월이 되고 시(時)는 하오(下午) 3시~5시 사이이다.

인(寅)은 양기(陽氣)가 생하는 때이고 신(申)은 음기(陰氣)가 생하는
때이다. 미(未)에서 신(申)에 이르면 지기(地氣)가 음(陰)으로 바뀐다.
음(陰)은 살고 양(陽)은 죽는데, 이후에 양기(陽氣)는 곧 점점 쇠(衰)하
여 물러나면서 곧바로 사라져간다.

신(申)은 또 팔괘(八卦)에서 곤방(坤方)에 떨어져 있으며 주로 대중
(大衆)이나 여자가 된다. 중국 서남(西南) 지역, 특히 운남(雲南)의 소
수민족 지역을 보면 여인이 주로 일하고 인구도 많다. 또한 중경(重
慶)이나 성도(成都) 지역에는 남자 같은 여자가 아주 많다.

신금(申金)은 아래와 같은 유상(類象)이 있다.

첫째로 신금(申金)은 주로 수(收)인데 수(收)의 함의와 취상(取象)에는 무엇이 있는가? 첫 번째로 은행인데, 은행은 거두고 대출하며 거둔 돈을 다시 대출한다. 수방(收放)[147]의 결합에는 인신충(寅申沖)과 묘신합(卯申合)이 있는데, 참여하는 것은 재(財)가 아니고 재(財)의 원신(原神)인 식신(食神)이나 상관(傷官)에 있다.

단지 수(收)하기만 하고 방(放)하지 않는 것은 어느 부문에 있는가? 세무기관이나 공안기관으로 일체 법을 집행하거나 처벌하는 기관은 모두 거두고 방(放)하지 않는데 중국에는 아주 많다.

여기에서 신금(申金)의 두 번째 상(象)을 인출하면 숙살(肅殺)이다. 이 속에는 율령(律令)의 뜻이 있다. 가을 하늘은 청냉(淸冷)하고 간정(干淨)하지만 초목이 시들어 없어지니 곧 금기(金氣)가 숙살(肅殺)하는 것이다. 일체의 사법(司法), 율령(律令), 정법(政法), 군대가 무장하는 것도 모두 이 상(象) 중에 있다. 사람의 이성적인 사유나 물리(物理), 이과(理科)도 또한 신(申)을 이용하여 표시한다.

신(申)의 세 번째 상(象)은 금속(金屬)이나 중기(重器)를 대표한다. 신금(申金)은 유금(酉金)에 비해서 중질(重質)이며 커서 기계나 차량을 대

---

147) 빌려주고 거두어들임을 의미한다.

표한다. 또한 수술(手術)이나 의원(醫院)을 대표하는데, 당연히 양방병원을 대표한다. 양방병원은 흰 가운을 입고 수술하여 말끔하게 제거하는데, 많은 기기(機器)와 측정기구가 있다. 그러나 신(申)은 오히려 생명의 생(生)을 대표하지 않고 병(病)과 죽음을 대표한다.

아래에서 신(申)과 십이지지 중에 관련성이 있는 지지(地支)와의 관계에 대하여 살펴보고자 한다. 신금(申金)과 유금(酉金)은 모두 금(金)인데, 완전히 다른 금(金)이며, 두 개의 금(金)은 제각각이어서 녹여도 한 덩어리가 되지 않는다. 상호 쟁탈(爭奪)하여 정의(情誼)가 없다.

戊 丙 丁 辛	**건조**
戌 申 酉 酉	申酉는 한집안, 식상이 재를 천하니 양심이 나빠짐. 식상이 천도하면 도망간다. 재를 천하니 사기죄

신(申)과 해(亥)는 상천(相穿)인데, 비록 모두 임수(壬水)를 머금고 있지만, 완전히 다르며 상호 배척(排斥)한다. 신해(申亥)가 천(穿)하는 힘은 크지 않고 상(傷)함을 받는 것도 아주 작다. 냉폭력(冷暴力)[148]이라 이해할 수 있다.

己 辛 甲 癸	**건조**
丑 亥 子 巳	庚申대운의 申대운에 재산 다 날림. 申亥穿하니 申은 다른 사람. 丑申은 같은 사람

---

148) 행동이나 말을 하지 않는데도 상대에게 폭력의 느낌을 주는 것

| 己 壬 辛 壬 | 곤조 |
| 酉 辰 亥 申 | 辰에 申.酉가 배치되어 차의 상이다. 辛亥와 壬申은 체가 서로 천하니 신체에 문제가 출현한다. 金은 주로 골격이니 척추를 표시한다. 戊子년에 차량사고로 척추가 골절되었다. |

　신(申)과 자(子)는 상생(相生)하고 상공(相拱)한다. 신(申)의 본신은 간정(干淨)한데, 자(子)로 화(化)하면 더욱 청결해진다. 이것은 형(形)이 화(化)하여 기(氣)가 되는 것인데, 신(申)의 급별(級別)과 등급을 끌어올린다.

| 己 丙 甲 戊 | 건조 |
| 亥 寅 子 申 | 살을 化하나 寅申沖으로 상처를 받음. 공문이 아님. 申子는 정밀화학공업. 亥子水가 왕하여 寅이 괴됨. |

| 丙 戊 戊 壬 | 건조 |
| 辰 子 申 寅 | 살통재(殺統財), 대외무역, 寅申沖 무역 子가 허투되어 癸卯대운 파재 |

　신(申)과 축(丑)은 바로 신(申)이 축묘(丑墓)로 들어간다. 신(申)이 축(丑)을 보면 일가(一家)로 돌아간다. 신(申)이 묘(墓)로 들어가면 완(頑)으로 변하거나 혹은 매몰되어 빛이 없어지는데, 이것은 신(申)의 등급이 내려가는 것이다. 신축(申丑)의 상(象)을 취하면 철근이나 시멘트가 되며 부동산, 건축의 뜻이 있다.

壬 戊 己 庚	**건조**
戌 申 丑 子	좌하의 식신이 丑墓에 들어가고 丑은 겁재로 또 子水와 합한다. 응집되어진 역량이 아주 크다. 丑이 戌中의 인성을 형(刑)으로 제(制)한다. 壬水가 戌土 위에 있어 역시 印을 制한다. 고로 관급이 아주 높다. 申과 丑은 모두 주로 법률인데, 투출한 財와 財가 관련이 있으니, 고로 법원의 관원이다.

신(申)이 인(寅)을 보면 상충(相沖)인데, 인신(寅申)은 음양이 장생(長生)하는 충(沖)이며 그 역량은 비교적 크다. 일반적으로 신(申)이 인(寅)과 싸우면 이기는데, 인(寅)이 화(火)를 더하는 것을 빼고는 신(申)이 이긴다. 인신(寅申)의 충(沖)은 무역(貿易)을 대표하며, 양(量)도 많고 큰 거래이다.

丙 庚 庚 辛	**건조**
戌 申 寅 亥	양일간 양칠살, 寅은 다른 사람의 재이니 주식회사 경영 관리 책임자

신(申)이 묘(卯)를 보면 암합(暗合)한다. 묘신(卯申)이 합하면 묘(卯)가 신(申)의 괴(壞)를 당하며, 합은 묘목(卯木)이 절(絶)하는 뜻이다. 신묘(申卯)의 신(申)은 대다수 주공(做功)하는 것으로 보며, 신(申)이 묘(卯)를 얻는 뜻이다.

丁 甲 乙 戊	**건조**
卯 申 卯 申	좌하 살성이 양인과 合하고 功이 있다. 양인(羊刃)에 살(殺)을 더하면 주로 무직(武職)이다. 양살양인이니 권력이 아주 크다. 刃이 공망이고 상관이 투하여 무(武)와 관련된 업종 안에서 문관이다.

신(申)이 진(辰)을 보면 공(拱)이 되는데, 신진(申辰)은 공수(拱水)로 이것은 명수(明水)이지 암수(暗水)는 아니다. 신진(申辰)의 점합성(粘合性)은 있지만 강하지 않아 비교적 약하게 관련한다. 진(辰)은 공수(拱水)로 인해 신(申)을 생하지 못한다.

癸 壬 戊 己	**곤조**
卯 申 辰 酉	戊辰이 2남편, 申辰 관련성을 가지나 도움이 안 됨.

신(申)이 사(巳)를 보면 상합(相合)인데, 사신(巳申)의 합력(合力)은 아주 강하며 모두 자유를 잃어버린다. 일반적으로 신(申)은 사(巳)의 공제(控制)를 당하는데 신(申)에게 강한 세력이 있는 것을 제하고는 사(巳)는 신(申)을 공제할 수 있다. 사신(巳申)의 합은 주공(做功)이 된다. 신(申)이 사(巳)에게 합을 당하면 수(水)를 생해줄 역량이 없다.

庚 癸 戊 壬	**건조**
申 巳 申 寅	巳火가 2개의 申을 공제하고 申이 寅을 沖하여 상관겁재를 制한다. 그래서 주공의 층차가 매우 높다. 광산, 금융, 부동산을 취급한다.

고대에서 신(申)은 종(鍾)이 된다. 고대의 종(鍾)은 성문(城門)의 고루 (鼓樓)[149]에 세워졌는데, 종을 두드려 시간을 알리는데 사용하였다. 상 (象)은 인신(寅申)으로 취한다. 전쟁을 할 때에도 북을 두드리면 공격 하고 금(金)이 울리면 병사를 거두는데, 목(木)을 취하면 방(放)하고 금 (金)은 주로 거두는 상(象)이다.

신(申)은 목소리를 대표하는데, 인신(寅申)이 있는 사람은 반드시 음 성이 크고 우렁차다. 인신(寅申)이 공망(空亡)이면 더욱 울리고 우렁차 며, 천생(天生)하는 것처럼 목소리가 좋다. 또 화(火)로 금(金)을 극(克) 하는 것이 성음(聲音)을 대표하는데, 그 소리는 반드시 초취(焦脆)[150]하 고, 금수(金水)가 상생(相生)하는 것은 소리가 유미(柔美)하고 만전(彎 轉)한다. 오직 신(申)이 축묘(丑墓)로 들어가면 목소리가 침울(沈鬱)하 며 오음(五音)이 온전하지 못하다.

간지(干支)는 상(象)으로 물(物)과 사(事)에 응하는데, 신(申)에도 이 러한 응(應)이 있으니 다른 간지와 유추해야 한다. 상(象)을 배우는 것 은 전부 감오(感悟)에 있으며 감(感)하면 마침내 통(通)하고 비로소 정 진(精進)하게 된다.

---

149) 높은 곳에 자리 잡은 보루, 큰북을 단 누각
150) 소리가 짧고 맑게 울림

제46절

십이지지의 유
(十二地支)　　　　　　(酉)

본 절에서는 십이지지(十二地支)의 유(酉)에 대하여 살펴보겠다. 유금(酉金)은 하늘에서는 월(月)이 되고, 땅에서는 금(金)이 되며, 물(物)에 있어서는 주보(珠寶)가 된다. 월(月)은 1년 중 8월이며, 시(時)는 하오(下午) 5시~7시 사이이다.

유(酉)는 음(陰) 중의 음(陰)인데, 왜냐하면 그 처(處)한 곳이 금수(金水)의 음방(陰方)이고 점위(占位)한 곳이 음(陰)이며, 장간(藏干)도 음(陰)으로, 세 가지가 모두 음(陰)인 까닭에 음(陰) 중의 음(陰)인 것이다.

유시(酉時)는 태양이 서산으로 떨어지는 상(象)이며, 병(丙)은 유(酉)에서 사(死)하는 까닭에 상(象)을 취하면 병사(病死)한 사람이 된다. 이것은 양기(陽氣)가 쇠패(衰敗)하여 생기(生機)가 없는 뜻이다. 의사나 혹은 의원(醫院)을 여는 명(命)에는 항상 유자(酉字)가 끼어있다. 태양이 서산에 떨어질 때는 어두워져 사람들은 집으로 돌아가 휴식한다.

유(酉)에는 주점(酒店)의 뜻이 있는데, 왜냐하면 유(酉)는 주로 안정과 간정(干淨)이기 때문이다. 이미 안정되고 간정(干淨)한 장소는 자연히 술집이 된다.

유(酉)의 기(氣)는 전일하여 잡질(雜質)을 포함하지 않고, 신금(申金)에 비해 깨끗하여 상(象)을 취하면 거울이 된다. 유(酉)를 가지고 있는 여자는 거울을 좋아한다. 유(酉)의 이러한 특징으로 인해 쉽게 극단(極端)으로 치달리며 결벽증이 생긴다.

유(酉)는 주보(珠寶)가 되니 당연히 각종 장식품이나 옥기(玉器)가 되고 또 갖가지 종류의 정치(精致)한 금속 기물(器物)도 모두 유(酉)로 표시하여 사용한다. 고대에 차는 칼과 현대의 시계나 전화는 모두 유금(酉金)이 된다. 유금(酉金)은 정치(精致)한 금(金)으로 사람으로 상(象)하면 반드시 미모(美貌)인데, 그러나 일점의 냉담하고 오만함이 있다. 유금(酉金)은 주점(酒店) 이외에 다시 사원(寺院)을 대표하는데, 왜냐하면 사원(寺院)은 청결하고 깨끗한 장소이기 때문이다.

신(申)과 유(酉)는 모두 거두는 뜻이 있는데, 유(酉)가 묘(卯)와 배합하면 또한 은행을 대표한다. 유금(酉金)은 음(陰)으로 집법(執法)하는 뜻은 없지만 법률(法律)의 뜻은 있으므로 변호사 직업이 있는 사람은 이 유자(酉字)가 있을 것이다.

아래에서 유(酉)와 십이지(十二支) 중에 관련성이 있는 지지(地支)와의 관계에 대하여 살펴보겠다.

유(酉)가 술(戌)을 보면 상천(相穿)인데 일반적으로 유(酉)는 술(戌)에게 천괴(穿壞)를 당한다. 유(酉)가 많을 경우에 술(戌)이 부서지는 것은 제외한다. 유(酉)가 술(戌)의 천(穿)을 당할 때 유(酉)는 체(體)가 되면 안 되는데, 그렇지 않으면 흉(凶)을 만난다. 유(酉)가 천(穿)을 당하는 것으로 용(用)이 되는 데는 두 가지 가능성이 있다. 하나는 직업이 무기상(武器商)이며, 또 하나는 직업군 중 운동선수일 가능성이 있으며 속도나 격정을 즐기는 것이다.

戊 辛 戊 乙	**건조**
戌 酉 寅 未	辛酉의 체가 괴된 상이다. 戊戌은 차이다. 戊土는 인성이고 2개의 戊가 대칭성으로 출현하니 자기가 차안에 들어감을 표시 한다. 穿하고 絕하니 사망의 상이다.

유(酉)가 자(子)를 보면 상파(相破)가 되며, 유(酉)는 자수(子水)를 생하지 못하고 양자(兩者)는 친근한 뜻이 없으며 상호 타협하지 않는다. 유(酉)가 자(子)에 상해(傷害)를 당하는 역량은 크지는 않은데, 생활하는 중에 냉폭력(冷暴力)에 상당하는 뜻이다.

辛 戊 乙 己	**곤조**
酉 子 亥 酉	상관은 나의 생각, 辛酉는 조용한 음. 戊寅대운 丙戌년 차량사고로 다친 데는 없으나 정신병. 寅戌은 다른 사람이 공합하여 친다.

인(寅)은 능히 유(酉)를 절(絶)하고 유(酉)도 또한 능히 인(寅)을 절(絶)한다.

甲 癸 癸 丙 寅 酉 巳 午	**건조** 水木傷官局으로 재·관을 보는 것을 기뻐한다. 더욱 기쁜것은 巳火 재성이 관성을 차고서 合하여 주위에 도달한다. 印을 制하는 것이 功이다. 단지 寅巳穿은 꺼리고 격국에 영향을 준다.

유(酉)가 묘(卯)를 보면 상충(相沖)인데 묘유(卯酉)는 수방(收放)하는 상충(相沖)이며, 금목(金木)이 교전(交戰)하면 반드시 유(酉)가 묘(卯)를 이긴다. 충(沖)은 호환(互換)하고 왕래하는 것이니 당연히 장사하는 것으로 본다. 묘(卯)는 체(體)가 되면 안 되는데, 만일 체(體)가 유충(酉沖)을 당하면 몸에 반드시 상(傷)함을 받게 된다.

己 辛 癸 壬 丑 酉 卯 子	**건조** 명예와 이로움이 있다. 본과학력, 현재 부처급 간부로 실권이 있다.

유(酉)가 진(辰)을 보면 상합(相合)인데, 양자(兩者)가 상합하는 점합성(粘合性)은 아주 강하다. 유(酉)는 본래 청수(淸秀)한 금(金)인데 한번 진(辰)과 합하면 진흙에 이르게 되며, 반드시 녹이 슬지 않으면 광휘(光輝)가 보이지 않는다. 그런 까닭에 진유(辰酉)가 합하면 진(辰)은 유(酉)를 부수는 뜻이 있다.

丙 癸 庚 庚	**건조**
辰 酉 辰 寅	水木상관이 관성을 보고 合하여 主位에 도달한다. 상관이 제복당한 것이 功이다. 원국의 功이 아주 크니 고급관원 이다. 寅을 대표하는 丙이 透한 것을 기뻐하지 않고, 반대로 庚을 制하고자 한다. 학력이 없다. 공장출신이다.

壬 辛 壬 辛	**건조**
辰 酉 辰 亥	戊子운 己丑년 壬申월 丙辰일 혹은 丁酉일에 창에 맞아 사망. 壬水의 충분(沖奔)은 대흉하다.

유(酉)가 사(巳)를 보면 공국(拱局)이 된다. 사화(巳火)가 유(酉)를 따르면 화성(火性)이 금(金)으로 변한다. 유(酉)는 사화(巳火)를 훼멸(毀滅)하고 자신은 더욱 강해진다.

乙 丁 辛 乙	**건조**
巳 酉 巳 未	팔자에 관살이 없고, 좌하의 재성은 겁재에 위제(圍制)되었다. 겁재가 印을 차고 있다. 象으로 말하자면, 곧 주위 전체가 돈을 필요로 하는 사람이 그를 찾는 것이다. 돈을 필요로 하는 사람이 문건을 차고 있다. 실제 이 사람은 지방시의 재정국장이다.

戊 辛 丁 癸	**곤조**
戊 酉 巳 亥	많은 질병이 있다. 수술로 고통이 심했다.

유(酉)가 오(午)를 보면 파(破)가 된다. 유(酉)가 오(午)를 보면 극(克) 중에 파(破)를 대동하고 있어 상해(傷害)가 아주 지독하다.

己 辛 甲 辛	**건조**
丑 酉 午 未	壬辰運 己丑年 필히 대흉이다. 丁丑月 癸酉日 丑時에 맞아 죽었다.

유(酉)는 음(陰)중의 음(陰)으로 태음(太陰)이 되는데, 인체에서 폐(肺)가 된다. 폐성(肺性)은 수렴(收斂)하여 내려가는데, 내려가지 않으면 역(逆)하게 되고, 역(逆)하면 기침과 천식(咳喘)이 생긴다.

유(酉)는 또 인체에서 치아(齒牙)를 대표하며 희고 깨끗하고 질(質)이 굳다. 만일 신(申)이 종(鍾)을 대표한다면, 유(酉)는 경쇠[151]로 주변의 사람들로 하여금 소리를 듣게 하는 기쁜 것을 대표한다.

그런데 축(丑)이 와서 거두어가거나 오(午)가 와서 파(破)하면, 오음(五音)이 온전하지 못하게 된다. 묘유(卯酉)가 충(沖)하거나 을유(乙酉)가 배치되면 반드시 좋은 목소리이다.

---

151) 부처에게 절할 때 흔드는 동종(銅鐘)

제47절

십이지지의 술
(十二地支)
(戌)

본 절에서는 십이지지(十二地支)중 술(戌)에 대하여 살펴보겠다. 술(戌)은 양토(陽土)인데, 하늘에서는 노을이 되고, 땅에서는 높은 언덕이 되며, 물(物)에 있어서는 화로가 된다. 월(月)은 1년 중 9월이 되고 시(時)는 오후 7시~9시이다.

술(戌)이 음(陰) 중의 양(陽)이 되는 것은 화고(火庫)를 점하여 양(陽)이 되기 때문인데 하반기가 되면 양(陽)이 물러가고 음(陰)이 커지는 때인 까닭에 음(陰) 중의 양(陽)이 된다.

술토(戌土)는 언덕마루로 높은 곳에 자리하고 있으며, 또 문고(文庫)가 되기도 하고 안에 정(丁)을 감추고 있어 문자(文字)로도 표시한다. 또한 술(戌)은 강단[講台]의 뜻이 있으며 많은 선생 중에는 술(戌)이 있다. 당연히 술(戌)은 화고(火庫)이며 또한 무고(武庫)의 뜻이 있다. 무장(武裝), 군대, 창탄(槍彈) 등이며, 인(寅)과 술(戌)에는 모두 문무(文武)의 양상(兩象)이 있는데, 구체적으로 무슨 상(象)인지는 조합과 십신(十神)을 근거로 판정한다.

술(戌)은 양고(陽庫)이며 양택(陽宅)의 뜻이 있는데, 그 안에 화(火)는 열투(熱鬪)를 표시하며 또한 아름다움으로 표시한다. 고로 술(戌)에는 실내장식이란 뜻이 있다.

술(戌)은 음(陰)중의 양(陽)으로 저녁이 되면 모두 안정하고 휴식한다. 다만 술(戌)이라는 장소는 아주 열투(熱鬪)함이 있고, 술(戌)에 감추어진 화(火)의 성(性)은 또 욕망(欲望)으로 표시하는데, 이 두 가지가 합한 상(象)을 취하면 룸살롱이나 색정 장소가 된다. 당연히 열투(烈鬪)하는 장소는 모두 술(戌)로 표시할 수 있다. 예를 들면 번잡한 도시, 영화관, 공연장, 인터넷, 술집 등이다.

술(戌)은 인터넷망을 표시하는데, 이것은 술(戌)의 열투성(烈鬪性)과 광범위한 성질 때문이며 또 전자(電子)의 정(丁)이 있고 문자(文字)나 그림, 영상(影像) 등을 나타낸다. 빌 게이츠, 괴테, 마윈(馬雲), 마화텅(馬化騰)은 모두 술(戌)을 끼고 있다.

술(戌)은 높고 큰 건축이 되고 부동산이나 건축업으로 표시한다. 좌하(坐下)가 술(戌)인 사람은 주로 높은 빌딩에 거주하는 것을 좋아한다.

술(戌)에는 다시 소송(訴訟)하는 뜻이 있으며 또한 관사(官司)를 벌인다. 어째서 술(戌)이 관사(官司)를 벌리는 것으로 표시하고 감옥으로 표시하지 않는가? 술(戌)은 서방(西方)을 점유하는데, 신유술(申酉戌)은 일방(一方)이며 일계(一季)가 된다. 신유(申酉)는 법률을 관할하고 거두는 것인데, 술(戌)은 도리(道理)로 말하면 유일하게 말다툼하는 장소이다. 공안법(公安法)은 술(戌)에 양성(陽性)이 있어 이에 쟁송(爭訟)하는 뜻이다. 즉, 음(陰)중 양(陽)의 뜻이다.

술(戌)은 천문(天門)에 임하므로 종교장소나 교당(敎堂)과 같은 부류로 그 건축이 웅위하고 하늘과 통하는 상(象)을 취한다. 중국의 큰 사원(寺院)에는 많은 사람이 오고 가는데 믿는 사람이 많은 것도 또한 술(戌)이다.

마지막으로 *술(戌)은 주로 수학(數學)*인데, 술해(戌亥)는 건위(乾位)에 임하고 건(乾)은 하늘로 통하는데, 수학도 천도(天道)로 통한다. 술(戌)과 해(亥)와 자(子)는 모두 수학으로 표시할 수 있는데, 그것들의 다른 점을 생각해보기 바란다. 술(戌)은 당연히 현대의 석유화학산업이나 화공(化工), 전산망(電網), 화력, 치금(治金) 등을 모두 술(戌)로 표시하여 이용할 수 있다. 고대 도자기산업이나 도기(陶器)도 또한 이 술(戌)이다.

아래에서 술(戌)과 십이지(十二支) 중에 관련성이 있는 지지(地支)와의 관계에 대하여 살펴보겠다.

술(戌)이 해(亥)를 보면 극(克)인데 술해(戌亥)는 본래 일문(一門)인 까닭에 그것들 간의 극(克)은 보통의 극(克)에 비해서 대단할 수 있다. 왜냐하면 사이가 너무 가깝고 또 수화(水火)가 용납하지 않으니 당연히 술(戌)이 해(亥)를 극(克)한다.

丙 庚 癸 戊 子 戌 亥 子	건조
	金水傷官의 局으로 制官의 뜻이 있지만, 원국은 오히려 官庫가 열리지 않았다. 戊癸合하니 戊土에 功이 있다. 傷官은 주로 重한 권력을 장악할 수 있다. 상관은 또 주로 집법이다. 그래서 집법부분의 직이다.

술(戌)이 축(丑)을 보면 형(刑)인데, 술(戌)은 능히 축(丑)을 형(刑)하고 축(丑)도 또한 술(戌)을 형(刑)한다. 형(刑)은 고(庫)를 열기도 하고 또한 형괴(刑壞)도 한다. 만일 육친(六親)에 미치거나 혹 체(體)를 대표하여 형(刑)을 범하면 신체에 문제가 출현한다.

癸 戊 癸 辛 丑 戌 巳 酉	곤조
	戊戌일주는 음포양국일 경우 관을 함. 인성위의 재는 큰 재다. 癸丑과 辛酉는 담벼락 즉 교도소. 丙대운 巳가 丙으로 허투하여 丙辛合하니 좋은 것이 안 좋은 것과 합하여 안 좋아진다.

술(戌)이 인(寅)을 보면 공합(拱合)이 된다. 양자(兩者)의 점접성(粘接性)은 약하고 인(寅)의 극(克)이 술(戌)에 이르지 못하는데, 왜냐하면 공화(拱火)한 원인 때문이다.

甲 戊 庚 壬	**건조**
寅 戌 戌 寅	戊戌은 墓庫가 열리지 않아 분묘로 본다. 壬寅, 甲寅은 모두 재로 표시한다. 2개의 寅은 2개의 눈의 표시가 가능하여 풍수의 상으로 본다.

술(戌)이 묘(卯)를 보면 합(合)이 되는데, 술(戌)은 아주 크고 강하지만, 그러나 오직 묘(卯)만이 그것을 속박하여 공제(控制)하여 머물게 한다. 하나의 밧줄로 개를 묶어 머물게 하는 것과 같다. 그 화성(火性)도 또한 수렴(收斂)을 얻게 된다.

乙 壬 壬 癸	**건조**
巳 寅 戌 卯	주위(主位)에 財가 重하고, 巳財는 戌墓 들어간다. 살이 卯에게 合을 당하여 功은 卯가 戌을 制하는데 있다. 고로 대운이 卯를 돕는 것을 기뻐한다. 未運은 卯를 돕고 戌을 刑하여 부동산을 취급하여 수억의 큰 기업이 되었다.

술(戌)이 진(辰)을 보면 가장 큰 2개의 고(庫)가 상충(相沖)하는 것으로 그 공력(功力)의 큼을 비교할 것이 없다. 만일 용(用)이 교역(交易)에 있으면 그것은 특대 규모의 교역(交易)이다. 진술(辰戌)이 체(體)를 점유하면 충(沖)하면 안 되며, 체(體)를 충(沖)하면 하늘과 땅이 무너져 일이 생기기 쉽다.

<table>
<tr><td>癸 戊 丙 癸
丑 戌 辰 卯</td><td>**건조**
戊戌은 괴 되면 안 된다. 그런데 辰戌沖 丑戌刑으로 戌이 괴
되었다. 丑은 뇌옥의 상. 癸卯의 癸水는 丑에서 나간 것이고
卯가 戌을 공제해서 돈을 탐하다가 뇌옥에 가는 명이다.</td></tr>
</table>

　술(戌)이 오(午)를 보면 반합국(半合局)이 된다. 술오(戌午)는 서로공(拱)하며 술토(戌土)의 힘이 더욱 강해진다. 왜냐하면 화(火)는 능히 토(土)를 생하기 때문이다. 오(午)가 많으면 술(戌)이 거두어 묘(墓)로 들어간다. 술오(戌午)도 또한 일가(一家)가 되고 능히 서로를 대신한다.

<table>
<tr><td>戊 甲 庚 己
辰 戌 午 酉</td><td>**곤조**
혼인이 나쁘다. 이혼 두 번. 뇌옥은 없다. 비겁이 없다. 식
품사업을 한다. 午가 戌을 생하여 財가 많은데 시주 戊辰
이 와서 沖으로 가져간다. 유통이 되고, 왕래 호환된다.</td></tr>
</table>

　술(戌)이 미(未)를 보면 상형(相刑)이다. 이 형(刑)은 누가 누구를 제(制)하는 문제는 없고 다만 고(庫)를 여는 것이다. 목고(木庫)가 열리면 화(火)에 목(木)이 더해지니 그 열염(烈炎)이 충천(沖天)한다. 조성(燥性)이 너무 강하여 쉽게 편파(偏頗)가 생긴다.

<table>
<tr><td>癸 戊 癸 辛
丑 戌 巳 酉</td><td>**곤조**
21세 未運은 燥土로 火이다. 未는 시상의 상관고를 制한
다. 원국의 巳는 능히 酉를 制할 수 있고, 재와 재의 原神
을 制한다. 고로 능히 발전할 수 있다. 최소한도 억만부
옹에 도달할 수 있는 유명인(名人)이다.</td></tr>
</table>

술(戌)이 유(酉)를 보면 상천(相穿)이다. 이 천(穿)에서 술(戌)은 동력(動力)이나 무기를 표시한다. 이와 같은 동력(動力)은 운동하는 뜻이다. 만약에 이것이 무기라면 유(酉)는 반드시 상망(傷亡)이 있다. 이것은 체용(體用)과 강약(强弱)과 십신(十神)의 관계를 취하여 결정한다.

癸 戊 癸 辛 丑 戌 巳 酉	**곤조** 丙申, 丁酉대운 20년간 감옥에 있다. 酉대운 지나서 나온다. 酉는 丑에서 나갔다. 巳酉合은 나의 祿이 어두컴컴하고 음침한 酉陰과 合하니 뇌옥의 상이다.

戊 丙 丁 辛 戌 申 酉 酉	**건조** 甲午대운 甲申年에 사기죄로 감옥에 들어감. 겁재 丁은 戊을 대표하고, 빈위의 酉財위에 있어 사기이다. 戊土가 酉의 穿을 당하니 자유가 없다.

술(戌)은 십이지(十二支)에서 개로써, 개는 충성심이 강한데 술(戌)에도 또한 이 상(象)이 있다. 개고기는 성(性)이 열(熱)하여 쉽게 화(火)가 올라오므로 많이 먹으면 안 된다.

술(戌)은 인체에서 심장이나 심포(心包), 명문(命門), 등, 위장, 코가 된다. 병(病)으로는 위(胃)의 열(熱)로 소갈(消渴)한다.

제48절

십이지지의 해
(十二地支)　　　　　(亥)

본 절에서는 십이지지(十二地支) 중 해(亥)에 대하여 살펴보겠다. 해수(亥水)는 하늘에서는 구름이고, 땅에서는 호수가 되며, 월(月)은 1년 중 10월이고, 시(時)는 오후 9시~11시 사이이다.

　해(亥)는 4대 장생(長生) 중 유일하게 토(土)가 끼어있지 않고, 다만 임갑(壬甲)만이 감추어져 있다. 이것은 인신사해(寅申巳亥)가 가진 팔괘(八卦)의 방위와 관련이 있다. 인(寅)은 간(艮)에 있어 산(山)에 토(土)가 있고, 신(申)은 곤방(坤方)에 있어 땅에 토(土)가 있으며, 사(巳)는 비록 손(巽)에 있으나 오히려 토(土)의 왕지(旺地)인데, 오직 해(亥)는 건방(乾方)에 있어 토(土)가 없는 것이다.

　해(亥)와 술(戌)과 자(子)는 모두 숫자를 표시하는데, 여러분은 한번 이 세 가지가 무엇이 같고 다른지를 생각해보라.

술(戌)을 플랫폼[152]이라고 하는데, 이것은 대수(大數)에 근거한 운산 (運算)이다. 현재는 계산이나 숫자에 근거한 교환 플랫폼과 같다. 비유하면 주식시장 거래소, 증권거래소가 술(戌)이다. 이 숫자는 운산 (運算)이나 혹은 처리하는 데 사용한다.

해(亥)는 보통의 수학이나 운산(運算)으로 플랫폼의 뜻은 없다. 두뇌의 도움을 빌려 계산하는 우리가 배우는 수학이다. 즉, 사람에게 있는 수리(數理) 능력이다.

자(子)는 소수(小數)나 정치(精致)의 뜻이며 정밀하고 세밀한 계산이다. 왜냐하면 자(子)는 원주(圓珠)가 되므로 주판알을 튕기는 뜻이 있기 때문이다.

해자(亥子)는 모두 수(水)인데, 해(亥)는 호수, 천수(泉水)로 안정(安靜)된 수(水)이며, 자(子)는 유동(流動)하는 수(水)이다. 그런 까닭에 해 (亥)는 농작물에 관개(灌漑)하여 목(木)을 생하는데, 자수(子水)가 목 (木)을 생하는 것과는 차이가 아주 많다. 왜냐하면 자수(子水)는 유동 (流動)하여 고요하지 않으며, 더욱이 작물의 묘목을 생하지 못한다.

수(水)는 모두 이성적 지혜로 표현할 수 있다. 해(亥)는 주로 수리적인 능력이고, 자(子)는 철학적인 사고로 기울어진다.

---

152) 원문은 平台로 되어있다. 平台는 플랫폼(platform), 옥상 건조대, 옥상 마당, 옥상 테라스, 평면 작업대 등을 나타낸다.

자(子)에는 종극적(終極的)인 사상의 뜻이 있어, 인류의 근본적인 문제를 사고하는 것이 바로 자(子)이다. 해(亥)에는 필묵(筆墨)의 뜻이 있으며, 고인(古人)은 모필(毛筆)을 사용하여 글자를 썼으므로 을해(乙亥)라는 상(象)을 취했는데, 현대의 사람들은 볼펜을 사용하여 글자를 쓰므로 신해(辛亥)로 상(象)을 취한다.

만일 해(亥)가 재성(財星)과 가까운 관계를 발생하면 쉽게 회계(會計)나 출납(出納)에 해당한다. 재(財)의 숫자를 표시한다. 당연히 여기에서 재(財)가 관살(官殺)이라면 급별(級別)이 더 크다.[153]

아래에서는 해(亥)와 십이지지(十二地支) 중에 관련성이 있는 지지(地支)와의 관계에 대하여 살펴보려고 한다.

임계(壬癸)는 함께 어울려 흐르는데, 해(亥)가 자(子)를 만나면 해자(亥子)의 두 수(水)는 서로 함께하지 못한다.

해(亥)가 인(寅)을 보면 합(合)이 되는데, 해(亥)의 점합(粘合)하는 능력이 아주 강하여 인(寅) 중의 양(陽)을 멸(滅)한다. 이러한 종류의 합은 대다수 괴처(壞處)가 있어, 해(亥)도 불리하고 또한 인(寅)도 불리하다. 쉽게 신체에 만성 질병이나 류마티스, 중풍, 정신병이 생긴다.

---

153) 『맹파명리』에서는 관살이 재가 될 경우에는 부의 등급이 큼을 나타낸다.

甲 癸 壬 丁 寅 亥 子 酉	**건조** 未運 戊子年에 뇌출혈로 사망하였다. 甲寅은 머리, 亥는 피, 寅亥合으로 피가 응고되어 뇌출혈 사망

戊 癸 戊 庚 午 亥 子 午	**건조** 癸亥일이 상관식신이 없고 오히려 관성포국이다. 관이 자기를 공제(控制)하는 것을 표시한다. 亥中에 내상관이 있어 반항을 표시한다. 戊土 포국으로 비겁상관이 세를 이뤄 관살과 대항하니 뇌옥조합이다.

해(亥)가 묘(卯)를 보면 공합(拱合)이 되며, 해(亥)가 와서 묘(卯)를 생하는 뜻이다. 해(亥)가 전화(轉化)하여 목(木)이 되니 수성(水性)을 잃어버리고 목(木)은 더욱 강해진다.

甲 己 戊 辛 子 卯 戌 亥	**건조** 卯殺이 통재(統財)하고, 卯戌이 서로 合하며, 卯는 농주 (弄住)당하고 있다. 대운이 戊을 돕고 財를 壞하는 것을 기뻐한다. 未運으로 행하니 卯를 돕고 戌을 괴하니 되는 일이 없었다. 甲午運으로 변하니 공장을 열어 모든 일이 순리대로 풀리고 사업이 날로 번창하였다.

해(亥)가 진(辰)을 보면 입묘(入墓)하는데, 해(亥)가 진묘(辰墓)로 들어가는 것을 수(收)라 한다. 만일 진(辰)이 앞에 있고 해수(亥水)가 뒤에 있거나, 혹은 진(辰)이 원국(原局)에 있고 해(亥)가 대운(大運)에 있

으면 진(辰)중에서 수(水)를 인출(引出)하게 된다.

乙 甲 癸 戊 丑 辰 亥 申	**건조** 卯運에 부동산을 개발하여 수천억 원을 벌었다. 戊辰運에 크게 발전하였다. 甲辰은 丑을 입묘시키니 공이 아주 크다. 卯運은 辰을 穿하니 공이다.

甲 丁 乙 己 辰 亥 亥 酉	**건조** 酉亥조합은 酒이다. 酉가 식신을 차고 있는 것은 음식의 뜻이 있다. 甲 印星이 청룡으로 문호에 있으니 주로 점포이다. 亥가 辰墓로 들어가는 것은 주공이다. 辰이 酉를 챈[帶] 포국이니 여러 개의 점포이다. 乙이 투출하여 己를 克하는 것을 꺼린다.

해(亥)가 사(巳)를 보면 상충(相沖)인데, 수화(水火)의 충(沖)은 상교(相交)하고 상융(相融)한다. 양자(兩者)의 충(沖)은 또한 주공(做功)하여 왕래(往來)하고 교환(交換)하는 상(象)이다. 일방(一方)이 강하면 또한 다른 일방을 제거한다.

甲 丁 癸 戊 辰 巳 亥 申	**건조** 丁巳일주는 괴 되면 안 되는데 巳亥冲, 甲子대운 子巳絶되었다. 목숨을 건지려면 甲木이 생해주어 야 한다. 甲목은 큰 건물로 황궁 궁궐이 아니면 불교 사원이다. 丙寅대운 좋다. 지도자가 되었다. 寅巳穿으로 火가 왕성해진다.

해(亥)가 오(午)를 보면 암합(暗合)인데, 수화(水火)의 합은 서로 교류하고 융합한다. 대다수 상황에서의 상합(相合)은 좋다. 양자(兩者)가 상합(相合)하는 점합성(粘合性)은 또한 강하지 않으며, 상호(相互)가 용(用)이 되고 또 그 독립성은 잃어버리지 않는다.

甲 辛 己 己	**건조**
午 亥 巳 卯	팔자의 주공은 午亥 암합 즉 상관합살이다. 일주 辛金은 己土의 生을 받고 있다. 상관을 制하는 局이다. 상관이 포제(包制)당하여 형성된 적포구조이다. 상관대운으로 行하는 것을 아주 기뻐한다. 주변의 전체가 官이 그를 에워[圍]싸고 있다. 그래서 관의 그릇이 크다.

해(亥)가 미(未)를 보면 공합(拱合)이 된다. 해미(亥未)가 공(拱)하여 목국(局)이 되면 목(木)은 해수(亥水)를 설(泄)하여 그 해수(亥水)의 수성(水性)과 미(未)의 토성(土性)이 모두 어느 정도 없어진다.

戊 癸 乙 辛	**곤조**
午 亥 未 亥	亥未공합으로 남편궁 亥水가 약해짐. 己亥대운 이혼함. 午가 허투함.

해(亥)가 신(申)을 보면 상천(相穿)인데, 그 상천(相穿)하는 힘은 강하지 않고, 해(亥)의 손해(損害)도 또한 크지 않다. 이러한 종류의 상천(相穿)은 냉폭력(冷暴力)과 비슷하다.

庚 癸 癸 壬 申 亥 丑 子	**건조** 소년시절 절도죄로 7년 판결 받음. 출옥 후에도 떠돌아 다님.

해(亥)가 술(戌)을 보면 비록 동궁(同宮)이나 오히려 극성(克性)이 아주 크다. 술(戌)은 양토(陽土)가 되며, 해(亥)중에 양수(陽水)가 감추어져 있으니 이것은 양(陽)이 양(陽)의 극(克)을 본 것이다. 고로 해수(亥水)가 극(克)을 당하는 것이 엄중하다.

癸 癸 壬 癸 丑 亥 戌 未	**곤조** 장래 운명에 곡절이 많고 힘들게 노동일하면서 살아간다.

甲 癸 戊 丙 寅 亥 戌 午	**건조** 학력이 있고, 고위직 공무원이다.

해(亥)는 수(水)로 인체에서는 음정(陰精)이며 체액(體液)과 신정(腎精)이 된다. 만일 인체의 양기(陽氣)가 부족하다면 그 병(病)은 다한(多寒)과 다담(多痰)과 다음(多飮)에 있다. 사람은 요컨대 춘하(春夏)에는 양(陽)을 기르고, 추동(秋冬)에는 음(陰)을 기르고자 한다면 곧 신정(腎精)을 길러야 한다. 신정(腎精)이 충족(充足)하면 백병(百病)이 침범하지 못한다.

제49절

간지의 허실 관계
(干支)　　　(虛實)

　　본 절에서는 간지(干支)의 배치(配置) 중 일절(一節)인 간지(干支)의 허실관계(虛實關係)에 대하여 살펴보려 한다. 앞의 제27절에서 간지(干支) 관계에 대하여 살펴보았다. 이번 절(節)은 실제로 앞절(節)의 연속이다. 명리(命理)의 어려운 점은 간지(干支)에 있는데, 간지(干支)의 여러 가지 배치는 다른 상의(象意)를 대표하며 전통 명리의 쇠왕(衰旺) 이론과는 다르다.

　　간지(干支) 사이의 배치 관계를 나누어 말하면 몇 가지 조합이 있다.

1. 간지(干支)가 록(祿)과 통(通)하는 것이다.

　　이것은 간(干)이 지(支)에 통하는 것으로 연체(連體)의 뜻이 있다. 갑인(甲寅), 을묘(乙卯), 경신(庚申), 신유(辛酉), 임자(壬子), 계해(癸亥), 정사(丁巳), 병오(丙午)가 있다. 수화(水火)는 음양(陰陽)의 착배(錯配)로 인해 임자(壬子) 중 자(子)를 머금은 것이 비록 계수(癸水)이지만 통록(通祿)이라 한다. 무진(戊辰), 무술(戊戌), 기축(己丑), 기미(己未)의 토(土)는 통록(通祿)이라 하지 않는다.

2. 간지(干支)가 근(根)에 의지하는 것이다.

예를 들면 갑진(甲辰), 을미(乙未), 을해(乙亥), 병인(丙寅), 정미(丁未), 무오(戊午), 기사(己巳), 신축(辛丑), 임진(壬辰), 임신(壬申)이다. 이 10개의 주간(柱干)은 지(支)에 의존하여 생존하는데, 지(支)가 부서지면 간(干)도 또한 부서진다.

3. 간지(干支)의 대상(帶象)이다.

곧 간(干)이 지(支)를 생하는 조합으로 천간(天干)이 지지(地支)를 생하는 것을 대상(帶象)이라 한다. 예를 들면 사람과 같아서 천간(天干)은 머리를 대표하고 지지(地支)는 몸을 대표한다. 일반적으로 말하면 간지(干支)의 대상(帶象)은 천간(天干)이 능히 지지(地支)의 상(象)을 대표한다. 간지(干支)의 대상(帶象)을 일주(日主)의 입장에서 본다면 곧 좌하(坐下)가 상관(傷官)이나 식신(食神)에 해당될 때, 지지(地支)의 자(字)를 부셔도 되는지 부서지면 안 되는지는 상황에 따라서 정하고, 만일 일주(日主)가 의탁(依託)하는 인성(印星)이 있다면 지지(地支)는 파괴되어도 괜찮다.

4. 간지(干支)가 가생(假生)[154]하는 것이다.

예를 들면 정묘(丁卯), 계유(癸酉), 갑자(甲子), 경진(庚辰), 경술(庚

---

154) 겉모습은 생하는 구조이나 실질적으로 생이 안되는 간지를 말한다.

戌), 신미(辛未)이다. 이 6개 주(柱)의 지지(地支)는 부서져도 되며, 그 중에 계유(癸酉)는 지지(地支)가 부서져야 비로소 좋아지며 부서지지 않으면 오히려 좋지 않다.

5. 간지(干支)가 상극(相克)하는 것이다.

천간(天干)이 지지(地支)를 극(克)하는 것이나 혹은 지지(地支)가 천간(天干)을 극(克)하는 간지(干支)의 조합이다. 단, 갑진(甲辰)과 을미(乙未)는 제외한다. 예를 들면 갑신(甲申), 갑술(甲戌), 을유(乙酉), 을축(乙丑), 병자(丙子), 병신(丙申), 정해(丁亥), 정유(丁酉), 무자(戊子), 무인(戊寅), 기해(己亥), 기묘(己卯), 경오(庚午), 경인(庚寅), 신사(辛巳), 신묘(辛卯), 임술(壬戌), 임오(壬午), 계사(癸巳), 계미(癸未)로 20개 주(柱)이다.

우리는 그것을 천간(天干)이 허투(虛透)하였다고 한다. 이 20개 주(柱) 속에는 다시 일부분 간지(干支)가 자합(自合)하는 상황이 있다.

이 20개 주(柱)에 간지(干支)가 가생(假生)하는 경술(庚戌)과 신미(辛未)를 더하면 모두 22주(柱)로 모두 천간(天干)이 허투(虛透)한 것이다. 몇 개의 주(柱)가 빠진 것이 무엇인가? 무진(戊辰), 무술(戊戌), 기축(己丑), 기미(己未)이다. 이 4개의 주(柱)를 말하자면, 무진(戊辰)이나 무술(戊戌)은 형충(刑沖)을 기뻐하지 않고, 기축(己丑)과 기미(己未)는 반드시 형충(刑沖)해야 오히려 길(吉)하다.

아래에서 중점적으로 간지허실(干支虛實)의 응용에 관하여 말하려 한다.

허실(虛實)은 변화를 말하는데 허(虛)란 무엇인가? 허(虛)란 약화(弱化), 경화(輕化), 기화(氣化)를 말하며, 일반적인 말의 함의는 달아나거나 도망가는 뜻인데, 이것은 명리(命理)에서 특별히 중요하다. 우리가 알고 있기를 재성(財星)이 허(虛)하다거나 관살(官殺)이 허(虛)하다고 하는데, 허(虛)와 실(實)의 함의는 완전히 다르다.

재성(財星)이 허투(虛透)하면 재주이고, 관살(官殺)이 허투(虛透)하면 명예가 된다.

인성(印星)이 허투(虛透)하면 무엇을 대표하는가? 이것은 방대(放大)[155]로 인성(印星)이 허투(虛透)한 것은 바로 포장(包裝)[156]이나 신분(身份)[157], 영예(榮譽)가 된다. 이것은 단순한 허(虛)이다.

자수(子水)인 지지(地支)가 천간(天干)에 허(虛)로 있다면, 이것은 임(壬)이 자(子)를 대표하는가, 아니면 다시 계(癸)가 자(子)를 대표하는가? 반드시 계(癸)가 자(子)를 대표하지 임(壬)은 자(子)를 대표하지 않는다. 만일 자(子)가 처자(妻子)를 대표하는데 주(柱) 중에 계미(癸未)

---

155) 확대하다. 크게 하다. 증폭하다의 뜻을 나타냄
156) (사람이나 사물을) 포장하거나 잘 꾸밈을 나타냄
157) 품위나 체면 등을 나타냄

를 보면 이것은 처자(妻子)가 반드시 도망가서 자기를 떠나는 것이다. 이것이 바로 실(實)이 허(虛)로 화(化)하는 일종의 함의이다. 실(實)이 허(虛)로 화(化)하는 함의는 장사하는 유형(類型)으로 생산품이 많은 한쪽에서 적은 한쪽으로 팔아버리는 것이니, 실(實)한 것이 다른 한쪽의 허(虛)에 이르는 것이다.

 실(實)이 허(虛)로 화(化)하는 세 가지 상황이 있다.

 첫째는 본기(本氣)의 실(實)이 허(虛)로 화(化)하는 것으로, 年의 지지(地支)에 인(寅)이 있는데 시(時)에서 갑신(甲申)을 보면 인(寅)이 허(虛)하여 시상(時上)으로 변화한 것이다.

 둘째는 감추어진 왕기(旺氣)가 허(虛)한 것으로, 인자(寅字)가 허(虛)하여 병신(丙申)이 되면 또한 인자(寅字)가 허(虛)하여 도망간 것을 대표한다.

 셋째는 묘기(墓氣)가 허(虛)하는 것으로, 미자(未字)가 을(乙)을 보면 미(未) 중에 을목(乙木)이 묘(墓)에서 나간 것으로 이러한 종류로 나가는 것은 충(沖)을 이용하는 것이 아니고 허(虛)하여 출묘(出墓)한 것이다.

 만일 원국(原局)에 허실(虛實)의 변화가 없다면 대운(大運)에서 만나는 것도 또한 같이 본다. 예를 들면 원국(原局)에서 묘(卯)가 처(妻)가 되는데 대운(大運)에서 을유운(乙酉運)을 만난다면 처(妻)가 이 운(運) 중에 도망가는 것을 대표하고, 만일 원국에서 혼인(婚姻)이 평온하지

않으면 곧 이혼하게 된다. 만일 원국(原局)에서 본신(本身)의 혼인이
안정되었으면 부부의 사이도 또한 공작(工作)으로 인해 헤어지는 것
으로 본다. 유년(流年)에서 발출(發出)한 실(實)이 허(虛)로 변한 상황
에서는 큰일은 발생하지 않을 것이다.

다시 하나의 문제를 생각해보자. 예를 들면 경진(庚辰) 일주(一柱)가
경자(庚子)로 변한다면, 이것을 일종의 경(庚)의 변화로 보아야 하는
가? 이러한 상황에서도 비록 허실(虛實)의 변화는 아니지만 일종의 변
화인데, 예를 들면 경(庚)이 재(財)를 대표하는데 경진(庚辰)이 경자(庚
子)로 변한다면, 장사로 돈을 벌려고 지방으로 가는 것이 아니라, 가
공(加工)으로 전화(轉化)하는 것을 거쳐서 돈을 버는 것이다.

제50절

간지의 자합[158]
(干支)　　(自合)

앞절에서 간지(干支) 배치 중 허실(虛實)의 관계에 대하여 살펴보았다. 또한 간지(干支)의 오종(五種) 관계에 대하여 분석하였다.

1, 간지(干支)의 통록(通祿) 2, 간지의 탁근(托根) 3, 간지의 대상(帶象)
4, 간지(干支)의 가생(假生) 5, 간지(干支)의 상극(相克)이다.

간지(干支) 자합(自合)은 간지(干支)가 상극(相克)하는 것에 속하지만, 자합(自合)의 특수성 때문에 단독적으로 끄집어내어 논하는 것이며, 맹파명리(盲派命理)를 석의(釋義)하는 마지막 강의일 것이다.

간지(干支)가 자합(自合)하는 것은 육주(六柱)가 있는데, 곧 정해(丁亥), 무자(戊子), 기해(己亥), 신사(辛巳), 임오(壬午), 계사(癸巳)이다.

---

158) 박형규 역 『명리진보』 상원문화사 2013 「천지합의 중요성」 332~336쪽 참고

천간(天干)은 임금이 되고 지지(地支)는 신하가 되는데, 천간(天干)은 지지(地支)를 극(克)할 수 있지만, 지지(地支)는 천간(天干)을 극(克)하지 못한다. 곧 갑신(甲申), 을유(乙酉)와 같은 주(柱)로 신유(申酉)는 모두 극(克)하는 것이 갑을(甲乙)에 이르지 못한다.

왜냐하면 천간(天干)은 자리가 높기 때문이다. 그러나 간지(干支)가 자합(自合)하는 것 중에 두 개가 있는데, 60갑자(甲子) 중 유일하게 두 개만이 지지(地支)의 극(克)이 천간(天干)에 이른다. 바로 정해(丁亥)와 신사(辛巳) 양주(兩柱)이다.

무자(戊子)와 임오(壬午)는 아주 분명하게 천간(天干)이 지지(地支)를 극(克)하고, 기해(己亥)와 계사(癸巳)는 해(亥)중에 갑(甲)이 있고 사(巳)중에 무(戊)가 있는 것 같으나, 당연히 천간(天干)이 지지(地支)를 극(克)한다. 그렇기 때문에 지지(地支)의 본기(本氣)가 천간(天干)의 극(克)을 받는 원인이다.

정해(丁亥)의 해(亥)는 본기(本氣)가 임(壬)이니 능히 정(丁)과 합하여 극(克)한다. 신사(辛巳)는 사(巳)의 본기(本氣)가 바로 병(丙)이니 능히 신(辛)과 합하여 극(克)한다. 이것을 비유하면 황제(黃帝)가 바로 최고의 권력을 가지고 있으나, 역사상 소수의 황제는 오히려 후궁(後宮)의 전권(專權)으로 권력을 상실한 것과 같다.

간지(干支)가 자합(自合)하는 주(柱)는 바로 정성(正星)이 정위(正位)

를 얻고, 상하(上下)가 상합(相合)하는 것이다. 비유하면 여인(女人)이 장부(丈夫)를 찾는 것과 같은데, 정관(正官)이 정위(正位)를 얻고 자합(自合)하는 것으로 부부 관계가 서로 맞아야 비로소 맞는다 할 수 있다. 사실상 간지(干支)의 자합(自合)은 혼인(婚姻)이 불행한 경우가 아주 많고, 단지 소수의 혼인만 아름다운 행복에 부합한다. 이것의 가장 중요한 원인은 바로 간지(干支)가 자합(自合)하는 명(命)은 마음속에 모두 하나의 이상적인 결혼과 아주 완미(完美)한 목표를 품고 있다. 그러나 이러한 것들은 현실(現實) 속에서는 왕왕 실현할 수가 없는 것이다. 이상과 현실의 차이로 그들의 혼인(婚姻)은 불행을 조성하게 된다.

또 하나의 원인은 곧 간지(干支)가 자합(自合)하는 지(支)는 피괴(被壞)되어서는 안 되고, 합(合)해도 안 되며, 충형파(沖刑破)해도 안 된다. 그래서 풀이 바람에 한 번 날리면 곧 이혼하게 되며, 또한 너무 지나친 이상 때문에 변(變)하여 취약(脆弱)해진다.

이러한 사람은 비교적 혼인에 대한 요구가 높아서 이혼하는 비율이 높게 조성되어 혼자 사는 사람이 많다.

간지(干支)가 자합(自合)하는 주(柱)는 대다수의 배치가 시(時)에 있는 것을 기뻐하는데, 왜냐하면 자합(自合)은 바로 음양이 상교(相交)하고 배합(配合)이 알맞기 때문에 자기의 능력을 충분하게 발휘하는 것을 표시한다.

무자(戊子)와 기해(己亥) 양주(兩柱)를 비유하면 우물의 덮개이거나 수개(水蓋)가 내부에 있는 것이다. 임오(壬午)와 계사(癸巳) 두 개의 주(柱)는 음양의 기(氣)가 사귀고, 수화(水火)가 기제(既濟)하는 상(象)이다. 정해(丁亥)와 신사(辛巳)는 천지(天地)가 오히려 어두워지고 바다로 던지거나 화(火)를 던져 스스로 부서지는 상(象)이다.

간지(干支)의 자합(自合)은 살펴볼 것이 많다. 명리(命理)와 상리(象理)에 대하여 추가로 살펴보려 한다.

명리의 본질은 인생을 표달(表達)하는 것이다. 명리는 어떻게 표달하는가? 인생의 표달은 상(象)이 드러내는 방식을 거쳐서 표달되는 것이다. 즉 명리는 간지(干支)의 관계와 십신(十神)의 관계, 궁위(宮位)의 관계를 거쳐서 그것의 상의(象意)를 나타내는 것이다. 매 하나의 글자는 모든 관계에서 그 뜻을 분명히 갖고 있는데, 관계를 떠나서는 명리를 이해할 수 없다. 그런 까닭에 명리학은 술수(術數)의 종류 중에서 가장 어려운 학문중 하나라고 말할 수 있다.

쉬운 예를 하나 들어보면, 희곡의 무대에서는 어떻게 무장(武將)이 말을 타고 있는 것을 표시하는가? 모두 말을 타고 무대에 있을 수는 없다. 손 위에 말의 채찍을 가지고 말을 대표하는데, 그것으로 그 상(象)의 뜻을 취한 것이다. 서양속담에 한 마리의 새가 자라서 오리와 같으면 부르짖는 소리도 오리와 같고 길을 달리는 것도 또한 오리와 같으면 그것을 곧 오리라 한다. 서양인은 아주 복잡하다. 동양인이 보는 입장은 단지 오리가 소리를 내는 것을 듣거나 오리가 달아나는 자태를 보면 그것으로 명백하게 안다.

마지막으로 하나의 명례(命例)를 살펴보려 한다. 하(夏) 선생이 본 어린 아이의 명(命)인데, 가장(家長)에게 이 아이는 13세를 넘기지 못할 것이라 하였다. 최후에 그녀의 아이는 무인년(戊寅年) 해월(亥月)에 차 사고로 죽을 것이라 하였으며, 죽을 때에 한쪽 눈이 달아난다 하였다. 이렇게 정확한 예언을 마지막까지 다시 피할 수 없었을 뿐 아니라 시간까지 맞추어 응험하였다. 맹사(盲師)는 어떻게 이 어린아이가 반드시 죽는다 보았는가?

어린아이의 명(命)

丁 戊 丙 己	건조
巳 午 寅 巳	대운 : 乙丑

여기에서는 반드시 명리(命理)에 반국(反局)이 존재함을 알아야 한다. 무엇이 반국(反局)인가? 반국(反局)은 명리(命理)가 표달하려는 의사의 전후(前後)가 상반된 모습이 출현하는 것이다. 즉 한 편의 논문에 비유한다면, 논문이 표달하려는 하나의 관점이 결과적으로 전후(前後)에 상반됨이 출현하는 것을 말한다. 반응은 인명(人命)에 있어서 곧 반국(反局)이다.

이 명(命)은 무토일(戊土日)인데, 무토(戊土)의 명(命)이 오(午)에 의탁하고 있으며, 인오(寅午)는 일가(一家)이니, 인(寅)의 상(象)은 곧 사람의 머리와 같다. 이것은 바로 일(日)과 월(月)이 서로 연결되었다는 표달이다. 그러나 동시에 다른 하나의 표달(表達)이 존재하는데 곧 무(戊)는 사(巳)의 록(祿)에 통하고, 주위(主位)의 정사(丁巳)에 떨어지고 무(戊)와 연체(連體)가 되었는데, 년(年)에 사(巳)와 시(時)에 사(巳)는 같으니 모두 그의 신체를 표달한다.

그런데 문제가 출현하였는데 인(寅)과 사(巳)가 서로 천(穿)하니 곧 자신의 신체와 신체가 서로 천(穿)하여 서로 배척하고 서로 용납하지 않음을 알려 준다. 이것은 곧 몸과 머리가 분리되는 상(象)이다. 이것을 알면 어째서 이 작은 아이의 명(命)이 반드시 죽는다는 것을 의심의 여지 없이 알 수 있다.

그렇다면 왜 차 사고인가? 왜냐하면 인사천(寅巳穿)은 속도나 동력(動力)의 뜻이기 때문이다. 2개의 사(巳)는 차의 두 바퀴에 해당한다. 천(穿)은 차바퀴가 굴러 머리 위에 있는 것이다. 인(寅) 위에 병(丙)을 본 것은 곧 한 쪽의 눈으로 이 병(丙)인 록(祿)은 사(巳)에 있는데, 인사천(寅巳穿)으로 한 쪽 눈이 차사고 중에 날아가 버린 것이다. 이것이 바로 의상(意象)의 표달이니, 예를 들면 직접 눈으로 차사고 현장을 본 것과 같은 것이다.

여기서 만약 이 사람이 고대(古代)에 살았다면 반드시 이것은 차사고가 아닐 것인데, 고대의 차는 이같이 빠른 속도를 낼 수가 없어 차사고가 발생할 가능성은 없다.

하(夏) 선생은 고대(古代)라면 반드시 화재(火災)로 죽었을 것으로 판단했을 것이다. 왜 그런가? 왜냐하면 정사(丁巳)가 인(印)이고, 인(印)은 방(房)을 대표하며, 정사(丁巳)와 기사(己巳)는 2개의 인(印)으로 명주(命主)를 포주(包主)하니, 이것은 바로 그들이 집에 머물던 방이며, 게다가 기토(己土)인 기와(瓦)가 있다. 인사천(寅巳穿)은 반드시 어떤 불씨가 갑자기 일어나 불을 일으킬 것이다. 방에 불이 붙으면 자신은 속에 갇혀서 나가지 못하고 반드시 화재로 죽을 것이다.

같은 하나의 팔자에도 2개의 상(象)을 취할 수 있으며, 하나하나 모두 합리적인 해석을 얻어야 할 것이다. 그런 까닭에 상(象)은 이치에 부합해야 하고 또 현실생활에도 부합해야 한다.

이것으로 맹파명리(盲派命理) 간지오의(干支奧義) 공부를 마치게 되었다. 우리는 50절(節)의 긴 과정을 통해서 상세하게 명리의 기초이론을 살펴보았다.

국립중앙도서관 CIP

맹파명리 간지오의 / 단겁업 著 ; 박형규 譯.
[파주] : 학산출판사, 2018 p. ; cm

한자표제: 盲派命理 干支奧義
원표제: 命理干支奧義
원저자명: 段建業
중국어 원작을 한국어로 번역
ISBN 979-11-962938-0-2 13180 : ₩36000

명리학[命理學]

188-KDC6
133-DDC23   CIP2018003346